Kritik der Urteilskraft

判断力批判

[德] 康德◎著　邓晓芒◎译　杨祖陶◎校

人民出版社

Immanuel Kant

Kritik der Urteilskraft

Hrsg. Von Karl Vorländer, Felix Meiner Verlag,

Sechsten Auflage, Hamburg 1924, Nachdruck 1974.

根据卡尔·弗兰德尔编《哲学丛书》第 39a 卷,

费利克斯·迈纳出版社,汉堡 1924 年第 6 版,1974 年重印本。

中 译 者 序

　　康德的"第三批判"即《判断力批判》出版于 1790 年。全书除了序言和一个完整系统的导言外,分为"审美判断力批判"和"目的论判断力批判"。前者又分为审美判断力的"分析论"和"辩证论"(其最后一小节题为"附录:鉴赏的方法论"),后者则分为目的论判断力的"分析论"和"辩证论"及一个计有13 节的"附录:目的论判断力的方法论",加上"对于目的论的总注释"。

　　序言提纲挈领地总括了《判断力批判》对于联结前两个批判从而完成纯粹理性的全部批判的必要性和意义,也是全书导言的一个简短的纲要。

　　导言是关于批判哲学体系的总体结构和《判断力批判》的基本概念及总体构想的一篇独立论著,也是研究康德哲学及其思想发展的重要文献。导言前三节确定了判断力的先天原理对于联结彼此独立的知性立法和理性立法,即联结相互分裂的自然和自由、认识和道德所起的作用和所处的地位,以此阐明批判哲学必须是由三个批判组成的总体;第四、五、六节阐明了作为联结中介的判断力不是知性认识中从普遍概念出发规定特殊对象的"规定性的"判断力,而是从给予的特殊出发去寻求其可能的普遍原则的"反思性的"判断力,它出于这种需要而给自己立了一条法,即自然的形式的合目的性这条先验的原则,这种合目的性只与对象对于主体认识能力的适合性相关,因而具有形式上普遍引起愉快的特点;第七、八、九节阐明了自然合目的性之区分为直接与愉快相关的主观的、形式的合目的性,和建立于其上、不直接与愉快相关而与对客体的知识相关的客观的、质料的合目的性,与这种区分相应,反思判断力也就区分为通过愉快对主观形式的合目的性作评判的审美判断力,和通过知性和理性的关系对客观质料的合目的性作评判的目的论判断力,并在探讨两种反思判断力的概念、作用、相互关系这一基础上阐明了它们各自联结自然和自由、认识和道德的方式。

审美判断力的分析论中的美的分析部分,通过鉴赏判断的四个契机概括出对于美的普遍一般的说明:前两个契机提出鉴赏的愉快的两个特点,即无利害的快感和无概念的普遍性;后两个契机则追溯到这两个特点的先天根据,即无目的的合目的性形式和人类的共通感,从而说明了鉴赏判断是想象力和知性这两种认识能力的自由协调活动或"游戏",它所判定的是普遍可传达的愉快感,这就是"美"。崇高的分析从崇高的对象是自然界的"无形式"出发,阐明了崇高是想象力和知性不能和谐(因而带来痛苦)却跳过知性去和理性达到和谐(因而带来更高层次的愉快),因而同样显示为想象力的合目的性活动;无论数学的崇高还是力学的崇高,都不是在自然对象或自然力上寻找到的,而是想象力在评价自然界时借助于理性的理念在自己内心中激发起来的,或者是为了抵抗、战胜盲目的自然界,或者是以自然界的伟力象征和加强理性的人格力量或道德精神。审美判断力的辩证论则考察了鉴赏所必然陷入的审美标准问题的二律背反及其批判的解决。

目的论判断力批判强调自然的客观合目的性只是反思性判断力反思自然的一条调节性原理,而非构成性原理。其中,分析论阐明了作为自然目的之物的有机体不是一种外在目的,而是内在目的,即"有组织的和自组织的存在者",它的一切部分都是互为目的和手段;有机体的内在目的性的确立必然导致整个自然界的目的论等级系统;但这个系统对于自然科学只是一种外来的辅助手段,它不是理论自然科学的一部分,而是神学的入门。辩证论阐明了反思性判断力一旦将其目的论的主观调节性准则误解为对象的构成性原理,就必然陷入目的论和机械论的二律背反,而解决这个二律背反的必要准备就是不承认反思性判断力的主观准则有客观实在性。"方法论"对自然界的最终目的进行了追溯,这一追溯实际上是从以人为最后目的的自然目的论系统出发,通过对人身上体现的最后目的进一步反思而追溯到道德目的论,并由此而向超自然的终极目的即神学目的过渡。在人身上体现的终极目的就是作为道德法则的主体并遵照这个法则而使自己成为自由的存在者的、作为本体看的人。在道德目的建立之后,幸福也才能成为值得追求和希望的,而为此就需要上帝,这就从自然神学过渡到了"伦理学神学"。

＊　　　　　　＊　　　　　　＊

《判断力批判》在国内已有两个中译本,一个是 1964 年商务印书馆出版的上卷宗白华译本和下卷韦卓民译本,二是 1992 年台湾学生书局出版的牟宗三全译本。目前这个本子是第三个中译本。本书的翻译开始于三年以前,中间时断时续,但始终没有完全放下过。翻译工作的程序是,首先由我在电脑中译出一个初稿,打出样稿,然后由杨祖陶先生用铅笔仔细校订,我再根据校订过的样稿加以订正。由于电脑操作,省去了很多重复抄写的麻烦。但使我和所有见到过杨先生的校订稿的同事们感到吃惊的是,尽管我在初译时尽了最大的努力小心谨慎,力求少出或不出错误,但仍然被杨先生在初稿上用极细小的字体校改得密密麻麻,几乎要把原文都淹没不见了。算起来,杨先生校改所花的时间,比我译出初稿所用的时间还多得多。这种认真的程度,在目前的国内翻译界还是很少见的。所以我的二次订正绝不是一件轻松的事情,甚至比我自己直接翻译还更加令人望而生畏。当我在电脑上敲下最后一个文件的存盘键时,可以说是长长地舒了一口气,一件长期萦绕于怀的工程终于完成了。

我们之所以要花这么大的力气来重译这样一本已经有两个中译本的书,当然是有我们的考虑的。在已有的中译本中,要么译者对康德哲学缺乏了解,要么不是直接从德文原本翻译过来的,而是从英译本转译的,与原文出入较大,不少意思译得不明确,错漏也比较多,加上译名的不统一和表述上存在的问题,总的来说,都不能令对康德哲学有兴趣的中国读者们满意,更谈不上满足康德哲学和美学的研究者的迫切需要了。现在宗、韦、牟三位先生均已作古,译本的情况却仍然没有改观,这是学术界多年来早已深感遗憾和不便的。众所周知,翻译是一桩费力不讨好的工作,尤其是重译,如果不能超出前人的工作(且不说甚至比前人译得更差),其遭人诟病将比初次翻译者更甚;如果超出了前人译本,那功劳也得大打折扣。至于康德著作公认的难读难译,则更是众多译家不敢随便碰它的一个重要原因。然而中国学术界又不能没有一个更好的译本,所以我们不揣冒昧,不惜投入大量的时间和精力,来做这件很少有人愿意做的基础工作。当然,我们的工作做得如何,是否真的对原来的译本有所改进,这还有待于学术界诸位专家学者来检验和评价。以康德著作译事的繁难,我们深感这几乎是一个"无底洞",与人们常挂在口头的"说不尽的康德哲学"相类似,我们也不能不承认"说不尽的康德哲学翻译"这一客观事实。我们只能说,现在这个译本是我们尽力之所能奉献在读者面前的一个阶段性成果,来自各方的一切批评指正都是我们诚心欢迎的。

为了更方便读者,本书在书末还特意制定了一个较为详细的词汇译名索引和一个人名译名索引。以往的翻译者常在书末附上"外(英、德、法等)汉索引",比起没有任何索引来是进了一大步了,但要查找书中的一个词原文是什么仍然很困难,还必须再加上一个"汉外词汇对照表",辗转求索,这样虽也能解决问题,但很是麻烦。本书则将原来的"德汉词汇索引"转换成了"汉德词汇索引",既省掉了"汉德对照表",又可以直接查到与中文对应的原文。这种做法可以说是一个尝试,如果好的话,不妨向大家推荐,当然,这更增加了译者的工作量。据我的经验,这事还只能先用手工操作,然后再上电脑。

本书翻译所依据的主要是《哲学丛书》第39a卷,卡尔·弗兰德尔编,费利克斯·迈纳出版社,汉堡1924年第6版,1974年重印本(Kritik der Urteilskraft, Hrsg.von Karl Vorländer, Felix Meiner Verlag, sechsten Auflage, Hamburg 1924, Nachdruck 1974),本书中所载边码均是这个本子的原版页码,此外还参照了普鲁士科学院版《康德文集》第5卷,柏林1968年版(Kants Werke, Band V.Akademi-Textausgabe, Berlin 1968),个别地方也参考了Werner S.Pluhar的英译本(中国社会科学出版社《西学经典·哲学》第6卷,1999年版:Critique of Judgment, translated and with introduction by Werner S.Pluhar with a forword by Mary J.Gregor);校译所依据的主要是上述《哲学丛书》第39a卷的1990年第7版,1993年作为"三大批判"套书的重印本。另外,在翻译时还参考了上述宗白华、韦卓民、牟宗三诸先生的中译本,他们的筚路蓝缕的开创之功是我们不能忘怀的。

邓晓芒

2001年7月于珞珈山

目　　录

序　言

第一版
1790 年

我们可以把出自先天原则的认识能力称之为纯粹理性,而把对它的可能性和界限所作的一般研究称之为纯粹理性批判;尽管我们所理解的这种能力只是在其理论运用中的理性,如同在第一部著作中也已经以那种命名出现过的那样,那时还没有打算把理性能力作为实践理性并按照其特殊原则来加以研究。于是那种批判就只是指向我们先天地认识事物的能力,所以只是讨论认识能力,而排除愉快和不愉快的情感和欲求能力;而在诸认识能力中则根据其先天原则来讨论知性,而排除(作为同属于理论认识的能力的)判断力和理性,因为在这一进程中的情况是,除了知性以外,任何别的认识能力都不可能提供出构成性的先天认识原则。所以这个批判按照其他每一种能力或许会自以为出于自己的根芽而在知识的现金资产中所拥有的份额,对所有这些能力加以审查,它没有剩下别的,只有知性先天地作为对自然、即诸现象的总和(这些现象的形式同样也是先天被给予的)的规律而制定的东西;但这个批判使所有其他的纯粹概念都听从理念的指点,这些理念对于我们的理论认识能力来说是言过其实的,但却或许并不是无用的和可以缺少的,而是用作调节性的原则:一方面抑制知性的这种令人担忧的僭妄,好像它(由于它能够先天地定出它所能认识的一切事物的可能性条件)由此就把任何一般物的可能性也包括在这个界限内了似的;另方面在考察自然界时按照一条知性永远也达不到的完整性原则来引导知性本身,并由此来促进一切知识的最终意图。2

所以真正说来是知性,就其含有先天的构成性认识原则而言,作为拥有,也就是在认识能力中拥有它自己的领地的知性,本应当通过一般地这样称呼的纯粹理性批判而在所有其他有资格的能力面前确保自己独占的财产。同样，仅仅只在欲求能力方面包含有先天构成性原则的那种理性，它的财产已在实践理性批判中被分得了。

那么，在我们认识能力的秩序中，在知性和理性之间构成一个中介环节的判断力，是否也有自己的先天原则；这些先天原则是构成性的还是仅仅调节性的（因而表明没有任何自己的领地），并且它是否会把规则先天地赋予作为认识能力和欲求能力之间的中介环节的愉快和不愉快的情感（正如同知性对认识能力、理性对欲求能力先天地制定规律那样）：这些正是目前的这个判断力的批判所要讨论的。

对于纯粹理性，即对我们根据先天原则进行判断的能力所作的一个批判，如果不把判断力的批判（判断力作为认识能力自身也提出了这一要求）作为自己的一个特殊部分来讨论的话，它就会是不完整的；尽管判断力的诸原则在一个纯粹哲学体系里并不能在理论哲学和实践哲学之间构成任何特殊的部分，而只能在必要时随机附加于双方中的任何一方。因为，如果这样一个体系要想有一天在形而上学这个普遍的名称下实现出来的话（完全做到这一点是可能的，而且对于理性在一切方面的运用是极为重要的）：那么这个批判就必须对这个大厦的基地预先作出这样深的探查，直到奠定不依赖于经验的那些原则之能力的最初基础，以便大厦的任何一个部分都不会沉陷下去，否则将不可避免地导致全体的倒塌。

但从判断力（它的正确运用是如此地必要和被普遍地要求着，因而在健全知性这一名目下所意指的没有别的，而正是这种能力）的本性中我们很容易相信，要发现它所特有的某种原则，必定会伴随着巨大的困难（因为任何一条原则它都必须先天地包含于自身内，否则它就不会作为一种特殊的认识能力而本身受到最通常的批判了），尽管如此，这种原则必须不是从先天概念中推导出来的；因为这些概念属于知性，而判断力只针对知性的应用。所以判断力本身应当指示某种概念，通过这概念本来并不是认识事物，而只是充当判断力本身的规则，但也不是充当一条判断力可以使自己的判断与之相适合的客观规则，因为为此又将需要一个另外的判断力，以便能够分辨该判断是否属于这个规则的场合。

为了一条原则（不管它是主观的还是客观的）而感到的这种困窘主要发

生在我们称之为审美的、与自然界和艺术的美及崇高相关的评判中。尽管如此，对判断力在这些评判中的某种原则的批判性研究是对这种能力的一个批判的最重要的部分。因为即使这些评判自身单独不能对于事物的认识有丝毫的贡献，它们毕竟只是隶属于认识能力的，并证明这种认识能力按照某条先天原则而与愉快或不愉快的情感有一种直接的关系，而不与那可能是欲求能力的规定根据的东西相混淆，因为欲求能力在理性的概念中有其先天的原则。——至于对自然界的逻辑的评判，那么凡是在经验提出诸物的某种不再能由关于感性东西的普遍知性概念所理解和解释的合规律性的地方，以及凡是在判断力能够从自身取得自然物对不可知的超感性东西的关系的某种原则、并且也必须只是着眼于它自身而运用这原则于自然知识上的地方，则一条这样的先天原则虽然能够和必须应用于对世间存在物的认识，同时开启着对实践理性有利的前景：但它并不具有对愉快和不愉快的情感的直接关系，这种关系正是在判断力的原则中那神秘难解之处，它使得在批判中为这种能力划分出一个特殊部门成为必要，因为按照概念（从中永远不可能引出对愉快和不愉快的情感的直接结论）而进行的这种逻辑评判本来顶多能够附属于哲学的理论部分以及对它的批判性限制。

　　对于作为审美判断力的鉴赏能力的研究在这里不是为了陶冶和培养趣味（因为这种陶冶和培养即使没有迄今和往后的所有这类研究也会进行下去的），而只是出于先验的意图来做的：所以我自认为这一研究在缺乏那种目的方面也会得到宽容的评判。但说到先验的意图，那么它必须准备经受最严格的检验。然而我希望，即使在这里，解决一个如此纠缠着自然的问题的这种巨大困难，可以用来为我在解决这问题时有某些不能完全避免的模糊性作出辩解，只要这个原则被正确地指出、足够清楚地加以说明就行了；假使说，从这里面引出判断力的现相，这种方式并不具有我们在别的地方，即对于依据概念的认识所可以正当要求的全部的清晰性，那么这种清晰性我相信在本书的第二部分①中也已经做到了。

　　于是我就以此结束我全部的批判工作。我将马不停蹄地奔赴学理的探究，以便尽可能地为我渐高的年齿再争取到在这方面还算有利的时间。不言

———————————

　　①　指"目的论判断力批判"。——译者

而喻的是,在学理的探究中,对判断力来说并没有特殊的部分,因为就判断力
而言,有用的是批判,而不是理论;相反,按照哲学被划分为理论哲学和实践哲
学而纯粹哲学也被划分为同样两个部分,构成学理探究的将是自然的形而上
学和道德的形而上学。

导　言

I.哲学的划分

如果我们就哲学凭借概念而包含有事物的理性认识的诸原则(而不单是像逻辑学那样不对客体作区别而包含有一般思维形式的诸原则)而言,把哲学像通常那样划分为理论哲学和实践哲学,那么我们做得完全对。但这样一来,为这个理性认识的诸原则指定了它们的客体的那些概念必定是特别各不相同的,因为否则它们将没有理由作出划分,划分总是以属于一门科学的各个不同部分的那些理性知识之诸原则的某种对立为前提的。

但是,只有两类概念,是容许它们的对象的可能性有正好两种各不相同的原则的:这就是自然诸概念和自由概念。既然前者使按照先天原则的某种理论知识成为可能,后者却在这些理论知识方面在其概念本身中就已经只具有某种否定的原则(单纯对立的原则),相反,对于意志的规定则建立起扩展性的原理,这些原理因而叫作实践的原理:所以,哲学被划分为在原则上完全不同的两个部分,即作为自然哲学的理论部分和作为道德哲学的实践部分(因为理性根据自由概念所作的实践立法就是这样被称呼的),这是有道理的。但迄今为止,在以这些术语来划分不同的原则、又以这些原则来划分哲学方面,流行着一种很大的误用:由于人们把按照自然概念的实践和按照自由概念的实践等同起来,这样就在理论哲学和实践哲学这些相同的名称下进行了一种划分,通过这种划分事实上什么也没有划分出来(因为这两部分可以拥有同一些原则)。

所以意志,作为欲求的能力,它是尘世间好些自然原因之一,就是说,它是那种按照概念起作用的原因;而一切被设想为通过意志而成为可能(或必然)的东西,就叫作实践上可能(或必然)的,以与某个结果的自然的可能性或必然性区别开来,后者的原因不是通过概念(而是像在无生命的物质那里通过机械作用,在动物那里通过本能)而被规定为原因性的。——而现在,就实践而言在这里还没有规定,那赋予意志的原因性以规则的概念是一个自然概念,还是一个自由概念。

　　但辨明后面这点是根本性的。因为如果规定这原因性的概念是一个自然概念,那么这些原则就是技术上实践的;但如果它是一个自由概念,那么这些原则就是道德上实践的;而由于在对理性科学的划分中完全取决于那些需要不同原则来认识的对象的差异性,所以前一类原则就属于理论哲学(作为自然学说),后一类则完全独立地构成第二部分,也就是(作为道德学说的)实践哲学。

　　一切技术上实践的规则(亦即艺术和一般熟练技巧的规则,或者也有作为对人和人的意志施加影响的熟练技巧的明智的规则),就其原则是基于概念的而言,也必须只被算作对理论哲学的补充。因为它们只涉及到按照自然概念的物的可能性,属于自然概念的不只是在自然界中可以为此找到的手段,而且甚至有意志(作为欲求能力、因而作为自然能力),就其可以按照那种规则被自然冲动所规定而言。但这样一类实践规则并不称之为规律(例如像物理学规律那样),而只能叫作规范:这是因为,意志不仅仅从属于自然概念,而且也从属于自由概念,它的诸原则在与自由概念相关时就叫作规律,只有这些原则连同其推论才构成了哲学的第二部分,即实践的部分。

　　所以,如同纯粹几何学问题的解答并不属于几何学的一个特殊的部分,或者丈量术不配称之为某种与纯粹几何学不同的实践的几何学而作为一般几何学的第二部分一样,实验的或观察的机械技术或化学技术同样不可以并且更不可以被视为自然学说的一个实践部分,最后,家庭经济、地区经济和国民经济,社交艺术,饮食规范,且不说普遍的幸福学说,更不用说为了幸福学说的要求而对爱好的克制和对激情的约束了,这些都不可以算作实践哲学,或者说,这些东西根本不能构成一般哲学的第二部分;因为它们所包含的全都只是一些熟巧规则,因而只是些技术上实践的规则,为的是产生按照因果的自然概念所可能有的结果,由于自然概念只属于理论哲学,这些东西所服从的只是作为出自理论哲学(自然科学)的补充的那些规范,所以不能要求在一个被称为实践性的特殊哲学中有任何位置。反之,那些完全建立在自由概念之上,同时完全排除意志由自然而来的规定根据的道德上实践的规范,则构成了规范的一种完全特殊的方式:它们也像自然所服从的那些规则一样,不折不扣地叫作规律,但不是像后者那样基于感性的条件,而是基于某种超感性的原则,并且和哲学的理论部分并列而完全独立地为自己要求一个另外的部分,名叫实践哲学。

由此可见,哲学所提供的实践规范的总和,并不由于它们是实践的,就构成哲学的一个被置于理论部分旁边的特殊部分;因为即使它们的原则完全是从自然的理论知识那里拿来的(作为技术上实践的规则),它们也可以是实践的;而是由于这样的原因和条件,即它们的原则完全不是从永远以感性为条件的自然概念中借来的,因而是基于超感性的东西之上,后者是只有自由概念借助于形式规律才使之成为可知的,所以它们是道德上实践的,就是说,不只是在这种或那种意图中的规范和规则,而是不与任何目的和意图发生先行关系的规律。

Ⅱ.一般哲学的领地

先天概念所具有的应用的范围,也就是我们的认识能力根据原则来运用以及哲学借这种运用所达到的范围。

但那些概念为了尽可能实现某种对于对象的知识而与之发生关系的那一切对象的总和,可以按照我们的能力对这一意图的胜任或不胜任的差别而作出划分。

概念只要与对象发生关系,不论对于这些对象的知识是否可能,它们都拥有自己的领域,这个领域仅仅是依照它们的客体所具有的对我们一般认识能力的关系来规定的。——该领域中对我们来说可以认识的那个部分,就是对于概念和为此所需要的认识能力的一个基地(territorium)。在这个基地上有这些概念在行使立法的那个部分,就是这些概念和它们所该有的那些认识能力的领地(ditio)。所以经验概念虽然在自然中,亦即一切感官对象的总和中拥有自己的基地,但却并不拥有领地(而只有自己的暂居地,domicilium);因为它们虽然合法地被产生出来,但并不是立法者,而是在它们之上所建立的规则都是经验性的,因而是偶然的。

我们全部认识能力有两个领地,即自然概念的领地和自由概念的领地;因为认识能力是通过这两者而先天地立法的。现在,哲学也据此而分为理论哲学和实践哲学。但哲学的领地建立于其上且哲学的立法施行于其上的这个基地却永远只是一切可能经验的对象的总和,只要这些对象不被看作别的、只被看作单纯的现象;因为否则知性对于这些对象的立法就是不可思议的。

通过自然概念来立法是由知性进行的并且是理论性的。通过自由概念来立法是由理性造成的并且只是实践性的。不过只有在实践中理性才是立法性的;在理论认识(自然知识)方面它只能(作为凭借知性而精通法律地)从给予的规律①中通过推理而引出结论来,而这些结论终归永远只是停留在自然界那里的。但反之,如果规则是实践的,理性却并不因而立刻就是立法的,因为这些规则也可能是技术上实践的。

因此,理性和知性对于同一个经验的基地拥有两种各不相同的立法,而不允许一方损害另一方。因为自然概念对于通过自由概念的立法没有影响,正如自由概念也不干扰自然的立法一样。这两种立法及属于它们的那些能力在同一个主体中的共存至少可以无矛盾地被思维,这种可能性是《纯粹理性批判》通过揭示反对理由中的辩证幻相而摧毁这些反对理由时所证明了的。

但这两个领地虽然并不在它们的立法中,却毕竟在感官世界里它们的效果中不停地牵制着,不能构成为一体,这是因为:自然概念虽然在直观中设想它的对象,但不是作为自在之物本身,而只是作为现象,反之,自由概念在其客体中虽然设想出一个自在之物本身,但却不是在直观中设想的,因而双方没有一方能够获得有关自己的客体(甚至有关思维着的主体)作为自在之物的理论知识,那个自在之物将会是超感官的东西,我们虽然必须用关于这个超感官东西的理念来解释那一切经验对象的可能性,但却永远不能把这个理念本身提升和扩展为一种知识。

因此对于我们的全部认识能力来说,有一个无限制的、但也是不可接近的领域,这就是超感官之物的领域,在那里我们不能为自己找到任何基地,因而在上面既不能为知性概念也不能为理性概念拥有一块用于理论认识的领地;这个领域我们虽然必须为了理性的理论运用以及实践运用而以理念去占领,但对这些理念我们在与出自自由概念的规律的关系中所能提供的无非是实践的实在性,所以我们的理论知识丝毫也不能由此而扩展到超感官之物上去。

现在,虽然在作为感官之物的自然概念领地和作为超感官之物的自由概

---

　　① 德文中"法律"和"规律"均为 Gesetz 一词,中文表达不出这一双关义。——译者

念领地之间固定下来了一道不可估量的鸿沟,以至于从前者到后者(因而借助于理性的理论运用)根本不可能有任何过渡,好像这是两个各不相同的世界一样,前者不能对后者发生任何影响:那么毕竟,后者应当对前者有某种影响,也就是自由概念应当使通过它的规律所提出的目的在感官世界中成为现实;因而自然界也必须能够这样被设想,即至少它的形式的合规律性会与依照自由规律可在它里面实现的那些目的的可能性相协调。——所以终归必须有自然界以之为基础的那个超感官之物与自由概念在实践上所包含的东西相统一的某种根据,关于这根据的概念虽然既没有在理论上也没有在实践上达到对这根据的认识,因而不拥有特别的领地,但却仍然使按照一方的原则的思维　12
方式向按照另一方的原则的思维方式的过渡成为可能。

Ⅲ.判断力的批判作为把哲学的这两部分
结合为一个整体的手段

就认识能力可以先天地提供的东西而言,对这些认识能力的批判本来就不拥有在客体方面的任何领地:因为它不是什么学说,而只是必须去调查,按照我们的能力现有的情况,一种学说通过这些能力是否以及如何是可能的。这个批判的领域伸展到这些能力的一切僭妄之上,以便将它们置于它们的合法性的边界之内。但是那不能进入到这一哲学划分中来的,却有可能作为一个主要部分进入到对一般纯粹认识能力的批判中来,就是说,如果它包含有一些自身既不适合于理论的运用又不适合于实践的运用的原则的话。

含有一切先天的理论知识的根据的那些自然概念是基于知性立法之上的。——含有一切感性上无条件的先天实践规范之根据的那个自由概念是基于理性立法之上的。所以这两种能力除了它们按逻辑形式能应用于不论是何种来源的诸原则之外,它们每一个按内容还都有自己独特的立法,在这立法之上没有别的(先天的)立法,所以这种立法就表明哲学之划分为理论哲学和实践哲学是有道理的。

不过,在高层认识能力的家族内却还有一个处于知性和理性之间的中间环节。这个中间环节就是判断力,对它我们有理由按照类比来猜测,即使它不可能先天地包含自己特有的立法,但却同样可以先天地包含一条它所特有的寻求规律的原则,也许只是主观的原则:这个原则虽然不应有任何对象领域作为它的领地,却仍可以拥有某一个基地和该基地的某种性状,对此恰好只有这条原则才会有效。

　　但这方面(按照类比来判断)还应该有一个新的根据来把判断力和我们表象能力的另一种秩序联结起来,这种联结看起来比和认识能力家族的亲缘关系的联结还更具重要性。因为所有的心灵能力或机能可以归结为这三种不能再从一个共同根据推导出来的机能:认识能力、愉快和不愉快的情感和欲求能力。① 对于认识能力来说只有知性是立法的,如果认识能力(正如它不和欲

13

_____

　　① 对于我们作为经验性原则来运用的那些概念,如果我们有理由去猜测它们与先天的纯粹认识能力有亲缘关系,那么由于这种关系而尝试对它们作一个先验的定义是有好处的:这就是通过纯粹范畴来定义,只要单是这些范畴已经足以指出眼前概念和其他概念的区别。在这里,我们按照数学家的榜样,他让他的课题的经验性的材料留在不确定之中,而只是把它们在这个课题的纯粹综合中的关系放在纯粹算术的概念之下,并借此使这个课题的答案普遍化。——人们曾由于我的一种类似的处理办法(《实践理性批判》序言第 16 页)而指责我,并非难我对欲求能力的定义,即凭借其表象而成为该表象的对象之现实性的原因的能力:因为,据说单纯的愿望毕竟也是欲求,但对此每个人都告诉自己,他仅仅通过这些愿望是不会产生出它们的客体来的。——但这无非证明了:在人心中也有那些使他和他自己处于矛盾之中的欲求,因为他力求仅凭自己的表象来产生出客体,而对这个表象他却不能期望有什么成果,因为他知道,他的机械的力量(如果我想这样来称呼这些非心理的力量的话)本来是必须由那个表象来规定、以便(因而是间接的)产生出客体的,这些力量要么不充分,要么根本就是针对某种不可能的事,例如使发生了的事未曾发生(O mihi praeteritos, etc.[译者按:拉丁文省略句,全句为:O mihi praeteritos referat si Juppiter annos! 意为:啊,如果朱庇特大神把逝去的年华送还给我,那该多好!]),或者在急不可耐的期待中能取消那直到盼望的瞬间到来期间的时间。——即使我们意识到在这样一些幻想的欲求中我们的表象不足以(或者甚至根本不适合于)成为它们的对象的原因:那么毕竟,在每一种愿望中都包含有与这些对象的关系作为原因、因而包含有这些对象的原因性的表象,这一点在这个愿望是某种激情、也就是某种渴望时特别明显。因为这些幻想的欲求借此而表明,它们使人心扩张和萎缩,并这样来耗尽力量,使得这些力量通过诸表象而反复地紧张起来,但又让内心在顾及这种不可能性时不断地重新落回到萎靡状态中去。甚至祈求避开巨大的、就我们看来是不可避免的灾难,以及为了达到以自然的方式不可能的目的而采取好些迷信的手段,都证明了这些表象对它们的客体的因果关系,这种因果关系甚至不能够由于意识到这些表象不足以达到努力以求的效果而被阻挡。——但为什么在我们的天性中被放进了对这种有意识的空的欲求的倾向,这是一个人类学上的目的论问题。似乎是:如果直到我们确信自己的能力足以产生一个客体以前我们都不应当被要求使用力量的话,这些力量很大部分将会始终是无用的。因为通常只有通过我们尝试自己的力量,我们才认识到自己的力量。所以在空洞愿望中的这种假象只不过是我们天性中某种善意的安排的结果。——康德

13

14

求能力相混淆而单独被考察时必定发生的情况那样)作为一种理论认识的能 14
力而和自然发生关系的话,只有就自然(作为现象)而言我们才有可能通过先
天的自然概念,也就是真正的纯粹知性概念而立法。——对于作为按照自由
概念的高级能力的欲求能力来说,只有理性(只有在它里面才发生自由概念)
是先天立法的。——现在,在认识能力和欲求能力之间所包含的是愉快的情
感,正如在知性和理性之间包含判断力一样。所以至少我们暂时可以猜测,判
断力自身同样包含有一个先天原则,并且由于和欲求能力必然相结合着的是
愉快和不愉快(不论这愉快和不愉快是像在低级欲求能力那里一样在这种能 15
力的原则之前先行发生,还是像在高级欲求能力那里一样只是从道德律对这
能力的规定中产生出来),判断力同样也将造成一个从纯粹认识能力即从自
然概念的领地向自由概念的领地的过渡,正如它在逻辑的运用中使知性向理
性的过渡成为可能一样。

所以,即使哲学只能划分为两个主要的部分,即理论哲学和实践哲学;即
使我们关于判断力的独特原则所可能说出的一切在哲学中都必须算作理论的
部分,即算作按照自然概念的理性认识;然而,必须在构筑那个体系之前为了
使它可能而对这一切作出决断的这个纯粹理性批判却是由三部分组成的:纯
粹知性批判,纯粹判断力批判和纯粹理性批判,这些能力之所以被称为纯粹
的,是因为它们是先天地立法的。

Ⅳ.判断力,作为一种先天立法能力

一般判断力是把特殊思考为包含在普遍之下的能力。如果普遍的东西
(规则、原则、规律)被给予了,那么把特殊归摄于它们之下的那个判断力(即
使它作为先验的判断力先天地指定了唯有依此才能归摄到那个普遍之下的那
些条件)就是规定性的。但如果只有特殊被给予了,判断力必须为此去寻求
普遍,那么这种判断力就只是反思性的。

从属于知性所提供的普遍先验规律的规定性的判断力只是归摄性的;规
律对它来说是先天预定的,所以它不必为自己思考一条规律以便能把自然中 16
的特殊从属于普遍之下。——不过,自然界有如此多种多样的形式,仿佛是对
于普遍先验的自然概念的如此多的变相,这些变相通过纯粹知性先天给予的

那些规律并未得到规定,因为这些规律只是针对着某种(作为感官对象的)自然的一般可能性的,但这样一来,对于这些变相就也还必须有一些规律,它们虽然作为经验性的规律在我们的知性眼光看来可能是偶然的,但如果它们要称为规律的话(如同自然的概念也要求的那样),它们就还是必须出于某种哪怕我们不知晓的多样统一性原则而被看作是必然的。——反思性的判断力的任务是从自然中的特殊上升到普遍,所以需要一个原则,这个原则它不能从经验中借来,因为该原则恰好应当为一切经验性原则在同样是经验性的、但却更高的那些原则之下的统一性提供根据,因而应当为这些原则相互系统隶属的可能性提供根据。所以这样一条先验原则,反思性的判断力只能作为规律自己给予自己,而不能从别处拿来(因为否则它就会是规定性的判断力了),更不能颁布给自然:因为有关自然规律的反思取决于自然,而自然并不取决于我们据以努力去获得一个就这些规律而言完全是偶然的自然概念的那些条件。

　　于是,这一原则不可能是别的,而只能是:由于普遍的自然规律在我们的知性中有其根据,所以知性把这些自然规律颁布给自然(虽然只是按照作为自然的自然这一普遍概念),而那些特殊的经验性规律,就其中留下而未被那些普遍自然规律所规定的东西而言,则必须按照这样一种统一性来考察,就好像有一个知性(即使不是我们的知性)为了我们的认识能力而给出了这种统一性,以便使一个按照特殊自然规律的经验系统成为可能似的。并不是说好像一定要以这种方式现实地假定这样一个知性(因为这只是反思的判断力,这个理念用作它的原则是用来反思,而不是用来规定);相反,这种能力借此只是给它自己而不是给自然界提供一个规律。

　　既然有关一个客体的概念就其同时包含有该客体的现实性的根据而言,就叫作目的,而一物与诸物的那种只有按照目的才有可能的性状的协和一致,就叫作该物的形式的合目的性:那么,判断力的原则就自然界从属于一般经验性规律的那些物的形式而言,就叫作在自然界的多样性中的自然的合目的性。这就是说,自然界通过这个概念被设想成好像有一个知性含有它那些经验性规律的多样统一性的根据似的。

　　所以,自然的合目的性是一个特殊的先天概念,它只在反思性的判断力中有其根源。因为我们不能把像自然在其产物上对目的的关系这样一种东西加在自然的产物身上,而只能运用这一概念就自然中按照经验性的规律已给出的那些现象的联结而言来反思这个自然。而且这个概念与实践的合目的性（人类艺术的，或者也有道德的）也是完全不同的，尽管它是按照和这种合目的性的类比而被思考的。

Ⅴ.自然的形式的合目的性原则
是判断力的一个先验原则

一个先验的原则，就是通过它而使人考虑到这种先天普遍条件的原则，唯有在此条件下诸物才能够成为我们知识的一般客体。反之，一个原则如果让人考虑的是这种先天条件，唯有在此条件下所有必须经验性地给出其概念的客体都能先天地进一步得到规定，它就叫作形而上学的原则。所以，物体作为实体和作为变化的实体，它们的认识原则如果表达的是"它们的变化必定有一个原因"的话，那就是先验的；但如果这原则表达的是"它们的变化必定有一个外部的原因"的话，那它就是形而上学的：因为在前一种情况下物体只能通过本体论的谓词（纯粹知性概念），例如作为实体来思考，以便先天地认识这个命题；但在后一种情况下一个物体的经验性的概念（作为一个在空间中运动的东西）必须成为这个命题的基础，但是这样一来，后面这个谓词（只由外部原因而来的运动）应归于物体，这一点却可以完全先天地看出来。——所以，正如我马上要指出的，自然（在其经验性规律的多样性中）的合目的性原则是一个先验的原则。因为诸客体就其被思考为服从该原则的而言，其概念只是有关一般可能经验知识的对象的纯粹概念，而不包含任何经验性的东西。反之，必须在一个自由意志的规定性的理念中来思考的那种实践的合目的性的原则将会是一个形而上学的原则：因为一个作为意志的欲求能力这一概念终归必须经验性地给予出来（而不属于先验的谓词）。然而这两种原则却都并非经验性的，而是先天的原则：因为为了把谓词和这两个原则的判断中主词的经验性概念结合起来，并不需要任何其他的经验，而是能够完全先天地看出那种结合。

自然的合目的性概念属于先验原则，这一点我们可以从为自然研究先天地奠定基础的那些判断力准则中充分地看出来，但这些准则所针对的无非是经验的可能性，因而是自然知识的可能性，但不是仅仅作为一般自然，而是作为通过特殊规律的某种多样性所规定了的自然的知识的可能性。——这些准则作为形而上学智慧的格言,是在某些规则人们不能从概念中说明其必然性的场合下,常常是足够地、但只是分散地出现在这门科学的进程中。"自然界取最短之路(lex parsimoniae①);但自然界不作飞跃,不论是在其变化的序列中,还是在各种殊异形式的编排中(lex continui in natura②);然而,自然界在经验性规律中的大量的多样性是在少数原则之下统一着的(principia praeter necessitatem non sunt multiplicanda③)";如此等等。

但如果我们打算为这些原理指出来源并尝试按心理学的路子做这件事,那么这就是完全违背这些原理的意思的。因为它们并不是说,有什么事情在发生,亦即按照何种规则我们的认识能力把自己的活动现实地发动起来,并且这件事是如何被判断的,而是说它应当如何被判断;而在这里,如果这些原则只是经验性的,这种逻辑上的客观必然性就不会出现。所以,对于我们的认识能力及其运用来说,自然的合目的性(它显然是从这些认识能力中闪现出来的)是判断的一条先验原则,因而也需要一个先验的演绎,如此作判断的根据必须借助于这个演绎到知识的先天来源中去寻找。

这就是说,我们在经验的可能性的那些根据中首先找到的当然是某种必然的东西,也就是普遍规律,没有它们自然根本就不能被(作为感官对象)思考;而它们是基于诸范畴,被应用于我们一切可能的直观(如果这些直观也是先天给予的话)的形式条件上的。于是在这些规律之下判断力就是规定性的;因为这种判断力所要做的无非是在这些给定的规律之下进行归摄。例如知性表明:一切变化都有其原因(普遍的自然律);于是先验判断力所要做的无非是指出在所提出的先天知性概念之下这种归摄的条件而已:这就是同一物的各个规定的前后相继性。于是对于一般自然(作为可能经验的对象)而言那条规律就被认识到是绝对必然的。——但现在,经验性知识的对象除了那个形式的时间条件之外还在好多性质上被规定着,或者在我们可以先天地作出判断的范围内还可以被规定,以至于具有各种特别差异的种类除了它们

---

① 拉丁文:节约律。——译者

② 拉丁文:自然中的连续律。——译者

③ 拉丁文:原则除必要外不得增加。——译者

作为属于一般自然而共同拥有的东西之外,还能够以无限多样的方式成为原　20
因;而这些性质中的每一个都必定(按照一般原因的概念)具有自己的规则,
这个规则就是规律,因而带有必然性:尽管我们依据我们认识能力的性状和限
制根本看不出这种必然性。所以我们必须在自然中,就其单纯经验性的规律
而言,思考无限多样的经验性规律的某种可能性,这些规律在我们的见识看来
却仍是偶然的(不能先天地认识到的);考虑到这些规律,我们就把按照经验
性规律的自然统一性及经验统一性(作为按照经验性规律的系统)的可能性
评判为偶然的。但由于这样一个统一性毕竟不能不被必然地预设和假定下
来,否则经验性知识就不会发生任何导致一个经验整体的彻底关联了,又由于
普遍的自然律虽然在诸物之间按照其作为一般自然物的类而提供出这样一种
关联,但并不是特别地按照其作为这样一些特殊自然存在物的类而提供的:所
以判断力为了自己独特的运用必须假定这一点为先天原则,即在那些特殊的
(经验性的)自然律中对于人的见地来说是偶然的东西,却在联结它们的多样
性为一个本身可能的经验时仍包含有一种我们虽然不可探究、但毕竟可思维
的合规律的统一性。这样一来,由于这个合规律的统一性是在一个我们虽然
按照某种必然的意图(某种知性需要)、但同时却是作为本身偶然的来认识的
联结中,被设想为诸客体(在这里就是自然界)的合目的性的:所以,对服从可
能的(还必须去发现的)经验性规律的那些事物而言只是反思性的判断力
就必须考虑到这些规律,而按照我们认识能力方面的某种合目的性原则去
思维自然界,而这一原则也就在判断力的上述准则中被表达出来了。于是,
自然的合目的性这一先验概念既不是一个自然概念,也不是一个自由概念,
因为它完全没有加给客体(自然)任何东西,而只是表现了我们在着眼于某　21
种彻底关联着的经验而对自然对象进行反思时所必须采取的唯一方式,因
而表现了判断力的一个主观的原则(准则):因此当我们在单纯经验性的规
律中找到了这样一种系统的统一性,就好像这是一个对我们的意图有利的
侥幸的偶然情况时,我们也会高兴(真正说来是摆脱了某种需要):尽管我
们必定将不得不承认,这是这样一种统一性,它并不是我们所能够看透和证
明的。

　　为了确信对目前这个概念的演绎的正确性和把它假定为先验知识原则的
必要性,只须让我们考虑一下这一任务的重要性:由含有或许是无限多样性的

经验性规律的自然界所给予的那些知觉中构成一个关联着的经验，这一任务是先天地置于我们的知性中的。知性虽然先天地具有普遍的自然规律，没有这些规律自然将根本不可能是某种经验的对象；但它除此之外也还需要某种在自然的特殊规则中的自然秩序，这些规则它只能经验性地获悉且对它来说是偶然的。没有这些规则，就不会有从一个一般的可能经验的普遍类比向一个特殊类比的进展，知性必须把这些规则作为规律（即作为必然的）来思考；因为否则它们就不会构成任何自然秩序了，虽然知性没有认识到它们的必然性或者在任何时候也不可能看出这种必然性。所以，尽管知性在这种必然性方面（在客体方面）不能先天地规定任何东西，它却必须为了探索这些经验性的所谓规律，而把一条先天的原则，即按照这些规律一个可认识的自然秩序是可能的这样一条原则，作为关于自然的一切反思的基础，表达出这样一个原则的是下述一些命题：在自然中有一个我们所能把握的类和种的从属关系；那些类和种又按照一个共同的原则而相互接近，以便从一个向另一个的过渡并由此向更高的类的过渡成为可能；如果说我们的知性一开始似乎是不可避免地必须为自然作用的这种特别的差异性设定正好这么多各不相同的原因性种类的话，这些种类却毕竟可以从属于我们必须从事于搜寻的少数原则之下，如此等等。自然与我们的认识能力的这种协调一致是判断力为了自己根据自然的经验性的规律来反思自然而先天预设的，因为知性同时从客观上承认它是偶然的，而只有判断力才把它作为先验的合目的性（在与主体认识能力的关系中）赋予了自然；因为我们没有这个预设就不会有任何按照经验性规律的自然秩序，因而不会有任何线索来引导某种必须按照其一切多样性来处理这些规律的经验及自然的研究了。

因为完全可以设想：不管自然物按照普遍规律是多么地一律，没有这种一律经验知识的一般形式根本就不会出现，然而，自然的经验性规律连同其作用的特别差异性却可以是如此巨大，以至于对我们的知性来说，将不可能在自然中揭示某种可理解的秩序，把自然产物划分为类和种，以便把对一个产物的解释和理解的原则也运用于解释和把握另一个产物，并从一种在我们看来如此混乱的（真正说来只是无限多样的、不适合于我们的把握能力的）材料中产生出一个关联着的经验来。

所以判断力对于自然的可能性来说也有一个先天原则，但只是在自己的主观考虑中,判断力借此不是给自然颁定规律(作为 Autonomie①),而是为了反思自然而给它自己颁定规律(作为 Heautonomie②),这种规律我们可以称之为在自然的经验性规律方面的自然的特异化规律,它不是判断力在自然身上先天地认识到的,而是判断力为了某种我们的知性可以认识的自然秩序,在它从自然的普遍规律里所造成的那种划分中,当它要使特殊规律的多样性从属于这些普遍规律之下时,所采纳下来的。所以当我们说:自然界按照对我们的认识能力的合目的性原则,也就是为了适应于人类知性的必要工作,即在知觉向人类知性呈现出来的特殊的东西上发现普遍的东西,在有差异的东西(虽然对每个属来说又是普遍的)上重又发现在原则的统一性中的联结,而把自己的普遍规律特异化了:那么我们借此既没有给自然界颁定一条规律,也没有通过观察从它那里学习到一条规律(虽然那个原则可以通过观察而得到证实)。因为这不是一条规定性的判断力的原则,而是一条反思性的判断力的原则;我们想要的只是:自然界尽可以按照自己的普遍原则而建立起来,我们却绝对有必要按照那条原则和以它为根据的那些准则,去追踪自然的经验性规律,因为我们只有在那条原则所在的范围内才能运用我们的知性在经验中不断前进并获得知识。

23

Ⅵ.愉快的情感和自然合目的性概念的联结

自然在其特殊规律的多样性中对我们要为之找出原则的普遍性这种需要的上述协和一致性,按照我们的一切洞见来看都必须被评判为偶然的,但对我们的知性的需要来说却仍然必须被评判为不可缺少的,因而被评判为自然界借以与我们的只不过是针对知识的意图协和一致的合目的性。——知性的普遍规律同时又是自然的规律,它们对于自然来说和物质的运动规律是同样必要的(尽管是出于自发性);而它们的产生也不以借助于我们认识能力的任何意图为前提,因为我们只有通过它们才首先从那有可能成为物的(自然的)知识的东西那里获得一个概念,而这些规律是必然应归于作为我们认识的一般

---

① 源自希腊文,意为"自律"。——译者
② 源自希腊文,意为"再自律"。——译者

24　客体的自然界的。然而，自然按照其特殊规律而来的那种秩序，不论那至少有
可能超出我们的把握能力之上的多样性和不同性如何，毕竟还是现实地与这
个把握能力相适应的，这一点就我们所能洞见的而言，是偶然的；而寻找这个
秩序则是知性的一件工作，它被有意引向知性的一个必然的目的，即把原则的
统一性带进自然中来：于是判断力就必须把这个目的赋予自然，因为知性关于
这方面不能给自然颁定任何规律。

　　每个意图的实现都和愉快的情感结合着；而如果这意图实现的条件是一
个先天的表象，比如在这里就是一个反思判断力的一般原则，那么愉快的情感
也就通过一个先天根据而被规定，并被规定为对每个人都有效的：这就是说，
仅仅通过客体与认识能力的关系，而合目的性概念在这里丝毫没有顾及欲求
能力，因而就与自然的任何实践的合目的性完全区别开来了。

　　实际上，既然我们在自己的心中找不到、也不可能找到从知觉和按照普遍
自然概念（范畴）的规律之间的吻合而来的对愉快情感的丝毫影响，因为知性
在这时是无意中按其本性必然行事的：那么另一方面，发现两个或多个异质的
经验性自然规律在一个将它们两者都包括起来的原则之下的一致性，这就是
一种十分明显的愉快的根据，常常甚至是一种惊奇的根据，这种惊奇乃至当我
们对它的对象已经充分熟悉了时也不会停止。虽然我们在自然的可理解性和
那个种类划分的自然统一性——只是由于这种统一性，我们借以根据自然的
特殊规律来认识自然的那些经验性的概念才是可能的——方面，不再感觉到
任何明显的愉快了：但这种愉快肯定在那个时候曾经有过，而只是由于最通常
的经验没有它就将是不可能的，它就逐渐与单纯的知识混合起来而不再引起
25　特别的注意了。——所以，这就需要某种在对自然的评判中使人注意到自然
对我们知性的合目的性的东西，即需要一种把自然的不同性质的规律尽可能
地纳入到更高的、虽然仍然是经验性的规律之下的研究，以便在做到这点时对
自然与我们认识能力的这种只被我们看作偶然的相一致感到愉快。与此相反
我们就会极其讨厌一个自然的表象，我们将通过这个表象被预先告知，只要有
丝毫的研究超出了最通常的经验，我们就会碰到自然的规律的某种异质性，它
将使自然的特殊规律为了我们的知性而结合在普遍的经验性规律之下成为不
可能：因为这是与自然在其种类中的主观合目的性的特异化原则以及我们的
以此为目的的反思性判断力相冲突的。

　　然而,判断力的这个前提,在自然对于我们的认识能力的那种理想的合目的性应当扩展到多么远这点上,仍然是这样的不确定,以至于如果有人对我们说,经由观察,一个更深入或更广泛的自然知识必将最终碰到诸规律的某种多样性,它是任何人类知性都不能归结到一个原则上来的,我们也会同意,虽然我们更愿意听到,如果另外的人给我们以希望说,我们对自然的内部认识得越深,或者越是能够把自然与我们现在尚不知道的外部事项作比较,我们就会发现自然在其原则上将越是简单,在其经验性规律的表面的异质性上会越加一致,我们的经验就会前进得越远。因为我们判断力的吩咐就在于:按照自然对我们的认识能力的适合性的原则行事,凡是认识能力所到达之处,都不去断定(因为这不是给我们提供这种规则的规定性的判断力)它是否在某个地方有自己的边界:因为我们虽然就我们认识能力的合理运用来说是能够规定边界的,但在经验性的领域中是不可能规定任何边界的。

Ⅶ.自然的合目的性的审美①表象　　　　26

　　凡是在一个客体的表象上只是主观的东西,亦即凡是构成这表象与主体的关系、而不是与对象的关系的东西,就是该表象的审美性状;但凡是在该表象上用作或能够被用于对象的规定(知识)的东西,就是该表象的逻辑有效性。在一个感官对象的知识中这两种关系是一起出现的。在对外在于我之物的感性表象里,我们在其中直观这些物的那个空间的性质是我对这些物的表　26象的单纯主观的东西(借此仍然并没有决定它们作为客体自在地可能是什么),为了这种关系的缘故,对象即便借助于这种空间性质也只是被思考为现象;但空间尽管自己只有主观性质却仍然是作为现象的物的一个知识成分。感觉(这里是外部感觉)同样也只是表达了我们对外在于我们的物的表象的主观的东西,但真正说来是表达了这些表象的质料(实在)(借此某种实存之物被给予),正如空间表达了这些物的直观可能性的单纯先天形式一样;而感

---

　　①　"审美的",德文为ästhetisch,本义是"感性的"。鲍姆加通首次将它专用于美学上,对此康德曾在《纯粹理性批判》的"先验感性论"中提出过异议(见该书 B35—36 注释),但这里则将两种含义打通了使用。——译者

觉仍然也被运用于认识我们之外的客体。

　　但在一个表象上根本不能成为任何知识成分的那种主观的东西,就是与这表象结合着的愉快或不愉快;因为通过它们我对该表象的对象什么也没有认识到,尽管它们很可以是任何一个认识的结果。于是一物的合目的性只要它在知觉中被表现出来,它也不是客体本身的任何性状(因为一个这样的性状是不可能被知觉的),虽然它能够从一个物的知识中推断出来。所以,先行于一个客体知识的、甚至并不要把该客体的表象运用于某种认识而仍然与这表象直接地结合着的这种合目的性,就是这表象的主观的东西,是完全不能成为任何知识成分的。而这样一来,对象就只是由于它的表象直接与愉快的情感相结合而被称之为合目的的;而这表象本身就是合目的性的审美表

27　象。——问题只是在于,一般说来是否有这么一种合目的性表象。

　　如果对一个直观对象的形式的单纯领会(apprehensio①)没有直观与一定知识的某个概念的关系而结合有愉快的话:那么这个表象因此就不是和客体有关,而只是和主体有关;这愉快所能表达的就无非是客体对那些在反思判断力中起作用的认识能力的适合性,而就它们在这里起作用而言,那么这愉快所能表达的就是客体的主观形式的合目的性。因为对这些形式在想象力中的上述领会,若没有反思的判断力哪怕是无意地将这些形式至少与判断力把直观联系到概念之上的能力相比较的话,它是永远也不会发生的。现在,如果在这种比较中想象力(作为先天直观的能力)通过一个给予的表象而无意中被置于与知性(作为概念的能力)相一致之中,并由此而唤起了愉快的情感,那么这样一来,对象就必须被看作对于反思的判断力是合目的性的。一个这样的判断就是对客体的合目的性的审美判断,它不是建立在任何有关对象的现成的概念之上,也不带来任何对象概念。它的对象的形式(不是它的作为感觉的表象的质料)在关于这个形式的单纯反思里(无意于一个要从对象中获得的概念)就被评判为对这样一个客体的表象的愉快的根据:这种愉快也被判断为与这客体的表象必然结合着的,因而被判断为不只对把握这个形式的主体而言,而且一般地对每个下判断者而言都是这样的。这样一来,该对象就叫作美的;而凭借这样一种愉快(因而也是普遍有效地)下判断的能力就叫作鉴

---

　　① 拉丁文:领会。——译者

赏。因为,既然愉快的根据只被放在一般反思的对象的形式中,因而并非放在对于对象的任何感觉中,也与包含任何一种意图的某个概念无关:所以这就只 28 是主体内一般判断力的经验性运用中的合规律性(想象力和知性的统一),在反思中——其先天条件是普遍有效的——的客体的表象是与这种合规律性协调一致的;而由于对象与主体能力的这种协调一致是偶然的,所以它就产生出了一个该对象对于主体认识能力的合目的性的表象。

于是这里就有一种愉快,它正如一切不是由自由概念(即由高层欲求能力通过纯粹理性所作的先行规定)产生的愉快和不愉快一样,永远不能从概念出发被看作与一个对象的表象必然结合着的,而是必须任何时候都只是通过反思的知觉而被认作与这个表象联结着的,因而如同一切经验性的判断一样并不能预示任何客观必然性和要求先天的有效性。但鉴赏判断也只是像每个其他的经验性判断那样要求对每个人都有效,这一点即使它有内在的偶然性,总还是可能的。陌生之处和怪异之处只在于:它不是一个经验性的概念,而是一种愉快的情感(因而根本不是什么概念),但这种情感却又要通过鉴赏判断而对每个人期待着,并与客体的表象联结在一起,就好像它是一个与客体的知识结合着的谓词一样。

个别的经验判断,例如有人在一块水晶里发觉有一滴流动的水珠,这是有权要求每个别人必须同样发现这一点的,因为他是按照规定性的判断力的普遍条件而在可能经验的一般规律之下作出这一判断的。同样,一个人在单纯 29 对一个对象的形式的反思中不考虑到概念而感到愉快,尽管他的判断是经验性的并且是个别判断,他也有权要求任何人的同意:因为这种愉快的根据是在反思性判断的普遍的、尽管是主观的条件中,也就是在一个对象(不论它是自然产物还是艺术品)与诸认识能力相互关系之间的合目的性协和一致中被发现的,这些认识能力是每一个经验性的知识都要求着的(即想象力和知性)。所以愉快虽然在鉴赏判断中依赖于某个经验性的表象且不能先天地与任何概念相结合(我们不能先天地规定何种对象将会适合于鉴赏或不适合于鉴赏,我们必须尝尝对象的味道①);但愉快之成为这个判断的规定根据,毕竟只是由于我们意识到它仅仅基于反思及其与一般客体知识协和一致的普遍的、虽

---

① 德文为同一词 Geschmack,兼有"味道"和"鉴赏"的意义。——译者

然只是主观的诸条件之上,对这种反思来说客体的形式是合目的性的。

　　这就是为什么鉴赏判断按其可能性——因为有一条先天原则预设了这种可能性——也是从属于一个批判的原因,尽管这条原则既不是知性的一条认识原则,也不是意志的一条实践原则,因而根本不是先天进行规定的。

　　但对由反思事物的(自然的和艺术的)形式而来的愉快的感受性不仅表明了主体身上按照自然概念在与反思判断力的关系中的诸客体的合目的性,而且反过来也表明了就诸对象而言根据其形式甚至无形式按照自由概念的主体的合目的性;而这样一来就是:审美判断不仅作为鉴赏判断与美相关,而且作为出自某种精神情感的判断与崇高相关,所以那个审美判断力批判就必须分为与此相应的两个主要部分。

Ⅷ.自然合目的性的逻辑表象

　　在由经验所提供的一个对象上,合目的性可以表现为两种:或是出自单纯主观的原因,在先于一切概念而对该对象的领会(apprehensio①)中使对象的形式与为了将直观和概念结合为一般知识的那些认识能力协和一致;或是出自客观原因,按照物的一个先行的、包含其形式之根据的概念,而使对象的形式与该物本身的可能性协和一致。我们曾看到:前一种合目的性表象是基于在单纯反思到对象的形式时对这个形式的直接愉快之上的;所以第二种合目的性的表象,由于它不是把客体的形式联系到主体在把握这形式时的认识能力,而是联系到对象在一个给予概念之下的确定的知识,它就和对物的愉快情感没有关系,而是与在评判这些物时的知性有关。如果一个对象的概念被给予了,那么在运用这概念达到知识时判断力的工作就在于表现(exhibitio),就是说,在于给这概念提供一个相应的直观:无论这件事是通过我们自己的想象力来进行,如同在艺术中,当我们把一个预先把握住的、有关一个作为我们的目的的对象的概念实现出来时那样;还是通过自然在它的技术里来进行(像在有机体中那样),如果我们把我们的目的概念加给自然以评判它的产品的话;在后面这种情况下不单是自然在物的形式中的合目的性,而且它的这件产

――――――――――

　　①　拉丁文:领会。――译者

品作为自然目的都得到了表现。——虽然我们关于自然在其按照经验性规律
的诸形式中的主观合目的性这一概念根本不是客体的概念,而只是判断力在
自然的这种过于庞大的多样性中为自己求得概念(而能在自然中把握方向)
的一条原则:但我们这样一来就仿佛是把对我们认识能力的某种考虑按照对
一个目的的类比而赋予了自然;这样,我们就可以把自然美看作是形式的(单
纯主观的)合目的性概念的表现,而把自然目的看作是实在的(客观的)合目
的性概念的表现,前者我们是通过鉴赏(审美地,借助于愉快情感)来评判的,
后者则是通过知性和理性(逻辑地,按照概念)来评判的。

　　在这上面就建立起判断力批判被划分为审美的判断力批判和目的论的判
断力批判的根据:因为前一种判断力被理解为通过愉快和不愉快的情感对形
式的合目的性(另称之为主观合目的性)作评判的能力,后一种判断力则被理
解为通过知性和理性对自然的实在的合目的性(客观合目的性)作评判的
能力。

　　在一个判断力的批判中,包含审美判断力的部分是本质地属于它的,因为
只有这种判断力才包含有判断力完全先天地用作它对自然进行反思的基础的
原则,这就是自然根据其特殊的(经验性的)规律对我们的认识能力的形式合
目的性原则,没有这种形式合目的性,知性就会不可能和自然相容:与此不同,
必须有客观的自然目的,即必须有只是作为自然目的才可能的那些事物,这一
点却并不能指出任何先天理由,就连它的可能性也不由作为普遍经验对象和
特殊经验对象的自然的概念来说明,相反,只有自身不包含这方面的先天原则
的那个判断力,在偶尔遇到的(某些产品的)场合下,当那条先验原则已经使
知性对于把这目的概念(至少是按照其形式)应用于自然之上有了准备之后,
才包含有这种规则,以便为理性起见来使用目的概念。

　　但是,这个先验原理,即把自然在一物的形式上与我们的认识能力处于主
观关系中的合目的性设想为对这形式的一条评判原则的原理,它所留下而完
全未加规定的是,我应当在何处、在哪种场合下把这种评判作为对一个按照合
目的性原则的产物、而不是对宁可只按照普遍自然律的产物的评判来进行,它
托付给审美的判断力的是,在鉴赏中去决定这产物(它的形式)对我们的认识
能力的适合性(只要这种适合不是通过与概念的协和一致、而是通过情感来
断定的)。与此相反,运用于目的论上的判断力却确定地指出了某物(例如一

31

32

个有机体)能够据以按照一个自然目的的理念来评判的诸条件,但对于把与目的的关系先天地赋予自然、甚至只是不确定地从这样一些产物的现实经验中假定这一类目的那种权利,它却不能从作为经验对象的自然的概念中提出任何原理:因为这样做的根据在于,必须占有许多特殊的经验,并在它们的原则的统一性中使之得到考察,以便能仅仅经验性地在某一对象上认识某种客观的合目的性。——所以审美判断力是按照一条规则、但不是按照概念来对物作出评判的一种特殊的能力。目的论判断力则不是什么特殊的能力,而只是一般反思性的判断力,如果它就像到处在理论认识中那样按照概念,但在某些自然对象上则按照特殊原则,亦即按照单纯反思的判断力,而不是规定客体的判断力行事的话,所以根据其应用它属于哲学的理论部分,并且由于这些特殊原则并不像在一条学理中所必须的那样是规定性的,所以它必定也构成批判的一个特殊部分;与此不同,审美判断力却对其对象的认识毫无贡献,因而必须仅仅被列入判断主体及其认识能力的批判,只要这些认识能力能提供这些先天原则,而不管这些先天原则还有什么另外的(理论的或实践的)运用,这样的批判是一切哲学的入门。

33

IX.知性和理性的各种立法通过判断力而联结

知性对于作为感官客体的自然是先天地立法的,以在一个可能经验中达到对自然的理论知识。理性对于作为主体中的超感官东西的自由及其独特的原因性是先天立法的,以达到无条件地实践的知识。前一种立法下的自然概念的领地和后一种立法下的自由概念的领地,与它们有可能独自(每一方根据自己的基本规律)对对方拥有的一切交互影响相反,由于使超感性的东西与现象分离开来的那个巨大的鸿沟,而被完全隔离开来了。自由概念在自然的理论知识方面什么也没有规定;自然概念在自由的实践规律方面同样也毫无规定:就此而言,从一个领地向另一个领地架起一座桥梁是不可能的。——不过,即使按照自由概念(及它所含的实践规则)而来的原因性的规定根据在自然中找不到证据,而感性的东西也不能规定主体中的超感性的东西:但这一点反过来倒是可能的(虽然不是着眼于自然的知识,但毕竟是着眼于从自由概念中对自然所产生的后果),并已经在通过自由而来的原因性这个概念中包含着了,它的效果应当按照自由的这些形式规律在世上发生,尽管原因这个词在运用于超感性的东西上时只是意味着这样做的根据,即把自然物按照其固有的自然律、但同时却又和理性规律的形式原则相一致地在某种效果上规定其原因性的那个根据。这样做的可能性虽然不能看出来,但从据说存在于其中的矛盾所提出的反对理由却是完全可以驳倒的。① ——按照自由的概念而来的效果就是终极目的,它(或者它在感性世界中的现象)是应当实存的, 为此人们就预设了它在自然界中的可能性的条件(即作为感官存在物、也就是作为人的那个主体的可能性的条件)。这个先天地、置实践于不顾地预设这条件的东西,即判断力,通过自然的合目的性概念而提供了自然概念和自由概念之间的中介性概念,这概念使得从纯粹理论的理性向纯粹实践的理性、从遵照前者的合规律性向遵照后者的终极目的之过渡成为可能;因为这样一来,只有在自然中并与自然规律相一致才能成为现实的那个终极目的之可能性就被认识到了。

34

　　知性通过它为自然建立先天规律的可能性而提供了一个证据,证明自然只是被我们作为现象来认识的,因而同时也就表明了自然的一个超感性的基底,但这个基底却完全被留在未规定之中。判断力通过其按照自然界可能的特殊规律评判自然界的先天原则,而使自然的超感性基底(不论是我们之中的还是我们之外的)获得了以智性能力来规定的可能性。理性则通过其先天的实践规律对同一个基底提供了规定;这样,判断力就使得从自然概念的领地向自由概念的领地的过渡成为可能。

　　就一般心灵能力而言,只要把它们作为高层能力、即包含自律的能力来看待,那么,对于认识能力(对自然的理论认识能力)来说知性就是包含先天构成性原则的能力;对于愉快和不愉快的情感来说,判断力就是这种能力,它不

35

---

　　① 在自然的原因性和通过自由而来的原因性的全部区别中各种臆测的矛盾之一就是,人们责难这种区别说:如果我谈到自然对按照自由规律(道德规律)的原因性所设置下的障碍,或前者对后者的促进,我就毕竟承认了前者对后者有一种影响。但只要人们愿意理解所说的意思,那么这种误解是很容易避免的。阻力或促进并不存在于自然和自由之间,而是存在于作为现象的前者和作为感官世界中的现象的后者的效果之间,甚至(纯粹的和实践的理性的)自由的原因性也就是服从于自由的某种自然原因(作为人、因而作为现象来考察的主体)的原因性,其规定性的根据是在自由之下被思考的智性以某种用其他理由(正如为什么这同一个理知的东西构成了自然的超感性的基底那样也)无法解释的方式包含着的。——康德

34

依赖于那些有可能和欲求能力的规定相关并因而有可能是直接实践性的概念和感觉;对于欲求能力来说则是理性,它不借助于任何不论从何而来的愉快而是实践性的,并作为高层的能力给欲求能力规定了终极目的,这目的同时也就带有对客体的纯粹智性的愉悦。——判断力关于自然的一个合目的性的概念仍然是属于自然概念的,但只是作为认识能力的调节性原则,虽然关于某些引起自然合目的性概念的(自然的或艺术的)对象的审美判断就愉快和不愉快的情感而言是构成性的原则。认识能力的协调一致包含着这种愉快的根据,在这些认识能力的活动中的自发性使上述自然合目的性概念适合于成为使自然概念的诸领地和自由概念在它们的后果中联结起来的中介,因为这种自发性同时也促进了内心对道德情感的感受性。——下表可以使我们很容易对一切高层能力按其系统的统一来加以概观。①

36

内心的全部能力	诸认识能力	诸先天原则	应用范围
认识能力	知性	合规律性	自然
愉快和不愉快的情感	判断力	合目的性	艺术
欲求能力	理性	终极目的	自由

---

①　有人曾对我的纯粹哲学的划分几乎总是得出三分的结果感到困惑。但这是植根于事物的本性中的。如果一个划分要先天地进行,那么它要么是按照矛盾律而是分析的;而这时它总是两分的(quodlibet ens est aut A aut non A,任何一个存在要么是 A 要么是非 A)。要么它就是综合的;而如果它在这种情况下要从先天的概念(而不像在数学中那样从与概念相应的先天直观中)引出来,那么这一划分就必须按照一般综合统一所要求的,而必然是三分法的,这就是:(1)条件,(2)一个有条件者,(3)从有条件者和它的条件的结合中产生的那个概念。——康德

第一部分

审美判断力批判

第一章　审美判断力的分析论

第一卷　美的分析论

第一契机
鉴赏判断①按照质来看的契机

§1.鉴赏判断是审美的②

为了分辨某物是美的还是不美的,我们不是把表象通过知性联系着客体来认识,而是通过想象力(也许是与知性结合着的)而与主体及其愉快或不愉快的情感相联系。所以鉴赏判断并不是认识判断,因而不是逻辑上的,而是感性的[审美的],我们把这种判断理解为其规定根据只能是主观的。但诸表象的一切关系,甚至诸感觉的一切关系都可以是客观的(而这时这一切关系就意指着某种经验性表象的实在之物);唯有对愉快和不愉快的情感的关系不是如此,通过它完全没有标明客体中的任何东西,相反,在其中主体是像它被这表象刺激起来那样感觉着自身。

40

以自己的认识能力(不论是在清晰的表象方式中还是在含混的表象方式中)去把握一座合乎规则、合乎目的的大厦,这是完全不同于凭借愉悦的感觉去意识到这个表象的。在后者,这表象是在愉快和不愉快的情感的名义下完全关联于主体,也就是关联于主体的生命感的:这就建立起来一种极为特殊的

---

① 在这里成为基础的鉴赏的定义是:鉴赏是评判美的能力。但是要把一个对象称之为美的需要什么,这必须由对鉴赏判断的分析来揭示。这种判断力在其反思中所注意到的那些契机我是根据判断的逻辑功能的指引来寻找的(因为在鉴赏判断中总还是含有对知性的某种关系)。在考察中我首先引入的是质的功能,因为关于美的感性判断[审美判断]首先考虑的是质。——康德

② 由于康德把 ästhetisch 一词在"审美的"和"感性的"两重意义上打通了来使用,下面我们将根据上下文分别用相应的中文来翻译,必要时在方括号内注明其另一种理解。——译者

分辨和评判的能力,它对于认识没有丝毫贡献,而只是把主体中所给予的表象与内心在其状态的情感中所意识到的那全部表象能力相对照。在一个判断中所给予的诸表象可以是经验性的(因而是感性的);但通过那些表象所作出的判断却是逻辑的,如果那些表象在判断中只是与客体相关联的话。反之,如果这些给予的表象完全是合理的,但在一个判断中却只是与主体(即它的情感)相关的话,那么它们就此而言就总是感性的[审美的]。

§2.那规定鉴赏判断的愉悦是不带任何利害的①

被称之为利害的那种愉悦,我们是把它与一个对象的实存的表象结合着的。所以一个这样的愉悦又总是同时具有与欲求能力的关系,要么它就是这种能力的规定根据,要么就是与这种能力的规定根据必然相连系的。但现在既然问题在于某物是否美,那么我们并不想知道这件事的实存对我们或对任何人是否有什么重要性,哪怕只是可能有什么重要性;而只想知道我们在单纯的观赏中(在直观或反思中)如何评判它。如果有人问我,我对于我眼前看到的那个宫殿是否感到美,那么我虽然可以说:我不喜欢这类只是为了引人注目的东西,或者像易洛魁人的那位酋长一样,在巴黎没有比小吃店更使他喜欢的东西了;此外我还可以按善良的卢梭的方式大骂上流人物们的爱好虚荣,说他们把人民的血汗花费在这些不必要的物事上面;最后,我可以很容易就相信,如果我身处一个无人居住的岛上,没有任何重返人类的希望,即使我能单凭自己的愿望就变出一座华丽的大厦来,我也不会为此哪怕费这么一点力气,如果我已经有了一间足以使我舒适的茅屋的话。人们可以对我承认这一切并加以赞同;只是现在所谈的并不是这一点。我们只想知道,是否单是对象的这一表象在我心中就会伴随有愉悦,哪怕就这个表象的对象之实存而言我会是无所谓的。很容易看出,要说一个对象是美的并证明我有品味②,这取决于我怎样评价自己心中的这个表象,而不是取决于我在哪方面依赖于该对象的实存。

---

① 利害,原文为 Interesse,兼有“利益”、“兴趣”之义,下面对该词的译法不可能完全保持一致。——译者

② 德文为 Geschmack,又译“鉴赏”。——译者

每个人都必须承认,关于美的判断只要混杂有丝毫的利害在内,就会是很有偏心的,而不是纯粹的鉴赏判断了。我们必须对事物的实存没有丝毫倾向性,而是在这方面完全抱无所谓的态度,以便在鉴赏的事情中担任评判员。

但我们对于这个具有极大重要性的命题不能作出更好的解释了,除非我们把那种和利害结合着的愉悦与鉴赏判断中这种纯粹的、无利害的①愉悦对立起来;尤其是如果我们同时能够肯定,除了现在马上要举出的那几种利害之外再没有别种的利害了。

§3.对**快适**的愉悦是与利害结合着的 42

快适就是那在感觉中使感官感到喜欢的东西。这里马上就出现了一个机会,来指责对"感觉"一词中所可能有的双重含义的最通常的混淆,并使人们注意到这一点。一切愉悦(人们说的或想的)本身就是感觉(某种愉快的感觉)。因而一切被喜欢的东西恰好由于它被喜欢,就是快适的(并且按其不同的程度或与其他快适感觉的关系而是妩媚的、可爱的、好看的、喜人的等等)。但如果承认了这一点,那么规定着爱好的感官印象,或者规定着意志的理性原理,或者规定着判断力的单纯反思的直观形式,在作用于愉快情感的效果上就都是完全一样的了。因为这种效果在情感状态的感觉中就是快意,但既然对我们诸能力的一切处理最终必然都指向实践,且必然在作为它们的目的的实践中结合起来,所以我们本不能指望诸能力对这些物及其价值作出别的估量,除非说这种估量在于它们所许诺的快乐之中。它们如何达到这一点的方式最终完全是无关紧要的;只是由于在这里手段的选择可以造成某种区别,所以人们虽然可以互相指责愚蠢和不理智,却永远不能互相指责卑鄙和恶毒;因为他们每个人在按照自己的方式看待事物时毕竟全都在奔赴一个对每个人都是快乐的目标。

如果对愉快和不愉快的情感的规定被称之为感觉,那么这个术语就意味着某种完全不同于我在把一件事物的(通过感官,即通过某种属于认识能力

---

① 对于一个愉悦的对象所作的判断可以完全是无利害的,但却是非常有兴趣的,就是说,它并非建立在任何利害之上,但它却产生某种兴趣;一切纯粹的道德判断就是这类判断。但鉴赏判断本身甚至也完全不建立任何兴趣。只是在社交中拥有品味是有兴趣的,对此在后面将会指出理由。——康德

的接受性而来的)表象称之为感觉时所指的东西。因为在后一种情况下该表
象是与客体相关的,在前一种情况下则只与主体相关且根本不是用于任何知
43 识,也不是用作主体借以认识自己的东西。

　　但我们在上面的解释中把感觉这个词理解为一个客观的感官表象;而为
了不要总是冒陷入误解的危险,我打算把那种任何时候都必须只停留在主观
中并绝不可能构成任何对象表象的东西用通常惯用的情感这个名称来称呼。
草地的绿色属于客观的感觉,即对一个感官对象的知觉;但对这绿色的快意却
属于主观的感觉,它并没有使任何对象被表象出来:亦即是属于情感的,凭借
这种情感,对象是作为愉悦的客体(这愉悦不是该对象的知识)而被观赏的。

　　现在,关于一个对象,我借以将它宣布为快适的那个判断会表达出对该对
象的某种兴趣,这由以下事实已可明白,即通过感觉激起了对这样一个对象的
欲望,因而愉悦不只是对这对象的判断的前提,而且是它的实存对于由这样一
个客体所刺激起来的我的状态的关系的前提。因此我们对于快适不只是说:
它使人喜欢,而且说:它使人快乐。这不仅仅是我送给它的一句赞语,而且由
此产生了爱好;以最热烈的方式使人快适的东西中甚至根本不包含有关客体
性状的任何判断,以至于那些永远只以享受为目的的人们(因为人们用享受
这个词来标志快乐的内在方面)是很乐意免除一切判断的。

§4.对于善的愉悦是与利害结合着的

　　善是借助于理性由单纯概念而使人喜欢的。我们把一些东西称之为对什
么是好的(有利的东西),这些东西只是作为手段而使人喜欢的;但我们把另
一种东西称之为本身是好的,它是单凭自身就令人喜欢的。在两种情况下都
44 始终包含有某个目的的概念,因而都包含有理性对(至少是可能的)意愿的关
系,所以也包含对一个客体或一个行动的存有的愉悦,也就是某种兴趣[利害]。

　　要觉得某物是善的,我任何时候都必须知道对象应当是怎样一个东西,也
就是必须拥有关于这个对象的概念。而要觉得它是美的,我并不需要这样做。
花,自由的素描,无意图地互相缠绕、名为卷叶饰的线条,它们没有任何含义,
不依赖于任何确定的概念,但却令人喜欢。对美的东西的愉悦必须依赖于引
向任何某个概念(不定是哪一个)的、对一个对象的反思,因此它也不同于快

适,快适是完全建立在感觉之上的。

当然,快适的东西和善的东西在许多情况下看起来是一样的。所以我们通常说:一切快乐(尤其是持久的快乐)本身就是善的;这差不多就是说:成为持久快乐的人和成为善人,这是一样的。不过我们马上就会发现,这只是一种错误的语词混淆,因为与这两个术语特别相关联的概念是绝对不能互相替换的。快适的东西本身只有在与感官的关系中才表现出对象,它必须通过一个目的概念才首次被纳入理性的原则之下,以便作为意志的对象而称之为善的。但在这种情况下这将是一种完全不同的对愉悦的关系,即使我把引起快乐的东西都叫作善,由此可见,在善的东西那里总是有这个问题,即它仅仅是间接的善还是直接的善(是有利的还是本身善的);相反,在快适这里就根本不会有这方面的问题,因为这个词永远意味着某种直接令人喜欢的东西(这也正是我称之为美的东西的情况)。

甚至在最日常的谈话中我们也把快适和善区别开来。对于一道由调料和其他佐料烹出了味道的菜肴,我们毫不犹豫地就说它是快适的,同时又承认它并非善的:因为它虽然直接使感官惬意,但间接地、亦即通过那预见到后果的理性来看,就不令人喜欢了。甚至在评判健康时我们也可以发现这一区别。健康是使每个拥有健康的人直接快适的(至少消极地说,作为对一切肉体痛苦的摆脱)。但要说这是善的,我们还必须通过理性而考虑到它的目的,即健康是一种使我们对自己的一切事务充满兴致的状态。最后,关于幸福,每个人毕竟相信,生活中最大总量(就数量和持久性而言)的快意可以称之为真正的、甚至是最高的善。不过就连这一点理性也拒不接受。快意就是享受。但如果它只是为了这一点,那么在使我们获得享受的手段方面犹豫不决,考虑这享受是从大自然的慷慨所领受到的,还是通过自身主动性和我们自己的劳作而争取到的,那就是愚蠢的了。但是,当一个人只是为享受而活着(并且为了这个意图他又是如此勤奋),甚至他同时作为在这方面的手段对于其他所有那些同样也只以享受为目的的人也会有极大的促进作用,因为他可能会出于同感而与他们有乐同享,于是就说这个人的生存本身也会有某种价值:这却是永远也不会说服理性来接受的。只有通过他不考虑到享受而在完全的自由中、甚至不依赖于自然有可能带来让他领受的东西所做的事,他才能赋予他的存有作为一个人格的生存以某种绝对的价值;而幸福则连同其快意的全部丰富性都还远远不是无条件的善。①

但无论快适和善之间的差异有多大,二者毕竟在一点上是一致的:它们任
何时候都是与其对象上的某种利害结合着的,不仅是快适,以及作为达到某个
快意的手段而令人喜欢的间接的善(有利的东西),而且就是那绝对的、在一
切意图中的善,也就是带有最高利益的道德的善,也都是这样。因为善就是意
志(即某种通过理性规定的欲求能力)的客体,但意愿某物和对它的存有具有
某种愉悦感,即对之感到某种兴趣,这两者是同一的。

§5.三种不同特性的愉悦之比较

快适和善二者都具有对欲求能力的关系,并且在这方面,前者带有以病理
学上的东西(通过刺激,stimulos)为条件的愉悦,后者带有纯粹实践性的愉悦,
这不只是通过对象的表象,而且是同时通过主体和对象的实存之间被设想的
联结来确定的。不只是对象,而且连对象的实存也是令人喜欢的。反之,鉴赏
判断则只是静观的,也就是这样一种判断,它对于一个对象的存有是不关心
的,而只是把对象的性状和愉快及不愉快的情感相对照。但这种静观本身也
不是针对概念的;因为鉴赏判断不是认识判断(既不是理论上的认识判断也不
是实践上的认识判断),因而也不是建立在概念之上、乃至于以概念为目的的。

所以,快适、美、善标志着表象对愉快和不愉快的情感的三种不同的关系,
我们依照对何者的关联而把对象或表象方式相互区别开来。就连我们用来标
志这些关系中的满意而与每一种关系相适合的表达方式也是各不相同的。快
适对某个人来说就是使他**快乐**的东西;美则只是使他**喜欢**的东西;善是被**尊敬**
的、被赞成的东西,也就是在里面被他认可了一种客观价值的东西。快意对于
无理性的动物也适用;美只适用于人类,即适用于动物性的但却有理性的存在
物,但这存在物又不单是作为有理性的(例如精灵),而是同时又作为动物性
的存在物;但善则是一般地对任何一个有理性的存在物都适用的;这个命题只

---

① 一种对于享受的责任显然是无稽之谈。所以,对一切只以享受为其目的的行动所制
定的责任,同样也必定是荒谬的:尽管这种享受可以被任意地设想为(或打扮成)精神性的,即
使是某种神秘的、上天的享受也罢。——康德

有在后面才能获得其完全的辩护和解释。可以说:在所有这三种愉悦方式中唯有对美的鉴赏的愉悦才是一种无利害的和自由的愉悦;因为没有任何利害、既没有感官的利害也没有理性的利害来对赞许加以强迫。所以我们对于愉悦也许可以说:它在上述三种情况下分别与爱好、惠爱、敬重相关联。而**惠爱**则是唯一自由的愉悦。一个爱好的对象和一个由理性规律责成我们去欲求的对象,并没有留给我们使哪怕任何东西对我们成为一个愉快的对象的自由。所有的利害都以需要为前提,或是带来某种需要;而作为赞许的规定根据,这种需要就不再容许关于对象的判断有自由了。

　　至于在快适上的爱好的利害,那么每个人都说:饥饿是最好的厨师,有健康胃口的人吃任何可吃的东西都有味;因此一个这样的愉悦并不表明是按照品味来选择的。只有当需要被满足之后,我们才能够分辨在众人中谁是有品味的,而谁没有品味。同样,也有无德行的风尚(行为方式),不带友好的客气,缺乏正直的礼貌等等。因为凡是在显露出风尚的规律的地方,关于什么是该做的事客观上就再没有任何自由的选择;而在自己的举止中(或是在评判别人的举止时)显示出品味,这是完全不同于表现自己的道德思想境界的:因为后者包含一个命令并产生某种需要,反之,风尚上的品味却只是和愉悦的对象做游戏,而并不拘泥于某个对象。

从第一契机推得的美的说明

　　鉴赏是通过不带任何利害的愉悦或不悦而对一个对象或一个表象方式作评判的能力。一个这样的愉悦的对象就叫作美。

第二契机
即鉴赏判断按照其量来看的契机
§ 6. 美是无概念地作为一个**普遍**愉悦的客体被设想的

　　这个美的说明可以从前面那个美的说明、即美是无任何利害的愉悦对象这一说明中推出来。如果有一个东西,某人意识到对它的愉悦在他自己是没有任何利害的,他对这个东西就只能作这样的评判,即它必定包含一个使每个人都愉悦的根据。因为既然它不是建立在主体的某个爱好之上(又不是建立在某个另外的经过考虑的利害之上),而是判断者在他投入到对象的愉悦上感到完全的自由:所以他不可能发现只有他的主体才依赖的任何私人条件是这种愉悦的根据,因而这种愉悦必须被看作是植根于他也能在每个别人那里预设的东西之中的;因此他必定相信有理由对每个人期望一种类似的愉悦。

49 于是他将这样来谈到美,就好像美是对象的一种性状,而这判断是(通过客体的概念而构成某种客体知识的)逻辑的判断似的;尽管这判断只是感性的[审美的],并且只包含对象表象与主体的某种关系:这是因为它毕竟与逻辑判断有相似性,即我们可以在这方面预设它对每个人的有效性。但是这种普遍性也不能从概念中产生出来。因为没有从概念到愉快和不愉快的情感的任何过渡(除了在纯粹实践的规律中,但这些规律带有某种利害,这类事是与纯粹鉴赏判断没有关联的)。这样,与意识到自身中脱离了一切利害的鉴赏判断必然相联系的,就是一种不带有基于客体之上的普遍性而对每个人有效的要求,就是说,与它结合在一起的必须是某种主观普遍性的要求。

§7.按上述特征把美和快适及善加以比较

就快适而言,每个人都会满足于这一点:他的建立在私人感受之上的判断,他又借此来说一个对象使他喜欢,这判断也就会是只限于他个人的。所以如果他说:加那利香槟酒是快适的,另一个人纠正他这种说法并提醒他道,他应当说:这对我是快适的,那么他对此也会欣然满意的;而这种情况不仅仅是在舌头、腭部和咽喉的味觉中,而且在对眼睛和耳朵来说有可能使每个人都感到快适的东西方面也是如此。对一个人来说紫色是温柔可爱的,对另一个人来说它是僵硬和死寂的。一个人喜爱管乐声,另一个人喜爱弦乐声。对此抱

50 着这样的意图去争执,以便把与我的判断不同的别人的判断斥为不正确的,好像这两个判断在逻辑上是对立的似的,这是愚蠢的;所以在快适方面适用于这条原理:每个人都有自己独特的口味(感官口味①)。

---

① 此处"口味"亦即 Geschmack,又译"味觉"、"品味"、"鉴赏"。——译者

　　至于美则完全是另一种情况。在这里(恰好相反)可笑的将是,如果有一个人对自己的品味不无自负,想要这样来表明自己是正确的:这个对象(我们所看见的房子,那人穿的衣服,我们所听到的演奏,被提交评判的诗)对于我是美的。因为只是他所喜欢的东西,他就不必称之为美的。有许多东西可以使他得到刺激和快意,这是没有人会来操心的事;但是如果他宣布某物是美的,那么他就在期待别人有同样的愉悦:他不仅仅是为自己,而且也为别人在下判断,因而他谈到美时好像它是物的一个属性似的。所以他就说:这个事物是美的,而且并不是因为例如说他多次发现别人赞同他的愉悦判断,就指望别人在这方面赞同他,而是他要求别人赞同他。如果别人作出不同的判断,他就会责备他们并否认他们有鉴赏,而他要求于鉴赏的就是他们应当具有这种鉴赏;就此而言我们不能说:每个人都有自己独特的鉴赏。这种说法将等于说:根本就不存在任何鉴赏,也就是没有任何可以合法地要求每个人同意的审美判断。

　　当然,即使在快适方面我们也发现,在对它的评判中人们之间也可以遇到一致的情况,但在对这种一致的考虑中我们仍可以否认一些人有品味,承认另一些人有品味,虽然不是在官感的意义上,而是在对一般快适的评判能力的意义上。所以一个人如果懂得用快意的事情(以所有的感官来享受的快意)来为他的客人助兴,使得他们皆大欢喜,我们就说他是有品位的。但在这里,这种普遍性只是通过比较得来的;而此时只有大体上的规则(正如所有经验性的规则那样),而不是对于美的鉴赏判断所采取或所要求的普遍性的规则。这是一个与爱社交有关的判断,就爱社交是基于经验性的规则之上而言。在善这方面虽然诸判断也有权要求对每个人都有效;但善只是通过一个概念而被表现为某种普遍愉悦的客体,这是在快适和美那里都没有的情况。

§8.愉悦的普遍性在一个鉴赏判断中只表现为主观的

　　在一个鉴赏判断里所能碰到的、对审美感性判断之普遍性的这一特殊规定,是一件虽然不是对逻辑学家、却是对先验哲学家很值得注意的事,它要求先验哲学家花不少力气去发现它的起源,为此也就要求揭示我们认识能力的某种属性,这种属性没有这个分析将仍然停留在未知之中。

首先我们必须完全确信:我们通过(关于美的)鉴赏判断要求每个人在一个对象上感到愉悦,但却并不是依据一个概念(因为那样就会是善了);而且对普遍有效性的这一要求是如此本质地属于我们用来把某物宣称为美的判断,以至于若不考虑到这种普遍有效性,就永远不会有人想到运用这种表达,而是所有那些无概念而令人喜欢的东西都会被归入到快适之中,在快适方面是每个人都可以有自己各自的看法的,没有任何人会指望别人赞同自己的鉴赏判断,而这种情况在关于美的鉴赏判断中却是时刻都在发生的。我可以把前者称之为感官的鉴赏,把后者称之为反思的鉴赏:在这里,前者只是作出私人的判断,后者则据称是作出了普适性的(公共的)判断,但双方都只是在对象表象对愉快和不愉快的关系方面对对象作出了感性的(而不是实践的)判断。然而奇怪的是,对于感官的鉴赏,不但经验表明了它的(对某物愉快或不愉快的)判断不是普遍有效的,而且每个人也都是自发地如此谦虚,不太要求别人的这种赞同(虽然实际上即使在这类判断中也经常会发现十分广泛的一致),而反思的鉴赏则即使像经验表明的,它对自己的(关于美的)判断在每个人那里都有普遍有效性的要求毕竟也是经常饱受拒绝的,却仍然会感到有可能(它实际上也在这样做)设想有些判断是可以要求这种普遍赞同的,并对每个人都期望着事实上对自己的每个鉴赏判断都普遍赞同,而下判断者并不为了这样一种要求的可能性发生争执,却只是在特殊情况下为了这种能力的正确应用而不能达成一致。

在这里首先要注意的是,一种不是基于客体概念(哪怕只是经验性的概念)之上的普遍性完全不是逻辑上的,而是感性上的,亦即不包含判断的客观的量,而只包含主观的量,对后者我也用普适性来表达,这个术语并不表示一个表象对认识能力的关系的有效性,而是表示它对每个主体的愉快和不愉快的情感的关系的有效性。(但我们也可以把这个术语用于判断的逻辑的量,只要我们在上面加上客观的普遍有效性,以区别于只是主观的、每次都是感性的普遍有效性。)

于是,一个客观的普遍有效的判断也总是主观上普遍有效的,就是说,如果这个判断对于在一个给予的概念之下所包含的一切东西都有效,那么它对于每个借这概念表象一个对象的人也都有效。但从一个主观的普遍有效性中,亦即从不基于任何概念的感性的[审美的]普遍有效性中,是不能够推出

逻辑的普遍有效性的:因为那样一种判断根本不是针对客体的。但正因为如 53
此,即使那被加在一个判断上的感性的[审美的]普遍性,也必然具有特殊的
类型,因为它不是把美这个谓词与完全在逻辑的范围内来看的客体的概念相
联结,但却同样把这个谓词扩展到所有的作判断的人的范围之上去。

在逻辑的量方面,一切鉴赏判断都是单一性判断。因为我必须在我的愉
快和不愉快的情感上直接抓住对象,但又不是通过概念,所以那些判断不可能
具有客观普适性的判断的量;虽然当鉴赏判断的客体的单一性表象按照规定
该判断的那些条件通过比较而转变为一个概念时,从中是可以形成一个逻辑
上普遍的判断的:例如我凝视着这朵玫瑰花,我通过一个鉴赏判断宣称它是
美的。相反,通过比较许多单个的玫瑰花所产生的"玫瑰花一般地是美的"这
一判断,从此就不再单纯被表述为一个审美[感性]判断,而是被表述为一个
以审美[感性]判断为根据的逻辑判断了。现在有这样一个判断:玫瑰花(在
气味上)是快适的,这虽然也是一个感性的和单一的判断,但不是鉴赏判断,
而是一个感官的判断。就是说,它与前者的区别在于:鉴赏判断带有一种普遍
性的、即对每个人有效的审美的量,这种审美的量在有关快适的判断中是找不
到的。只有对于善的判断,虽然它们也在一个对象上规定着愉悦,却是具有逻
辑的、而非仅仅感性的普遍性的;因为它们适用于客体,被视为客体的知识,因
此对每个人有效。

如果我们只是按照概念来评判客体,那么一切美的表象就都丧失了。所
以也不可能有任何规则让某人必然地要据以承认某物是美的。一件衣服、一
座房子、一朵花是不是美的:对此人们是不能用任何根据或原理来说服人接受 54
自己的判断的。人们要把客体置于他自己的眼光之下,正好像他的愉悦是依
赖于感觉似的;然而,当人们随后把这个对象称之为美的时,他相信自己会获
得普遍的同意,并且要求每个人都赞同,反之,那种私人感觉却只是相对于观
赏者个人及其愉悦而被裁定的。

由此可见,在鉴赏判断中所假定的不是别的,只是这样一种不借助于概念
而在愉悦方面的普遍同意;因而是能够被看作同时对每个人有效的某种审美
判断的可能性。鉴赏判断本身并不假定每个人的赞同(只有一个逻辑的普遍
判断才能做到这一点,因为它可以提出理由);它只是向每个人要求这种赞
同,作为这规则的一个实例,就这个实例而言它不是从概念中、而是从别人的

赞成中期待着证实。所以这种普遍同意只是一个理念（其根基何在，这里尚未探究）。一个相信自己作出了一个鉴赏判断的人实际上是否在按照这个理念作判断，这一点是不能肯定的；但他毕竟使判断与这个理念发生了关系，因而这应当是一个鉴赏判断，这一点他是通过美这一表达方式而宣布出来的。但对他自己来说，他单凭有意识地把属于快适和善的一切从还余留给他的愉悦中分离开来，就可以确定这一点了；而这就是他为什么要期望每个人的同意的全部理由：这是他在上述条件之下也会有权提出的一个要求，只要他不违背这些条件而经常出错，因而作出一个不正确的鉴赏判断。

§9.研究这问题：在鉴赏判断中愉快感先于 对象之评判还是后者先于前者

55

解决这个课题是理解鉴赏批判的钥匙，因此值得高度注意。

假如在被给予的对象上的愉快是先行的，而在对该对象的表象作鉴赏判断时又只应当承认其普遍可传达性，那么这样一种处理办法就会陷入自相矛盾。因为这一类的愉快将不是别的，而只是感官感觉中的快意，因而按其本性来说只能具有私人的有效性，因为它会直接依赖于对象借以被给予的那个表象。

所以，正是被给予的表象中内心状态的普遍能传达性，它作为鉴赏判断的主观条件必须为这个判断奠定基础，并把对对象的愉快当作其后果。但可以被普遍传达的不是别的，而只是知识和属于知识的表象。因为就此而言只有知识及其表象才是客观的，并仅仅因此才具有一个普遍的结合点，一切人的表象力都必须与这个结合点相一致。既然有关表象的这一普遍可传达性的判断的规定根据只应当被主观地、也就是没有对象概念地设想，那么这个规定根据就无非是在表象力的相互关系中所遇到的那个内心状态，如果这些表象力使一个被给予的表象关系到一般知识的话。

由这表象所激发起来的诸认识能力在这里是处于自由的游戏中，因为没有任何确定的概念把它们限制于特殊的认识规则上面。所以内心状态在这一
56　表象中必定是诸表象力在一个给予的表象上朝向一般认识而自由游戏的情感状态。现在，隶属于一个使对象借以被给出并一般地由此形成知识的表象的，

有想象力,为的是把直观的杂多复合起来,以及知性,为的是把结合诸表象的概念统一起来。诸认识能力在对象借以被给出的某个表象上自由游戏这一状态必须是可以普遍传达的:因为知识作为那些给予的表象(不论在哪一个主体中都)应当与之相一致的那个客体的规定性,是唯一地对每个人都有效的表象方式。

在一个鉴赏判断中表象方式的主观普遍可传达性由于应当不以某个确定概念为前提而发生,所以它无非是在想象力和知性的自由游戏中的内心状态(只要它们如同趋向某种一般认识所要求的那样相互协和一致),因为我们意识到这种适合于某个一般认识的主观关系正和每一种确定的认识的情况一样必定对于每个人都有效,因而必定是普遍可传达的,而确定的认识终归还是建立在那个作为主观条件的关系之上的。

于是,对于对象或对象由以被给予出来的那个表象的这种单纯主观的(审美的)评判,就是先行于对对象的愉快的,而且是对诸认识能力的和谐的这种愉快的根据;但是,只有在对于对象作评判的主观条件的那个普遍性上,才建立起愉悦的这种普遍的主观有效性,这愉悦我们是和我们称之为美的那个对象的表象结合着的。

人们哪怕只是在认识能力方面能够传达自己的内心状态,都是会带有某种愉快的,这一点我们可以很容易地从人类爱社交的自然倾向中(经验性地和从心理学上)来阐明。但这对于我们的意图来说是不够的。我们指望每个别人在鉴赏判断中都把我们所感到的愉快当作是必然的,就好像当我们把某物称之为美的时候,它就必须被看作对象按照概念而得到规定的性状似的;因为毕竟,美没有对主体情感的关系自身就什么也不是。但这个问题的讨论我们必须留待回答了下述问题时进行:先天审美判断是否以及如何可能?　57

我们现在还在研究较低级的问题:我们是以何种方式意识到鉴赏判断中诸认识能力之间主观的协和一致的,是通过单纯内感官和感觉而感性地意识到的呢,还是通过我们借以把诸认识能力置于游戏中的有意的能动性意识而智性地意识到的?

假如引起鉴赏判断的那个给予的表象是一个把知性和想象力在对对象的评判中结合为一个对客体的知识的概念的话,那么对这种关系的意识就是智性的(像在《纯粹理性批判》所讨论的判断力的客观图型法中那样)。但这样一来,这判断就不是在与愉快和不愉快的关系中作出的了,因而就不是鉴赏判断了。但现在,鉴赏判断不依赖于概念而就愉悦和美这个谓词来规定客体。所以那种关系的主观统一性只有通过感觉才能被标明出来。激活这两种能力(想象力和知性)、使之成为不确定的,①但毕竟借助于被给予的表象的诱因而一致起来的活动、也就是属于一般认识的那种活动的,是感觉,它的普遍可传达性是鉴赏判断所假定了的。某种客观的关系虽然只能被设想,但只要它在它的诸条件上是主观的,它就毕竟可以在对内心的效果上被感觉到;而在一个没有概念作基础的关系(如诸表象力对一般认识能力的关系)上,也不可能对它有别的意识,而只有通过效果的感觉而来的意识,这效果就在于两个为相互协调所激活的内心能力(想象力和知性)的轻松游戏。如果一个表象作为单一的、没有与别的表象相比较却有与一般知性事务所构成的普遍性条件的协调关系,它就把诸认识能力带入了合乎比例的情调之中,这种情调是我们对一切知识都要求着,并因而也认为对每个被规定要通过知性和感官的联结来下判断的人(对任何人类)都是有效的。

从第二个契机推出的美的说明

凡是那没有概念而普遍令人喜欢的东西就是美的。

第三契机
鉴赏判断按照它里面所观察到的目的关系来看的契机

§10.一般合目的性

如果我们想要依据先验的规定(而不以愉快的情感这类经验性的东西为前提)解释什么是目的:那么目的就是一个概念的对象,只要这概念被看作那对象的原因(即它的可能性的实在的根据);而一个概念从其客体来看的原因

---

① 原文为 bestimmter 即"确定的",但依据德文编者注,第 1、2 版均为 unbestimmter 即"不确定的",兹据柏林科学院版。——译者

性就是合目的性（forma finalis①）。所以凡是在不仅例如一个对象的知识、而且作为结果的对象本身（它的形式或实存）都仅仅被设想为通过这结果的一个概念而可能的地方，我们所想到的就是一个目的。结果的表象在这里就是该结果的原因的规定根据，并且先行于它的原因。关于主体状态、并使主体保持在同一状态中的某个表象，它的原因性的意识在这里可以普遍地表明我们称之为愉快的东西；反之，不愉快则是这样一种表象，它包含有把诸表象的状态规定为这些表象自己的反面（阻止或取消它们）的理由。

　　欲求能力，如果它只是通过概念，亦即按照一个目的的表象行动而是可规定的，它就会是意志。但一个客体，或是一种内心状态，或是一个行动，甚至哪怕它们的可能性并不是必然地以一个目的表象为前提，它们之所以被称为合目的的，只是因为我们只有把一个按照目的的原因性，即一个按照某种规则的表象来这样安排它们的意志假定为它们的根据，才能解释和理解它们的可能性。所以合目的性可以是无目的的，只要我们不把这个形式的诸原因放在一个意志中，而我们却毕竟能使对这形式的可能性的解释仅凭我们把它从一个意志中推出来而被我们所理解。既然我们对我们所观察的东西并不总是必须通过理性（按其可能性）去洞察，所以我们即使没有把一个目的（作为 nexus finalis② 的质料）当作合目的性的基础，我们至少可以从形式上考察合目的性，并在对象身上哪怕只是通过反思而看出合目的性。

§11.鉴赏判断只以一个对象（或其表象方式）的 **合目的性形式为根据**

　　一切目的如果被看作愉悦的根据，就总是带有某种利害，作为判断愉快对象的规定根据。所以没有任何主观目的可以作为鉴赏判断的根据。但也没有任何客观目的的表象，亦即对象本身按照目的关联原则的可能性的表象，因而没有任何善的概念，可以规定鉴赏判断：因为它是审美判断而不是认识判断，所以它不涉及对象性状的、以及对象通过这个那个原因的内在或外在可能性

---

①　拉丁文：目的的形式。——译者
②　拉丁文：目的关系。——译者

的任何概念,而只涉及表象力相互之间在它们被一个表象规定时的关系。

既然在把一个对象规定为美的对象时的这种关系,是与愉快的情感结合着的,而这种愉快通过鉴赏判断而被同时宣称为对每个人都有效的;因而一种伴随着这表象的快意就正像对象的完善性表象和善的概念一样,不可能包含这种规定根据。所以,能够构成我们评判为没有概念而普遍可传达的那种愉悦,因而构成鉴赏判断的规定根据的,没有任何别的东西,而只有对象表象的不带任何目的(不管是主观目的还是客观目的)的主观合目的性,因而只有在对象借以被给予我们的那个表象中的合目的性的单纯形式,如果我们意识到这种形式的话。

§12.鉴赏判断基于先天的根据

使愉快和不愉快的情感作为一个结果去和某个作为其原因的表象(感觉或概念)先天地形成联结,这是绝对不可能的;因为那就会是一种因果关系,这种(在经验对象之间的)关系永远只有后天地并借助于经验本身才能被认识。虽然我们在实践理性批判中实际上已把敬重的情感(作为上述情感的一个特殊的和特别的变相,它和我们由经验性对象所获得的无论是愉快还是不愉快都不会真正相一致)从普遍的道德概念中先天地推导出来了。但我们在那里也已经能够跨越经验的界限,并引入某种基于主体的超感官性状之上的原因性,即自由的原因性了。然而即使在那里,我们从作为原因的道德理念里真正推出的也并不是这种关于道德理念的情感,而只有意志的规定被从中推导出来了。但一个不论由什么来规定的意志的内心状态,本身已经是一种愉快情感了,并且是与这个意志同一的,所以并不是作为结果而从这意志中得出来的:后面这种情况只是当作为某种善的道德的概念应先行于由规律而来的意志规定时,才必须被假定的;既然如此,和概念结合着的愉快要从这个单单作为认识的概念中推导出来就会是白费力气了。

现在,在审美判断中的愉快也有类似的方式:只不过这种愉快只是静观的,而不产生对客体的利害,相反,在道德判断中的愉快则是实践的。在一个对象借以被给予的表象那里,对主体诸认识能力的游戏中的单纯形式的合目的性的意识就是愉快本身,因为这种意识在一个审美判断中包含有主体在激活其认识能力方面的能动性的规定根据,所以包含有一般认识能力方面的、但却不被局限于一个确定的知识上的某种内在原因性(这种原因性是合目的的),因而包含有一个表象的主观合目的性的单纯形式。这种愉快也决不在任何方式上是实践的,既不像从快意的病理学根据而来的愉快那样,也不像从被表象的善的智性根据而来的愉快那样。但这愉快本身毕竟有其原因性,即保持这表象本身的状态和诸认识能力的活动而没有进一步的意图。我们留连于对美的观赏,因为这种观赏在自我加强和自我再生:这和逗留在一个对象表象的刺激反复地唤醒着注意力、而内心却是被动的那种情况中是类似的(但究竟是与之不一样的)。

§13.纯粹鉴赏判断是不依赖于刺激和激动的

一切利害都败坏着鉴赏判断并将取消其无偏袒性,尤其是在它不像理性 62
的利害那样把合目的性放在愉快的情感之前、而是将合目的性建立在愉快情感之上时是如此;后面这种情况在对某种使人快乐或痛苦的东西作审美判断时肯定就会发生。因此这样被激起的判断对于普遍有效的愉悦要么完全不能提出什么要求,要么就只能提出很少的要求,正如上述类型的感觉处于鉴赏的规定根据之间的情况那样。这种鉴赏当它为了愉悦而需要混有刺激和激动时,甚至将这作为自己赞赏的尺度时,它就永远还是野蛮的。

然而,刺激却毕竟常常不但作为对审美的普遍愉悦有贡献而被算作是美(而美真正说来却只应当涉及形式),而且它们甚至本身就被冒充为美,因而这种愉悦的质料就被冒充为形式:这是一种误解,它如同其他一些总还是有某种真实的东西作根据的误解一样,是可以通过小心地规定这一概念而被消除的。

一个不受刺激和激动的任何影响(不管它们与美的愉悦是否能结合)、因而只以形式的合目的性作为规定根据的鉴赏判断,就是一个纯粹鉴赏判断。

§14.通过例子来说明

感性判断正如理论的(逻辑的)判断一样,可以划分为经验性的和纯粹的。前者是些陈述快意和不快意的感性判断,后者是些陈述一个对象或它的表象方式上的美的感性[审美]判断;前者是感官判断(质料的感性判断),唯有后者(作为形式的感性判断)是真正的鉴赏判断。

　　所以一个鉴赏判断只有当没有任何单纯经验性的愉悦掺杂在它的规定根据中时,才是纯粹的。但这种掺杂的情况每当某物应当借以被宣称为美的那**63**个判断中有魅力或激动的成分时,总会发生。

　　于是又有一些著名的反对意见提出来,妄称魅力最终并不只是美的必要的掺杂成分,相反,它作为自身单独来说就完全足以被称为美的。一种单纯的颜色,例如一片草坪的绿色,一种单纯的音调(不同于响声或噪音),好比说一把小提琴的音调,本身就被大多数人宣称为美的;虽然两者看起来都是以表象的质料、也就是以感觉为基础的,并因此只配称之为快适。不过,我们同时却也发现,对颜色以及音调的感觉只有当两者都是纯粹的时,才被正当地称之为美的;这是一个已经涉及到形式的规定,也是这些表象中唯一地可以确定地普遍传达的东西:因为感觉的质本身并不能认为在一切主体中都是一致的,而对一种颜色的快意超过另一种颜色,或者对一种乐器的音调的快意强于另一种乐器的音调,这是很难设想在每个人那里都会受到这样的[1]评判的。

　　如果我们接受欧拉[2]的说法,即颜色是以太的等时相继的脉动(脉冲),而音调则是在响声中振动的空气的等时相继的脉动(脉冲),并且最重要的是,内心并不只是通过感官而知觉到它们对激活器官的作用的,而且也是通过反思而知觉到印象的这种有规则的活动(因而知觉到结合各种不同表象时的形**64**式)的——对此我当然并没有什么怀疑[3]——,那么颜色和音调就不会只是感觉,而会是感觉的多样统一的形式规定了,这样一来就也有可能单独被算作美之列。

　　但在一个单纯感觉方式中的纯粹性意味着这感觉方式的一律性不被任何异质感觉所干扰和打断,这种纯粹性仅仅是属于形式的;因为我们在这里可以把那种感觉方式的质(即它是否表象和表象着哪一种颜色或音调)抽象掉。

---

① 第1、2版为"同样的"。——德文编者

② Euler,Leonhard(1707—1783),著名德国数学家和物理学家。——译者

③ 第1、2版均为"对此我的确很怀疑",据 Windelband 应校正如上,但也有不同意见。——译者

因此一切单纯的颜色,就其是纯粹的而言,将被看作是美的;那些混合的颜色就没有这个优点;这正是因为,它们不是单纯的,我们不具有任何评判是否应把它们称为纯粹或是不纯粹的尺度。

至于谈到对象由于其形式而被赋予的美,只要人们认为它可以完全通过魅力而得到提升,这就是一个常见的并且对纯正的、准确的、透彻的鉴赏力十分不利的错误;当然,为了使内心除了单调的愉悦之外还通过对象的表象而产生兴趣,并以此来作为对鉴赏力及其培养的鼓励,特别是当鉴赏力还是粗糙和未经训练之时,那么在美之上再加上魅力是可以的。但这些魅力实际上损害了鉴赏判断,如果它们作为美的评判根据而把注意力吸引到自身上来的话。因为这就犯了个大错,以为它们对此会有贡献,其实它们是必须作为外来分子,只在它们不干扰那个美的形式时,在鉴赏力还薄弱且未经训练的情况下,才被宽容地接受下来的。

在绘画中,雕刻中,乃至在一切造型艺术中,在建筑艺术、园林艺术中,就它们作为美的艺术而言,素描都是根本性的东西,在素描中,并不是那通过感觉而使人快乐的东西,而只是通过其形式而使人喜欢的东西,才构成了鉴赏的一切素质的基础。使轮廓生辉的颜色是属于魅力的;它们虽然能够使对象本身对于感觉生动起来,但却不能使之值得观赏和美;毋宁说,它们大部分是完全受到美的形式所要求的东西的限制的,并且甚至在魅力被容许的地方,它们也只有通过美的形式才变得高贵起来。   65

感官对象(不仅外部感官的对象而且间接地还有内部感官的对象)的一切形式,要么是形象,要么是活动;在后一种场合要么是形象的活动(在空间中:表情和舞蹈),要么只是感觉的活动(在时间中)。颜色或乐器的令人快适的音调的魅力可以加进来,但前者中的素描和后者中的作曲构成纯粹鉴赏判断的真正对象;至于颜色以及音调的纯粹性或者甚至它们的多样性及其鲜明的对比显得对美也有贡献,那么这并不等于说,它们就是因为它们自身是快适的而仿佛是对形式上的愉悦的一种相同性质的添加,而只不过是由于它们使这种形式在直观上更精确、更确定和更完全了而已,此外还通过它们的魅力而使表象生动起来,因为它们唤起并保持着对对象本身的注意力。

甚至人们称作装饰(点缀)的东西,也就是那种并非作为组成部分而内在地属于对象的整个表象,而只是外在地作为附属物隶属于此并加强着鉴赏的愉悦的东西,它做到这一点也只是通过自己的形式,如油画的镶框或雕像的衣着,或是宫殿周围的柱廊那样。但装饰本身如果不具有美的形式,如果它必须如同那金边的画框一样,仅仅是为了通过它的魅力来博得对这幅油画的喝彩而安装起来的,那么这样一来它就叫作修饰,而对真正的美造成了破坏。

66　　　激动,也就是在快意只是借助于瞬间的阻碍和接着而来的生命力的强烈涌流而被产生出来时的感觉,是根本不属于美的。但崇高(它结合有一种激动的情感)则要求另一种不同于鉴赏以之为基础的尺度;所以,一个纯粹的鉴赏判断既不是以魅力也不是以激动,一句话,不是以任何作为感性[审美]判断的质料的感觉作为规定根据的。

§15.鉴赏判断完全不依赖于完善性概念

　　客观的合目的性只有借助于杂多与一定目的的关系,因而只有通过一个概念才能被认识。仅从这一点即可说明:在评判上单以某种形式的合目的性、亦即某种无目的的合目的性为基础的美,是完全不依赖于善的表象的,因为后者是以一个客观的合目的性、亦即是以对象与某个确定的目的的关系为前提的。

　　客观的合目的性要么是外在的,这就是有用性,要么是内在的,这就是对象的完善性。我们由以把对象称之为美的那种对对象的愉悦不能建立在对象的有用性的表象之上,这一点从上述两章中就足以看出来了:因为那样一来它就不会是对对象的一种直接的愉悦了,而后者则是关于美的判断的根本条件。但一个客观内在的合目的性,即完善性,已经很接近于美的谓词了,因此也被一些著名的哲学家①看作和美是等同的,但却带有一条附则:如果这完善被含混地思维的话。在一个鉴赏批判中判定美是否实际上也可以消融在完善的概念中,这是有极大的重要性的。

　　我们评判客观的合目的性总是需要某个目的的概念以及(如果那个合目的性不应是外在的[即有用性],而应是内在的的话)一个含有对象的内在可能性的根据的内在目的的概念。正如一般目的就是其概念可以被看作对象本

---

　　① 指莱布尼茨派。——译者

身的可能性根据的东西一样:同样,为了在一物上表象出一个客观合目的性,
关于该物应当是怎样一个物的概念将会走在前面;而在该物中杂多与这个概
念(它提供该物上杂多的联结的规则)的协调一致就是一物的质的完善性。
与此完全不同的是作为每一物在其种类上的完备性的量的完善性,后者只是
一个量的概念(全体性),在这概念那里,该物应当是什么这点已经预先被设
想为确定的了,所问的只是在它身上是否有为此所需要的一切。一物表象中
的形式的东西,即杂多与一个东西(它应当是什么尚未定)的协调一致,单独
说来根本没有使我们认识到任何客观合目的性:因为既然在此抽掉了作为目
的的这个(该物所应当是的)一,在直观者内心剩下来的就只是表象的主观合
目的性了,后者的确表明主体中表象状态的某种合目的性,并在这种状态中表
明了主体把某个给予的形式纳入到想象力中来的快感,但决没有表明在此不
通过任何目的概念而被设想的某一个客体的完善性。例如当我在森林里见到
一个周围环绕着树木的草坪,而我并不在那上面设想一个目的,即它应当用来
开一个乡村舞会,这时就没有丝毫完善性的概念通过这一单纯形式而被给予。
但设想一个形式的客观的合目的性而没有目的,即设想一个完善性的单纯形
式(而没有任何质料以及对与之协调一致的东西的概念,哪怕这个东西只是
一般合规律性的理念),这是一个真正的矛盾。

　　既然鉴赏判断是一个审美判断,即一个基于主观根据之上的判断,它的规
定根据不可能是概念,因而也不可能是某种规定了的目的,那么凭美这样一个　68
形式的主观合目的性,对象的完善性就决不能被设想为一种自称是形式的、然
而却还是客观的合目的性;而在美的概念和善的概念之间作出这种区别,似乎
这两者只是按照逻辑形式来区别的,即美的概念只是完善的含混概念,善的概
念则是完善的清晰概念,但此外在其内容和起源上则两者是一样的:这是毫无
意义的;因为那样一来,在它们中就会没有任何特别的区别了,相反,一个鉴赏
判断就会正如同某物借以被宣布为善的那种判断一样是一个认识判断了;这
就正像一个通常的人说欺骗是不对的,他的判断是基于含混的理性原则之上
的,哲学家的这种判断则是基于清晰的理性原则上的,但根本说来双方都是基
于同一个理性原则上的。但我已经指出过,一个审美判断在其种类上是唯一
的,并绝对不提供关于客体的任何知识(哪怕是含混的知识):这种知识只是
通过逻辑的判断才发生;相反,审美判断则只把使一个客体得以给予出来的那

个表象联系于主体,并且不是使人注意到对象的性状,而只是使人注意到在规定这些致力于对象的表象力时的合目的性的形式。判断之所以被叫作审美的[感性的],正是因为它的规定根据不是概念,而是对内心诸能力的游戏中那种一致性的(内感官的)情感,只要这种一致性能被感觉到。相反,假如我们想要把含混的概念和以之为基础的客观判断称之为审美的[感性的],我们就要有某种感性地作判断的知性,或某种通过概念来表现其客体的感官,而这两者都是自相矛盾的。诸概念不论它们是含混的还是清晰的,其能力都是知性;而虽然知性也隶属于鉴赏判断这种审美的[感性的]判断(正如它隶属于一切判断一样),它却毕竟不是作为对一个对象的认识能力,而是作为按照判断的表象与主体及其内部情感的关系而对判断及它的表象(无须概念而)进行规定的能力来隶属于此的,如果这种判断依照某种普遍规则是可能的话。

§16.使一个对象在某个确定概念的条件下被宣称为美的 那个鉴赏判断是不纯粹的

有两种不同的美:自由美(pulchritudo vaga①),或只是依附的美(pulchritudo adhaerens②)。前者不以任何有关对象应当是什么的概念为前提;后者则以这样一个概念及按照这个概念的对象完善性为前提。前一种美的类型称之为这物那物的(独立存在的)美;后一种则作为依附于一个概念的(有条件的美)而被赋予那些从属于一个特殊目的的概念之下的客体。

花朵是自由的自然美。一朵花应当是一种什么东西,除了植物学家之外任何其他人是很难知道的;就连这位认识到花是植物的受精器官的植物学家,当他通过鉴赏来对此作判断时,他也决不会考虑到这一自然目的。所以,这一判断是不以任何一个物种的完善性、不以杂多的复合所关系到的任何内在合目的性为基础的。许多鸟类(鹦鹉、蜂鸟、天堂鸟),不少的海洋贝类自身是美的,这些美不应归于任何按照概念在其目的上被规定了的对象,而是自由地自

---

① 拉丁文:流动之美。——译者
② 拉丁文:固着之美。——译者

身使人喜欢的。所以 à la grecqe① 线描,用于镶嵌或糊墙纸的卷叶饰等等,自身并没有什么含义:它们不表现什么,不表示任何在某个确定概念之下的客体,并且是自由的美。我们也可以把人们称之为(无标题的)幻想曲的那些东西、甚至把全部无词的音乐都归入这种类型。

在对一种自由的美(按照单纯的形式)作评判时,那鉴赏判断是纯粹的。它不预设任何一个目的的概念,要杂多为了这个目的而服务于给予的客体并要它对这客体有所表现,借此只会使在观赏该形象时仿佛在做游戏的那个想象力的自由受到限制。

不过,一个人的美(并且在这个种类中一个男人或女人或孩子的美),一匹马的美,一座建筑(教堂、宫殿、博物馆或花园小屋)的美,都是以一个目的概念为前提的,这概念规定着此物应当是什么,因而规定着它的一个完善性概念,所以这只是固着之美。正如快适(感觉)与本来只涉及到形式的美相结合就妨碍了鉴赏判断的纯粹性一样:善(就是说,为此杂多按一物之目的而对该物本身是善的)与美的结合同样造成了对鉴赏判断的纯粹性的损害。

人们可以把许多在直观中直接令人喜欢的东西装到一座建筑物上去,只要那不是要做一座教堂;人们也可以像新西兰人用纹身所做的那样,以各种各样的花饰和轻松而有规则的线条来美化一个形象,只要那形象不是一个人;而一个人本来也可以具有更精致得多的面部容貌和更迷人、更柔和的脸型轮廓,只要他不是想表现一个男子汉,乃至于表现一个战士。

现在,联系到规定一物的可能性的那个内在目的而对该物中的杂多的愉悦,是建立在一个概念之上的愉悦;但对美的愉悦却是这样一种愉悦,它不以任何概念为前提,而是和对象由以被给予(而不是对象由以被思维)的那个表象直接结合在一起的。如果现在,在后一种愉悦方面的鉴赏判断被弄得依赖于前一种作为理性判断的愉悦中的目的并因此受到限制,那么这种判断就不再是一个自由的和纯粹的鉴赏判断了。

尽管鉴赏由于审美的愉悦和智性的愉悦的这一结合,而在自身得到固定方面,以及它虽然不是普遍的、然而却能就某些合目的地被规定的客体来给它颁定规则这方面有所收获;但这样一些规则因而也不是什么鉴赏规则,而只是

71

---

① 法文:希腊式的。——译者

鉴赏和理性、即美与善一致的规则,通过这种一致,前者可以被用作后者的意图的工具,以便使这种自身维持并具有主观普遍有效性的内心情调,来给那种只有通过下决心费力才能维持却具有客观普遍有效性的思想境界作铺垫。但真正说来,完善性并不通过美而有所收获,美也并不通过完善性而有所收获;相反,由于当我们把一个对象借以被给予我们的那个表象通过一个概念而与客体(就它应当是什么而言)相比较时,不能避免同时也把这表象与主体中的感觉放在一起作比较,这样,如果这两种内心状态是相协调的,表象力的全部能力才会有收获。

　　一个鉴赏判断就一个确定的内在目的之对象而言,只有当判断者要么关于这个目的毫无概念,要么在自己的判断中把这目的抽掉时,才会是纯粹的。但那样一来,这个判断者尽管由于把该对象评判为自由的美而作出了一个正72确的鉴赏判断,他却仍然会受到另一个把该对象的美只看作依附性的性状(着眼于对象的目的)的人的责备,被指责犯了鉴赏的错误,虽然双方都以自己的方式作出了正确的判断:一个是按照出现在他的感官面前的东西,另一个是按照他在思想中所拥有的东西。通过这种区别我们可以调解鉴赏者们关于美的好些纷争,我们对他们指出,一方坚持的是自由美,另一方坚持的是依附美,前者作出了一个纯粹的鉴赏判断,后者作出了一个应用的鉴赏判断。

§17.美的理想

　　任何通过概念来规定什么是美的的客观鉴赏规则都是不可能有的。因为一切出自这一来源的判断都是审美的[感性的];就是说,它的规定根据是主体的情感而不是客体的概念。要寻求一条通过确定的概念指出美的普遍标准的鉴赏原则是劳而无功的,因为所寻求的东西是不可能的并且本身自相矛盾的。感觉(愉悦和不悦)的普遍可传达性,亦即这样一种无概念而发生的可传达性,一切时代和民族在某些对象的表象中对于这种情感尽可能的一致性:这就是那个经验性的、尽管是微弱的、几乎不足以猜度出来的标准,即一个由这些实例所证实了的鉴赏从那个深深隐藏着的一致性根据中发源的标准,这个一致性根据在评判诸对象由以被给予一切人的那些形式时,对一切人都是共同的。

所以我们把一些鉴赏作品看作是示范性的:这并不是说,鉴赏似乎可以通过模仿别人而获得。因为鉴赏必须是自己特有的一种能力;凡是模仿一个典范的人,如果他模仿得准确的话,他虽然表现出熟巧,但只有当他能够自己评判这一典范时,他才表现出鉴赏。① 但由此得出,最高的典范,即鉴赏的原型,只是一个理念,每个人必须在自己心里把它产生出来,他必须据此来评判一切作为鉴赏的客体、作为用鉴赏来评判的实例的东西,甚至据此来评判每个人的鉴赏本身。本来,理念意味着一个理性概念,而理想则意味着一个单一存在物、作为符合某个理念的存在物的表象。因此那个鉴赏原型固然是基于理性有关一个最大值的不确定的理念之上的,但毕竟不能通过概念、而只能在个别的描绘中表现出来,它是更能被称之为美的理想的,这类东西我们虽然并不占有它,但却努力在我们心中把它创造出来。但它将只是想象力的一个理想,这正是因为它不是基于概念之上,而是基于描绘之上的;但描绘能力就是想象力。——那么,我们如何才能达到这样一个美的理想呢? 先天地还是经验性地? 再如:哪一类的美能够成为一个理想? 73

首先应十分注意的是:要想从中寻求一个理想的那种美,必定不是什么流动的美,而是由一个有关客观合目的性的概念固定了的美,因而必定不属于一个完全纯粹的鉴赏判断的客体,而属于一个部分智性化了的鉴赏判断的客体。这就是说,一个理想应当在评判的何种根据中发生,就必须以何种按照确定概念的理性理念为基础,这理念先天地规定着对象的内在可能性建立于其上的那个目的。美的花朵,美的家具,美的风景,它们的一个理想是不可思维的。但即使是依附于某个确定概念的美,如一幢美的住房,一棵美的树,一个美的花园等等,也无法对之表现出任何理想;也许是因为这些目的不足以通过它们的概念来规定和固定,因而这种合目的性几乎像在流动的美那里一样的自由的缘故。只有那在自身中拥有自己实存的目的的东西,即人,他通过理性自己规定自己的目的,或是当他必须从外部知觉中拿来这些目的时,却能把它们与本质的和普遍的目的放在一起加以对照,并因而也能审美地评判它们与那些 74

① 在语言艺术方面鉴赏的典范必须以某种已死的高深语言来撰写:第一,为的是不必遭到改变,这是活着的语言不可避免地要遇到的:高贵的表达变得平庸,常见的表达变得过时,创新的表达则只在短暂的持续中流行;第二,为的是它具有某种不受任何捉弄人的时尚变更所左右、而保有自己不变规则的语法。——康德

目的的协调一致:因而只有这样的人,才能成为美的一个理想,正如唯有人类在其人格中,作为理智者,才能成为世间一切对象中的完善性的理想一样。

但这里应该有两方面:一是审美的规格理念,这是一个单一直观(想象力的直观),它把人的评判尺度表现为一个属于某种特殊动物物种之物的尺度;二是理性理念,它使不能被感性地表象出来的那些人类目的成为人的形象的评判原则,而这些目的是通过作为它们的结果的人的形象而在现象中启示出来的。规格理念必须从经验中取得它用以构造某种特殊种类的动物形象的要素;但在这个形象的建构中,适合于用作该物种的每个个体的审美评判之普遍尺度的最大的合目的性,即那种仿佛是有意为大自然的技巧奠定基础、而只有整体中的类却没有任何个别个体与之符合的肖像,却毕竟只存在于评判者的理念中,但这理念作为审美的[感性的]理念却可以和它的各种比例一起在某75 个典型形象中完全具体地被表现出来。为了在某种程度上理解这种情况是如何发生的(因为谁能引诱大自然完全说出它的秘密呢?),我们想尝试作一个心理学的解释。

必须注意的是:想象力以一种我们完全不理解的方式,不仅善于偶尔地、哪怕是从久远的时间中唤回那些概念的标记;而且也善于从各种不同的乃至于同一种的数不清的对象中把对象的肖像和形象再生产出来;甚至如果一心想要比较的话,也善于根据各种猜测实际地、哪怕不是充分意识到地仿佛让一个肖像重叠在另一个肖像上,并通过同一种类的多个肖像的重合而得来一个平均值,把它用作一切肖像的共同标准。某人看见过上千的成年男子。如果他现在想要对这个可以进行比较性的估量的标准身材加以判断,那么(在我看来)想象力就会让大量的肖像(也许是所有那些上千的成年男子)相互重叠;并且如果允许我在这里用光学上的表达方式来类比的话,在大多数的肖像合并起来的那个空间中,以及在涂以最强烈的颜色而显示出其位置的那个轮廓之内,就会辨认出那个中等身材,它不论是按照身高还是肩宽都是和最大号及最小号的体形的两个极端界线等距离远的;而这就是一个美男子的体形。(我们也可以机械地得出这一点,如果我们对所有这上千的男子加以测量,把他们的身高和肩宽(以及体胖)各自加在一起,再把总和除以一千的话。只是想象力是凭借对这样一些形象的多种多样的领会在内感官的官能上所产生的动力学效果来做到这同一件事的。)如果现在我们以类似的方式为这个平均的男子寻求平均的头,又为这个平均的头寻求平均的鼻,如此等等,那么这个形象就给在进行这种比较的国度中的美男子的规格理念奠定了基础;所以一个黑人在这些经验性的条件下必然会有不同于白人的另外一种形象美的规格理念,中国人则会有不同于欧洲人的另外一种规格理念。(属于某一种类的)一匹美丽的马或一只美丽的狗的典范也会是同样的情况。——这一规格理念不是从采自经验的各种比例、即被规定的诸规则中推导出来的;而是只有根据它,这些评判规则才是可能的。它是悬浮于一切个别的、以种种方式各不相同的那些个体直观之间的整个类的肖像,大自然将这肖像奠立为自己在生产该类物种时的原型,但看来在任何单一体中都没有完全达到它。规格理念决不是该种类中的全部美的原型,而只是那构成一切美之不可忽视的条件的形式,因而只是在表现类时的正确性而已。它正如人们称呼波吕克里特①的著名的荷矛者那样,是规则(同样,米隆②的母牛在它的种类中也可以说明这一点)。正因为这一点,规格理念也就不能包含任何表现特别性格的东西;因为否则它就不会是类的规格理念了。对它的描绘也不是因美而令人喜欢,而只是由于它不与这个类中的物唯有在其下才能成为美的那个条件相矛盾而已。这种描绘只是合乎规矩的。③

76

然而,美的理想与美的规格理念还是有区别的,出于上面提出的理由,美的理想只可以期望于人的形象。在这个形象这里,理想就在于表达道德性,舍此,该对象就不会普遍地而又是为此积极地(而不只是在合规矩的描绘中消极地)使人喜欢。对在内心支配着人们的那些道德理念的明显的表达虽然只能从经验中取得;但要使这些道德理念与凡是我们的理性使之在最高合目的

77

---

①　波吕克里特(Polyklet 约公元前 5 世纪),古希腊著名雕刻家,以比例精确著称。——译者

②　米隆(Myron 约公元前 5 世纪),古希腊著名雕刻家,风格写实。——译者

③　我们会发现,画家想请来坐着当模特儿的一张完全合规则的面容,通常是什么也不表现的:因为它不包含任何表明性格的东西,因而与其说表达了一个人的特别性,不如说表达了类的理念。这一种类的表明性格的东西,当它被夸张,亦即使那个规格理念(类的合目的性)本身遭到破坏时,就叫作漫画。就连经验也指出,那个完全合乎规则的面容,通常也暴露出在内心只是一个平庸的人;这或许是(如果可以假定大自然在外表达出内心的比例的话)由于:如果内心素质中没有任何东西是突出于形成一个无缺点的人所必要的那个比例之上的,那就不可能指望任何人们称之为天才的东西,在天才里大自然似乎偏离了内心诸能力通常的比例关系而只给唯一的一种内心能力以优惠。——康德

77

性的理念中与道德的善联系起来的一切东西的结合,如灵魂的善良或纯洁、或坚强或宁静等等,仿佛在身体的表现(作为内心的效果)中变得明显可见:这就需要那只是想要评判它们、更不用说想要描绘它们的人,在内心中结合着理性的纯粹理念和想象力的巨大威力。这样一个美的理想的正确性表现在:它不允许任何感官刺激混杂进它对客体的愉悦之中,但却可以对这客体抱有巨大的兴趣;而这就证明,按照这样一个尺度所作的评判决不可能是纯粹审美的,而按照一个美的理想所作的评判不是什么单纯的鉴赏判断。

从第三个契机推出的美的说明

美是一个对象的合目的性形式,如果这形式是没有一个目的的表象而在对象身上被知觉到的话。①

第四契机
鉴赏判断按照对对象的愉悦的模态来看的契机

§18.什么是一个鉴赏判断的模态

对每一个表象我们都可以说:它(作为知识)和某种愉快结合,这至少是可能的。对于我称之为快适的东西,我就说它在我心中产生了现实的愉快。但对于美的东西我们却想到,它对于愉悦有一种必然的关系。而这里这种必然性具有特殊的类型:不是一个理论的客观必然性,在那里能先天地认识到每个人在我称之为美的那个对象上将感到这种愉悦;也不是一个实践的必然性,在那里这种愉悦通过充当自由行动的存在者们的规则的某个纯粹理性意志的

---

① 人们有可能引述事例来反对这个说明:有些物,人们在它们身上看到一个合目的性形式,而没有在它们身上认出目的;如常常从古墓中取出的、带有一个用于装柄的孔的石器,它们虽然在其形象中明显透露出某种合目的性,其目的又是人们所不知道的,却仍然并没有因此就被解释为美的。不过,人们把它们看作艺术品,这已经足以使他们不得不承认它们的形状是与某种意图和一个确定的目的相关的了。因此在对它们的直观中也就根本没有什么直接的愉悦了。反之,一朵花,例如一朵郁金香,则被看作是美的,因为在对它的知觉中发现有某种合目的性,是我们在评判它时根本不与任何目的相关的。——康德

概念而成了一条客观规律的必然结果,并只是意味着我们应当绝对地(不带别的意图地)以某种方式行动。相反,这种必然性作为在审美判断中所设想的必然性只能被称之为示范性,即一切人对于一个被看作某种无法指明的普遍规则之实例的判断加以赞同的必然性。因为一个审美判断不是任何客观的和认识的判断,所以这种必然性也不能从确定的概念中推出来、因而不是无可置疑的。它更不能从经验的普遍性中(从关于某个对象的美的诸判断之彻底的一致性中)推论出来。因为不仅经验不会对此提供足够多的凭据,同样,这些判断的任何必然性概念都不可能建立在经验性的判断上。

79

§19.我们赋予鉴赏判断的那种主观
必然性是有条件的

鉴赏判断要求每个人赞同;而谁宣称某物是美的,他也就想要每个人都应当给面前这个对象以赞许并将之同样宣称为美的。所以,审美判断中的这个应当本身是根据这评判所要求的一切材料而说出来的,但却只是有条件地说出来的。人们征求着每个别人的赞同,因为人们对此有一个人人共同的根据;只要人们总是能肯定他所面对的情况是正确地归摄于这一作为赞许的规则的共同根据之下的,那么他也可以指望这样一种赞同。

§20.鉴赏判断所预定的必然性条件
就是共通感的理念

假如鉴赏判断(如同认识判断那样)拥有一条确定的客观原则,那么根据这条原则作出这些判断的人就会要求他的判断具有无条件的必然性了。如果这些判断没有任何规则,就像单纯感官口味的判断那样,那么人们将完全不会想到它们有任何必然性。所以鉴赏判断必定具有一条主观原则,这条原则只通过情感而不通过概念,却可能普遍有效地规定什么是令人喜欢的、什么是令人讨厌的。但一条这样的原则将只能被看作共通感,它是与人们有时也称之为共通感(sensus communis)的普通知性有本质不同的:后者并不是按照情感,而总是按照概念、尽管通常只是作为依模糊表象出来的原则的那些概念来作判断的。

80

所以只有在这前提之下,即有一个共通感(但我们不是把它理解为外部感觉,而是理解为出自我们认识能力自由游戏的结果),我是说,只有在这样一个共同感的前提下,才能作鉴赏判断。

§21.人们是否有根据预设一个共通感

知识与判断,连同伴随着它们的那种确信,都必须能够普遍传达;因为否则就会没有任何与客体的协和一致应归于它们的了:它们就会全都只是诸表象力的主观游戏了,恰好如同怀疑论所要求的那样。但如果知识应当是可以传达的,那么内心状态、即诸认识能力与一般知识的相称,也就是适合于一个表象(通过这表象一个对象被给予我们)以从中产生出知识来的那个诸认识能力的比例,也应当是可以普遍传达的:因为没有这个作为认识的主观条件的比例,也就不会产生出作为结果的知识来。这种事实际上也是随时都在发生着的,如果一个给予的对象借助于五官而推动想象力去把杂多东西复合起来,而想象力又推动知性去把杂多东西在概念中统一起来的话。但诸认识能力的这种相称根据被给予的客体的不同而有不同的比例。尽管如此却必须有一个比例,在其中,为了激活(一种能力为另一种能力所激活)的这一内在关系一般说来就是在(给予对象的)知识方面最有利于这两种内心能力的相称;而这种相称也只能通过情感(而不是按照概念)来规定。既然这种相称本身必须能够普遍传达,因而对这种(在一个给予的表象上的)相称的情感也必须能够普遍传达;而这种情感的这种普遍可传达性却是以一个共通感为前提的:那么这种共通感就将能够有理由被假定下来,就是说,既然如此,就无须立足于心理学的观察之上,而可以把这种共通感作为我们知识的普遍可传达性的必要条件来假定,这种普遍可传达性是在任何逻辑和任何并非怀疑论的认识原则中都必须预设的。

§22.在一个鉴赏判断里所想到的普遍赞同的必然性
是一种主观必然性,它在某种共通感的前提
之下被表象为客观的

在我们由以宣称某物为美的一切判断中,我们不允许任何人有别的意见;

然而我们的判断却不是建立在概念上,而只是建立在我们的情感上的;所以我们不是把这种情感作为私人情感,而是作为共同的情感而置于基础的位置上。于是,这种共通感为此目的就不能建立于经验之上,因为它要授权我们作出那些包含有一个应当在内的判断:它不是说,每个人将会与我们的判断协和一致,而是说,每个人应当与此协调一致。所以当我在这里把我的鉴赏判断说成是共通感的判断的一个例子,因而赋予它以示范性的有效性时,共通感就只是一个理想的基准,在它的前提下人们可以正当地使一个与之协调一致的判断及在其中所表达出来的对一个客体的愉悦成为每一个人的规则:因为这原则虽然只是主观的,但却被看作主观普遍的(即一个对每个人都是必然的理念),在涉及到不同判断者之间的一致性时是可以像一个客观原则那样来要求普遍的赞同的;只要我们能肯定已正确地将之归摄在这原则之下了。

共通感这一不确定的基准实际上是被我们预设了的:我们自认为能够作出鉴赏判断就证明了这一点。至于事实上是否有这样一个作为经验可能性之构成性原则的共通感,还是有一个更高的理性原则使它对我们而言只是一个调节性原则,即为了更高的目的才在我们心中产生出一个共通感来;因而,是否鉴赏就是一种原始的和自然的能力,抑或只不过是一种尚需获得的和人为的能力的理念,以至于鉴赏判断连同其对某种普遍赞同的要求事实上只是一种理性的要求,要产生出情致的这样一种一致性来,而那种应当,即每个人的情感与每个他人的特殊情感相汇合的客观必然性,只是意味着在其中成为一致的可能性,而鉴赏判断则只是在这一原则的应用上提出了一个实例:这一切,我们还不想也不能在这里来研究,现在我们只是要把鉴赏能力分解为它的诸要素并最终把这些要素统一在一个共通感的理念中。

从第四个契机推论出的美的说明

美是那没有概念而被认作一个必然愉悦的对象的东西。

对分析论第一章的总注释

当我们从上述剖析引出结果时,就会发现一切都要归结到鉴赏的概念上

来:鉴赏是与想象力的自由合规律性相关的对一个对象的评判能力。既然在
鉴赏判断里想象力必须在其自由中被考察,那么它一开始就不是被看作再生
83　的,如同它是服从于联想律时那样,而是被看作生产性的和自身主动的(即作
为可能直观的任意形式的创造者);而且虽然它在领会一个给予的感官对象
时被束缚于这个客体的某种确定的形式之上,并就此而言不具有任何自由活
动(如在写诗时),但却毕竟还是可以很好地理解到:对象恰好把这样一种形
式交到想象力手中,这形式包含有一种多样的复合,就如同是想象力当其自由
地放任自己时,与一般的知性合规律性相协调地设计了这一形式似的。不过,
说想象力是自由的,却又是自发地合规律性的,亦即它带有某种自律,这是一
个矛盾。只有知性才提供规律。但如果想象力被迫按照某种确定的规律来运
作,则它的产品按照形式就是通过概念被规定的,就像应有的情况那样;但这
样一来上面所指出的那种愉悦就不是对美的愉悦,而是对善(完善,或许只是
形式上的完善)的愉悦,而这一判断就决不是由鉴赏而来的判断了。所以,一
个无规律的合规律性,以及想象力与知性的一种主观的协和一致,而不带有由
于表象与有关一个对象的确定概念相联系而来的客观的协和一致,就将是唯
一可以与知性的自由合规律性(它也被称为无目的的合目的性)及与一个鉴
赏判断的独特性共存的。

　　现在,几何学的合规则的形状,如圆形、正方形、正立方体等等,常常被鉴赏
的批评家们当作美的最单纯、最无可怀疑的例子来引用;然而,它们之所以被称
为合规则的,恰好是因为人们只能这样来表象它们,即它们被看作只是某个确定
概念的单纯体现,这概念对那个形状颁布规则(这形状只有按照这规则才有可
能)。所以双方必有一方是错了:或者是这些批评家的那个判断,即把美赋予上
述形状,或者是我们的判断,它认为无概念的合目的性对于美是必不可少的。

　　没有人会轻易认为,要在一个圆形上比在一个不规则的轮廓上感到更多
84　的愉悦,在一个等边和等角的四边形上比在一个歪斜的、不等边的、仿佛畸形
了的四边形上感到更多的愉悦,为此会需要一个有鉴赏力的人;因为对此需要
的只是普通知性,而根本不需要鉴赏力。凡是觉察到某种意图,例如要评判一
个广场的大小,或者要把握一种划分中的各部分相互的和对整体的关系的时
候,就需要合规则的形状,也就是具有最单纯性质的形状;而愉悦并不是直接
基于对这形状的注视,而是基于这形状对各种各样可能意图的有用性。一间

墙壁做成了倾斜角度的房子,一片具有这种风格的园地,甚至任何对于对称性的损害,不论是对于动物的形象(例如独眼)还是对于房屋或花坛的形象而言,都是不讨人喜欢的,因为这是违背目的性的,不仅是实践地就这些事物的一定的运用而言,而且也是对于就各种可能的意图所作的评判而言;鉴赏判断中的情况则不是这样的,这种判断如果纯粹的话,它就把愉悦或是不喜欢直接与对于对象的单纯观赏结合在一起,而不考虑运用或某个目的。

导致对一个对象的概念的那种合规则性,诚然是把对象表达在一个唯一表象中和在对象的形式中规定那种多样性的不可缺少的条件(conditio sine qua non①)。这种规定就认识而言是一个目的;并且在与认识的关系中这规定任何时候也是与愉悦(它与任何意图、哪怕只是悬拟的意图的实施相伴随)结合在一起的。但这样一来,这种愉悦就只是一种对适合于某个题目的解答的赞成,而不是我们的内心诸力以我们称之为美的东西来作自由的和不确定地合目的性的娱乐,而在后者中,知性是为想象力服务的,而不是想象力为知性服务。

在仅仅通过一个意图才可能的事物上,在一座房屋、甚至一个动物身上,存在于对称中的那种合规则性必须表达出伴随着目的概念并同属于认识的那种直观统一性。但只要是在应当维持各种表象力的自由活动(其条件却是知性在此不受到任何阻碍)的地方,如在游乐园里,在室内装饰中,在各种情趣盎然的用具上,诸如此类,那预示着强制的合规则性就被尽可能地回避;所以在园林中的英国趣味,在家具上的巴洛克趣味,都宁可驱动想象力的自由直到接近于光怪陆离的程度,而通过从一切规则的强制中这样摆脱出来,正好就设定了鉴赏力可以在想象力的构想中显示其最大完善性的场合。 85

一切刻板地合规则的东西(它接近于数学的合规则性)本身就有违反鉴赏力的成分:它不提供以对它的观赏来进行的任何长久的娱乐,而是一旦它不是明确地以认识或某种确定的实践目的作为意图时,它就使人无聊。反之,想象力可以自得地合目的地与之游戏的东西对于我们是永久长新的,人们对它的观看不会感到厌倦。马斯登②在其有关苏门答腊的描述中有一段评语,说

---

① 拉丁文:必要条件。——译者
② Marsden,John (1754—1836),英国语言学家和人种学家,著有《苏门答腊史》等。——译者

在那里大自然的自由的美景处处包围着参观者,因此对他很少再有什么吸引力;相反,他在森林中央碰到的一个胡椒园,在那里攀绕着这种藤蔓的支架以平行的直线构成了当中的林荫道,在他看来却颇有魅力;由此得出的结论是:野生的、表面看是无规则的美,只是对那看够了合规则的美的人来说,作为换换口味,才是令人喜欢的。不过只消让他试一试一整天待在他的胡椒园里,以便领悟到:当知性通过合规则性而置身于它到处都需要的对秩序的兴致中,这对象就不再使他快乐,反倒使想象力遭受了某种讨厌的强制;相反,多样性在那里过分丰富到没有节制的大自然,不服从任何人为规则的强制,则可以给他的鉴赏力不断提供食粮。——甚至不能纳入任何音乐规则之中的鸟儿的歌唱,也比哪怕是依据一切音乐艺术规则来指导的人类的歌唱,显得包含有更多的自由、因而包含有更多适合于鉴赏的东西;因为我们在后者那里,如果它经常地长时间地重复的话,老早就会厌倦了。不过在这里,我们也许把我们对一个可爱的小动物的快乐的同情与它的歌唱的美混淆了,这种歌唱,如果由人类完全准确地加以模仿(如同人们有时模仿夜莺的鸣啭一样),那在我们的耳朵听来就是一点也没有趣味的。

还必须把美的对象和对于对象(它们常常由于距离遥远而不再能被清晰地辨认出来)的美的展望区别开来。在后一场合,鉴赏力显得不但不是附着于在这一范围内想象力所领会到的东西,反倒是附着于它在这里激发起诗兴的东西,即附着于真正的幻想,它是内心在通过触目所见的多样性而连续被唤醒时用来自娱的;就像在注视一团壁炉的火焰或一条潺潺小溪那变动不居的形态时那样,这两者并不是什么美,但毕竟对想象力带有一种魅力,因为它们保持着自己的自由活动。

第二卷　崇高的分析论

§23.从对美的评判能力过渡到对崇高的评判能力

美有一点是和崇高一致的,即两者本身都是令人喜欢的。此外,两者都既不是以感官的规定性判断、也不是以逻辑的规定性判断,而是以反思性的判断为前提的:所以,这种愉悦就既不是像快适那样取决于一种感觉,也不是像对善的愉悦那样取决于一个确定的概念,然而却毕竟是与概念相关的,虽然未确定是哪一些概念;因而这愉悦是依赖于单纯的表现或表现能力的,由此,表现能力或想象力在一个给予的直观上就被看作对理性的促进,而与知性或理性的概念能力协和一致。因此这两种判断都是单一的、但却预示着对每个主体都普遍有效的判断,尽管它们只是对愉快的情感、而不是对任何对象的知识提出要求。

不过,两者之间的显著的区别也是引人注目的。自然的美涉及对象的形式,这形式在于限制;反之,崇高也可以在一个无形式的对象上看到,只要在这个对象身上,或通过这个对象的诱发而表现出无限制,同时却又联想到这个无限制的总体:这样,美似乎被看作某个不确定的知性概念的表现,崇高却被看作某个不确定的理性概念的表现。所以,愉悦在美那里是与质的表象结合着的,在崇高这里则是与量的表象结合着的。甚至就种类而言后一种愉悦与前一种愉悦也是大不相同的:因为前者(美)直接带有一种促进生命的情感,因而可以和魅力及某种游戏性的想象力结合起来;但后者(崇高的情感)却是一种仅仅间接产生的愉快,因而它是通过对生命力的瞬间阻碍、及紧跟而来的生命力的更为强烈的涌流之感而产生的,所以它作为激动并不显得像是游戏,而是想象力的工作中的严肃态度。因此它也不能与魅力结合,并且由于内心不只是被对象所吸引,而且也交替地一再被对象所拒斥,对崇高的愉悦就与其说包含积极的愉快,毋宁说包含着惊叹或敬重,就是说,它应该称之为消极的愉快。

但崇高与美的最重要的和内在的区别也许是:当我们在此公平地首先只考察自然客体上的崇高(因为艺术的崇高永远是被限制在与自然协和一致的那些条件上的)时,自然美(独立的自然美)在其仿佛是预先为我们的判断力规定对象的那个形式中带有某种合目的性,这就自身构成一个愉悦的对象;相反,那无须玄想而只是凭领会在我们心中激起崇高情感的东西,虽然按其形式尽可以显得对我们的判断力而言是违反目的的,与我们的表现能力是不相适合的,并且仿佛对我们的想象力是强暴性的,但这却只是越加被判断为是崇高的。

但我们从这里马上就看出,当我们把任何一个自然对象称之为崇高的时候,我们的表达是根本不对的,尽管我们可以完全正确地把许多这类对象称之为美;因为一个自身被领会成违反目的的东西怎么能用一个赞许的词来称呼呢? 我们能说的仅仅是,对象适合于表现一个可以在内心中发现的崇高;因为真正的崇高不能包含在任何感性的形式中,而只针对理性的理念;这些理念虽然不可能有与之相适合的任何表现,却正是通过这种可以在感性上表现出来的不适合性而被激发起来、并召唤到内心中来的。所以辽阔的、被风暴所激怒的海洋不能称之为崇高,它的景象是令人恐怖的;如果我们的内心要通过这样一个直观而配以某种本身是崇高的情感,我们必须已经用好些理念充满了内心,这时内心被鼓动着离开感性而专注于那些包含有更高的合目的性的理念。

独立的自然美向我们揭示出大自然的一种技巧,这技巧使大自然表现为一个依据规律的系统,这些规律的原则是我们在自己全部的知性能力中都找不到的,这就是说,依据某种合目的性的原则,或者更确切地说依据判断力在运用于现象时的合目的性的原则,从而使得这些现象不仅必须被评判为在自然的无目的的机械性中属于自然的,而且也必须被评判为属于艺术的类似物的。所以自然美虽然实际上并没有扩展我们对自然客体的知识,但毕竟扩展了我们关于自然的概念,即把作为单纯机械性的自然概念扩展成了作为艺术的同一个自然的概念:这就吁请我们深入地去研究这样一种形式的可能性。但在自然界里我们习惯于称之为崇高的东西中却根本没有任何导致特殊的客观原则及与之适合的自然形式的东西,以至于大自然通常激发起崇高的理念毋宁说是在它的混乱中,或在它的极端狂暴、极无规则的无序和荒蛮中,只要可以看出伟大和力量。由此可见,自然界的崇高概念远不如自然中美的概念那么重要和有丰富的结果;它所表明的根本不是自然本身中的合目的之物,而

90　只是对自然直观的可能的运用中的合目的之物,为的是使某种完全独立于自然的合目的性可以在我们自己心中被感到。对自然的美我们必须寻求一个我们之外的根据,对于崇高我们却只须在我们心中,在把崇高性带入自然的表象里去的那种思想境界中寻求根据;这是目前很有必要的一个说明,它把崇高的理念和一个自然合目的性的理念完全分开,并使崇高的理论成为只是对自然合目的性的审美评判的一个补充,因为借此并没有表现出自然中的任何特殊的形式,而只是展示了想象力对自然表象所作的某种合目的性的运用。

§24.对崇高情感研究的划分

说到在与崇高情感的关系中来划分对对象的审美评判的诸契机,那么这个分析论可以按照如同在分析鉴赏判断时所依据的同一个原则来进行。因为作为审美的反思性判断力的判断,对崇高的愉悦必须正如对美的愉悦一样,按照量而表现为普遍有效的,按照质而表现为无利害的,按照关系而表现出主观合目的性,按照模态而把这主观合目的性表现为必然的。所以在这方面的方法与前一章①并无不同:除开我们必须对这点有所估计,即我们在审美判断涉及客体的形式的地方是从对质的研究开始;但在这里,鉴于可以归于我们称之为崇高的东西的那种无形式,则将从量开始,量是关于崇高的审美判断的第一个契机:其理由可以从前面§23中看出来。

但崇高的分析必须有一种美的分析所不需要做的划分,也就是划分为数 91学的崇高和力学的崇高。

这是因为,崇高的情感具有某种与对象的评判结合着的内心激动作为其特征,不同于对美的鉴赏预设和维持着内心的静观;但这种激动却应当被评判为主观合目的性的(因为崇高令人喜欢):所以,这种激动通过想象力要么与认识能力、要么与欲求能力关联起来,而在这两种关联中那被给予表象的合目的性却都只是就这两种能力而言(没有目的或利害地)被评判:这样一来,前者就作为想象力的数学的情调、后者则作为想象力的力学的情调而被加在客体身上,因而客体就在上述两种方式上被表现为崇高的。

A.数学的崇高

§25.崇高的名称解说

我们把那绝对地大的东西称之为崇高。但"是大的"和"是某种大小",这是

---

① 此处应为"前一卷",即"美的分析论"。——译者

两个完全不同的概念(magnitudo und puantitas①)。同样,单只是(simpliciter②)说某物是大的,这也完全不同于说某物是绝对地大(absolute, non comparative magnum③)。后者是超越一切比较之上的大的东西。——但现在,说某物是大的,或小的,或不大不小的,这种说法想要说的是什么呢? 由此所表示的并不是一个纯粹知性概念;更不会是一个感官直观;同样,也不是一个理性概念,因为它根本不带有任何认识的原则。所以它必定是一个判断力的概念,或者是来源于这一概念,并且把这一表象在与判断力的关系中的主观合目的性作为基础。说某物是有某种大小(quantum,量)的,这是从该物本身中无须和他物作任何比较就可以认识到的:因为同质的多合起来构成着一。但它有多么大,这永远要求有另外某个也是有大小的东西来作它的尺度。因为在评判大小时不仅取决于多数性(数目),而且也取决于单位的(尺度的)大小,而单位的大小又总是需要某种它能够与之比较的另外的东西作为尺度:这样我们就看到,现象的一切大小规定完全不可能提供任何绝对的大小概念,而每次都只能提供出一个比较的概念。

　　现在如果我单只是说某物是大的,那么这看起来就是我根本无意作任何比较,至少是无意同客观的尺度作比较,因为这种说法完全没有确定该对象有多么大。但即使比较的尺度只是主观的,这判断对普遍赞同的要求也不减分毫;"这个人美"和"这个人高大"这两个判断都不会只局限于作判断的主体上,而是要求如同对理论上的判断那样每个人都赞同。

　　但由于在一个把某物单只表示为大的判断中,不只是要说出该对象有某种大小,而且要说明这种大小同时又是先于其他许多同类的对象而优先赋予它的,却又没有确定地指出这一优先性:所以这一优先性固然是以一个我们预设为每个人都可以作为同样的来采用的尺度为基础的,但这一尺度不能用于任何逻辑上的(数学上被规定了的)大小评判,而只能用于审美的大小评判,因为它只是一个主观地为对大小进行反思的那种判断奠定基础的尺度。此外,它可以是经验性的,例如我们所熟悉的那些人、某一种类的动物、树木、房

----

① 拉丁文:巨大和一定量大。——译者
② 拉丁文:简单地。——译者
③ 拉丁文:绝对地、无可比拟地大。——译者

子、山峦等诸如此类东西的平常的大小；也可以是先天给定的尺度，这尺度由　　93
于评判主体的缺陷而在具体场合下被限制于表现的主观条件上：例如在实践
中某种德行的大小，或一国中公众的自由和正义的大小；或在理论中所做出的
观察或测量的准确性和误差的大小，诸如此类。

　　这里值得注意的是：即使我们对客体完全没有兴趣，也就是对客体的实存
漠不关心，但光是客体的大小，哪怕它被看作无形式的，也能带来一种愉悦，这
种愉悦是普遍可传达的，因而包含有我们认识能力运用中的某种主观合目的
性的意识；但并不是像在美那里一样的对客体的愉悦（因为它可以是无形式
的），而是对想象力的自身扩展的愉悦。在美那里，反思性的判断力则是合目
的地协调适应着与一般认识的关系的。

　　当我们（在上述局限之下）关于一个对象单只是说它是大的：那么这就不
是什么数学上的规定性判断，而只是一个有关该对象表象的反思判断，这表象
对于我们的认识能力在大小的估量上的某种运用是主观合目的的；而这样一
来我们就总是在这个表象上结合着某种敬重，正如我们在单只称之为小的东
西上结合有一种轻蔑一样。此外，将这些物评判为大或小，这是针对着一切东
西、甚至针对着这些物的一切性状的；因此我们甚至把美也称之为大的或小
的：对此我们必须到这里面去找原因，即凡是我们只要能按照判断力的规范在
直观中描述（因而审美地表现）的东西，全都是现象，因而也全都是某种量。

　　但如果我们不单是把某物称之为大，而且是完全地、绝对地、在一切意图
中（超出一切比较）称之为大，也就是称之为崇高，那么我们马上就会看出：我
们不允许在该物之外去为它寻求任何与之相适合的尺度，而只能在它里面去
寻求这种尺度。这是一种仅仅和它自身相等的大小。所以由此推出，崇高不
该在自然物之中、而只能在我们的理念中去寻找；至于它存在于哪些理念中，　　94
这必须留给演绎部分去谈。

　　上面的解说也可以这样来表达：崇高是与之相比一切别的东西都是小的
那个东西。这里很容易看出：在自然中不能有任何东西是像我们可能评判的
那样的大，即不会在另一种关系中来看就被贬低为无限小的；而反过来也不能
有任何东西是如此的小，即不会在和更小的尺度相比较时对于我们的想象力
来说就被扩展为一个大世界的。望远镜对于前一种情况的说明，以及显微镜
对于后一种情况的说明，都给我们提供了丰富的材料。所以，没有任何可以成

为感官对象的东西从这一立足点来看能够称之为崇高的。但正因为在我们的想象力中有一种前进至无限的努力,在我们的理性中却有一种对绝对总体性即对某个真实的理念的要求:因此甚至我们对感官世界之物的大小估量能力对于这个理念的那种不适合性,也在我们心中唤起了某种超感官能力的情感;而判断力为了后者(情感)起见自然而然地在某些对象上的运用是绝对的大的,而非这个感官对象是绝对大的,和这种运用相比任何别的运用都是小的。因而必须被称之为崇高的,是由某种使反思判断力活动起来的表象所带来的精神情调,而不是那个客体。

所以我们可以在前面那些解说崇高的表达式上再加上这样一条表达式:崇高是那种哪怕只能思维地、表明内心有一种超出任何感官尺度的能力的东西。

§26. 崇高理念所要求的对自然物的大小估量

通过数目概念(或它的代数符号)所作的大小估量是数学的,而在单纯直观中(根据目测)的大小估量则是审美的。现在,我们虽然只能通过以尺度为其单位的数目而得到某物有多大的确定的概念(必要时通过延伸至无限的数目系列来接近它);在这方面一切逻辑的大小估量都是数学的。但这尺度的大小毕竟不能不假定为已知的,所以如果它现在又应当只通过必须以另一个尺度为其单位的数目来估量、因而数学地进行估量的话,我们就永远也不能拥有一个最初的或基本的尺度、因而也没有任何有关一个给予大小的确定概念了。所以对基本尺度的大小的估量必定只在于,我们可以在一个直观中直接地把握它,并能通过想象力把它用来表现数目概念:这就是说,对自然对象的一切大小估量最终都是审美的(即在主观上、而不是在客观上被规定的)。

对于数学的估量而言固然没有什么最大的东西(因为数目的势头是延伸至无限);但对于审美的大小估量而言却的确有最大的东西;关于这个东西我就会说:如果它被评判为绝对的尺度,主观上(对于评判的主体而言)不可能有任何比它更大的尺度了,那么它就具有崇高的理念,并会产生出那样一种感动,这种感动是不能由任何借助于数目的数学上的大小估量(除非那个审美的基本尺度同时也在想象力中生动地保持着)而引起的:因为这种数学的估量永远只表现出与其他同种类东西相比较的相对的大,而前一种估量却表现出绝对的大,只要内心能在一个直观中把握到它。

把一个量直观地接受到想象力中来,以便能把它用作尺度、或作为单位用于通过数目进行的大小估量,这里面必须包含同一个能力的两个行动:领会(apprehensio①)和统摄(comprehensio aesthetica②)。领会并不带有任何困难:因为它是可以无限地进行的;但统摄却随着领会推进得越远而变得越来越难,并且很快就达到它的最大值,也就是大小估量的审美上[感性上]最大的基本尺度。因为如果领会达到如此之远,以至于感官直观的那些最初领会到的部分表象在想象力中已经开始淡化了,然而想象力却向前去领会更多的表象:那么想象力在一方面所失就正如在另一方面所得的那样多;而在统摄中就有一个想象力所不能超出的最大的量。

由此就可以解释萨瓦里③在其关于埃及的报告里所看出来的:人们要对金字塔的伟大获得完全的感动,就必须不走得离它很近,同样也不要离开它太远。因为离它太远则被领会的各个部分(它的那些重叠的石块)就只是模糊地被表现出来,而它们的表象就对主体的审美判断造不成什么影响。但如果离得太近,那么眼睛就需要一些时间来完成从底面直到尖顶的领会,但是在想象力未及接受到尖顶之前,底面又总是在领会中部分地淡化着,而统摄就永远完成不了。——正是这一点也足以解释有人所讲述的在第一次走进罗马圣·彼得大教堂时向参观者突然袭来的那种震惊或困惑的性质。因为在这里有这样一种情感,即对于整体的理念人的想象力为了表现它而感到不适合,在这一理念中想象力达到了它的极限,而在努力扩展这极限时就跌回到自身之中,但却因此而被置于一种动人的愉悦状态。

我现在还不想为这种愉悦提出任何理由,这种愉悦是与一个我们至少本应有所预期的表象结合着的,因为这表象使我们看出该表象对于判断力在进行大小估量时的不适合性、因而也看出其主观不合目的性;我只想指出,如果审美判断应当纯粹地(不与作为理性判断的任何目的论的判断相混淆)给出,

① 拉丁文:把握,抓住。——译者
② 拉丁文:感性的统握。——译者
③ Savary, Anne-Jean-Marie-Renè,(1774—1833),法国将军,曾在埃及任职。——译者

97　并且对此还要给出一个完全适合于审美判断力批判的实例,我们就必须不是
去描述那些艺术作品(如建筑、柱廊等等)的崇高,在那里有一种属人的目的
在规定着形式和大小,也不去描述那些自然物的崇高,它们的概念已经具有某
种确定的目的了(如具有已知的自然规定之动物),而是必须对荒野的大自然
(并且甚至只在它本身不具任何魅力、或不具由实际危险而来的激动时)的崇
高单就其包含有量而言加以描述。因为在这种表象中大自然不含有任何大而
无当的东西(也没有壮丽的或令人恐怖的东西);被领会的大可以增长到任意
的规模,只要它可以通过想象力而被统摄在一个整体中。大而无当的是这样
一个对象,它通过它的大而取消了构成它的概念的那个目的。但宏大的却只
是用来称呼某种概念的表现,这概念对于一切表现几乎都太大了(接近于相
对大而无当的东西):因为表现一个概念的目的由于对象的直观对于我们的
领会能力来说几乎太大而遇到了阻碍。——但一个关于崇高的纯粹判断必须
完全没有任何客体的目的作为规定根据,如果它应当是审美的并且不能与任
何一种知性或理性的判断相混淆的话。

*　　　　　　*　　　　　　*

由于一切应当使单纯反思的判断力没有利害而喜欢的东西都必然在其表
象中带有主观的,并作为主观的而是普遍有效的合目的性,但在这里却根本没
有评判对象的(如同在美那里的)形式的合目的性作基础,那么就要问:这是
何种的主观合目的性? 并且,是什么使它被作为基准而预先颁定下来,以便在
单纯的大小估量中,确切地说,在被一直推进到我们想象力的能力在表现一个
98　大的概念时的不适合性的那个大小估量中,充当普遍有效的愉悦的一个根据?
想象力在大的表象所需要的那种统摄中自行向无限前进,没有什么东西
会对它构成障碍;但知性却通过数的概念来引导它,那个大的表象则必须为数
的概念提供图型:而在这种属于逻辑的大小估量的处理方式中,虽然有某种按
照有关某个目的的概念的客观合目的之物(每次测量都是这类东西),但决没
有对于审美判断力而言的合目的之物,也没有使人喜欢的东西。即使在这种
有意的合目的性中,也决没有任何东西迫使尺度的大小、因而迫使把多数纳入
一个直观中的统摄的大小一直推进到想象力的能力界限,直到想象力在表现

中还能达到的那个范围。因为在这种知性的大小估量中(在算术中),我们所达到的正好是同样的远,不论我们把诸单位的统摄一直推进到 10 这个数(在十进制中),还是只推进到 4(在四进制中);进一步的大小的产生却是在复合中,或者当这个量在直观中被给予时就是在领会中,只是逐步地(而非统握地)按照某种假定的累进原则而完成的。知性在这种数学的大小估量中同样好地得到了服务和满足,不管想象力是选择一个人们一眼即可把握的大小作为单位,例如一英尺或一竿长①,还是选择一德国里、甚至选择一个地球直径作单位,对它们虽然可以有领会,但不可能将之统摄进一个想象力的直观中(即不可能通过 comprehensio aesthetica② 将之统摄进一个想象力的直观中,虽然完全可以通过 comprehensio logica③ 而将之统摄到一个数的概念中)。在两种情况下这种逻辑的大小估量都无阻碍地进向无限。

但现在,内心在自己里面倾听着理性的声音,理性对于一切给予的大小、甚至对那些虽然永远也不能被完全领会但仍然(在感性表象中)被评判为整个给予出来的大小,都要求总体性,因而要求统摄进一个直观中,并要求对于一个日益增长的数目系列的所有那些环节加以表现,甚至无限的东西(空间和流逝的时间)也不排除在这一要求之外,反而不可避免地导致将它(在普通理性的判断中)思考为(按其总体性)被整个给予的。

但无限的东西是绝对地(而不只是比较地)大的。与它相比较,一切别的东西(具有同一种量度的东西)都是小的。但最重要的是,哪怕只要能把它思考为一个整体,这也就表明了内心有一种超出一切感官尺度的能力。因为这就会要求有一种统摄,去把某个据说拥有在数目中规定了的对无限的关系的尺度作为单位提供出来:而这是不可能的。然而,哪怕只要能思考这给予的无限而不矛盾,这也就要求在人的内心中有一种本身是超感官的能力。因为只有通过这种能力和它的某种本体的理念——这本体自身不允许有直观,但却被用来给作为单纯现象的世界观④奠定基底——,那感官世界的无限的东西才在纯粹智性的大小估量中被整个地统摄在一个概念之下,虽然它在数学的

99

---

① 原文为 Ruthe,一竿约等于 3.8 米。——译者
② 拉丁文:感性的统握。——译者
③ 拉丁文:逻辑的统握。——译者
④ Weltanschaung,直译为"世界直观"。——译者

估量中通过数目概念是永远不能整个地被思考的。就连一种可以把超感性的直观的无限者思考为(在其理知的基底中)被给予的能力,本身就超越了感性的一切尺度,并且是大到超过甚至与数学估量能力的一切比较的;固然并不是出于理论的意图而为了认识能力,但毕竟是作为内心的扩展,内心感到自己有能力在别的(即实践的)意图中超越感性的局限性。

所以自然界在它的这样一些现象中是崇高的,这些现象的直观带有它们的无限性的理念。后面这种情况只是由于我们的想象力在估量一个对象的大小时哪怕作出了最大努力也不适合,才会发生。但既然想象力在数学的大小估量方面能应付任何对象,以给这种大小估量提供充分的尺度,因为知性的数目概念能够通过累进而使每个尺度适合于每一个给予的大小,那么审美的大小估量就必须是这样,在其中,既感到对超越想象力的能力而将逐步的领会包括进一个直观整体中的这种统摄作用的努力追求,但同时又察觉到,这个在进展中不受限制的能力不适合于把握一个以知性的最少消耗以利于大小估量的基本尺度,也不适合于用来作大小估量。现在,自然界那真正的不变的基本尺度就是自然的绝对整体,它在自然界就是被统摄为现象的无限性。但由于这个基本尺度是一个自相矛盾的概念(因为一个无终点的进展的绝对总体性是不可能的):所以自然客体的这样一种大,这样一种由想象力徒劳无功地运用其全部统摄能力于其上的大,必然会把自然的概念引向某种超感官的基底(这基底为自然界同时也为我们的思维能力奠定基础),这就是超越一切感官尺度的大,它因而与其说是容许把对象、倒不如说是容许把在估量对象时的内心情调评判为崇高的。

所以,正如同审美的判断力在评判美时将想象力在其自由游戏中与知性联系起来,以便和一般知性概念(无须规定这些概念)协调一致:同样,审美判断力也在把一物评判为崇高时将同一种能力与理性联系起来,以便主观上和理性的理念(不规定是哪些理念)协和一致,亦即产生出一种内心情调,这种情调是和确定的理念(实践的理念)对情感施加影响将会导致的那种内心情调是相称的和与之相贴近的。

由此也可看出,真正的崇高必须只在判断者的内心中,而不是在自然客体中去寻求,对后者的评判是由判断者的这种情调引起的。谁会愿意把那些不成形的、乱七八糟堆积在一起的山峦和它们那些冰峰,或是那阴森汹涌的大海等等称之为崇高的呢？但人心感到在他自己的评判中被提高了，如果他这时在对它们的观赏中不考虑它们的形式而委身于想象力，并委身于一种哪怕处于完全没有确定的目的而与它们的联结中、只是扩展着那个想象力的理性，却又发现想象力的全部威力都还不适合于理性的理念的话。

　　自然界在单纯直观中的数学的崇高的例子，全都是由那些场合提供给我们的，在这些场合中，被给予我们的与其说是某个更大的数的概念，不如说是作为想象力的尺度的大的单位（为的是压缩数的系列）。我们按照人的高度来估量的一棵树或许提供了衡量一座山的尺度；而如果这座山比如说有一英里高，它就可以用作表达地球直径的数目单位，以便使地球的直径直观化，地球直径对于我们所知道的太阳系、太阳系对于银河系都是如此；至于这样一些银河系的名之为星云团的不可计量的集合体，它们或许相互又构成一个类似的系统，在这里就不容我们指望任何止境了。现在，在对一个如此不可计量的整体作审美评判时，崇高不仅不在于数目的大，而且也不在于我们在这一进展中越来越达到更大的单位；有助于此的是对宇宙结构的系统化的划分，这种划分把自然界中一切大的东西在我们面前一再地表现为小的东西，但真正说来，是把在其完全的无止境中的我们的想象力、并与它一起把自然界表现为与理性的理念相比是微不足道的，如果想象力要作出一个与这些理念相适合的表达的话。

§27.在崇高的评判中愉悦的性质

　　对于我们的能力不适合于达到某个对我们来说是规律的理念所感到的情感，就是敬重。现在，把每一个可能被给予我们的现象都统摄进一个整体的直观中的那个理念，就是由理性的规律托付给我们的这样一种理念，它除了绝对的整体之外，不知道有任何其他确定的、对每个人都有效的和不变的尺度。但我们的想象力甚至在其最大的努力中，就它所要求的把一个给予的对象统摄进一个直观整体中（因而达到对理性理念的体现）而言，都表现出它的局限和不适合性，但却同时表现出它的使命是实现与这个作为整体的理念的适合性。所以对自然中的崇高的情感就是对于我们自己的使命的敬重，这种敬重我们通过某种偷换而向一个自然客体表示出来（用对于客体的敬重替换了对我主体中人性理念的敬重），这就仿佛把我们认识能力的理性使命对于感性的最大能力的优越性向我们直观呈现出来了。

所以崇高的情感是由于想象力在对大小的审美估量中不适合通过理性来估量而产生的不愉快感，但同时又是一种愉快感，这种愉快感的唤起是由于，正是对最大感性能力的不适合性所作的这个判断，就对理性理念的追求对于我们毕竟是规律而言，又是与理性的理念协和一致的。因为对于我们来说作为（理性的）规律并属于我们的使命的是，把大自然作为感官对象所包含的一切对我们而言是大的东西，在和理性的理念相比较时都估量为小的；并且，凡是在我们心中激起对这个超感官的使命的情感的东西都与那个规律协调一致。现在，想象力在体现那个大小估量单位时的最大努力，就是与某种绝对的大的关系，因而也是与唯一把这个绝对的大设定为大小的最高尺度的理性规律的关系，所以，对一切感性的尺度与理性的大小估量不相适合的内知觉就是与理性规律的协和一致，并且是一种不愉快，这种不愉快在我们心中激起对我们的超感官的使命的情感，而按照这一使命，发现任何感性的尺度都与理性的理念不相适合，这是合目的性的，因而是愉快的。

在大自然的崇高表象中内心感到激动；而在对大自然的美的审美判断中内心是处于平静的静观中。这种激动可以（尤其是在开始的时候）比之于那种震动、即对同一个客体的快速交替的排斥和吸引。在想象力看来那种（它在直观的领会中被一直推到）言过其实的东西，仿佛是想象力害怕自己自失于其中的一个深渊；但对于有关超感性东西的理性理念来说，却也并不是言过其实的，而是能合规律地产生出想象力的这样一种努力：因而是以曾对单纯感性加以拒斥的同一个程度重又吸引着的。但这个判断本身在这里仍然只是停留于审美上，因为它并不把一个确定的客体概念作为基础，而只是把诸内心能力（想象力和理性）本身的主观游戏通过它们的对照而表象为和谐的。因为正如想象力和知性在美的评判中凭借它们的一致性那样，想象力和理性在这里通过它们的冲突也产生出了内心诸能力的主观合目的性：这就是对于我们拥有纯粹的、独立的理性、或者说一种大小估量能力的情感，这种能力的优越性只有通过那种在表现（感性对象的）大小时本身不受限制的能力的不充分性，才能被直观到。

对一个空间的量度（作为领会）同时就是对这空间的描述，因而是在想象中的客观运动和一种前进;反之,把多统摄进一之中,不是思想中的一而是直观中的一,因而是把连续被领会的东西统摄进一个瞬间之中,这却是一个倒退,它把在想象力的前进中的那个时间条件重又取消,并使同时存在被直观到。所以这种统摄(由于时间序列是内感官和某种直观的条件)就是想象力的一个主观的运动,通过这种运动,想象力使内感官遭受到强制力,想象力统摄进一个直观中的量越是大,这种强制力就必定越是可以感到。所以想把一个对于大小的尺度接受到个别直观中来——为领会这一点需要可觉察到的时间——的这种努力,是一种从主观上看不合目的、但在客观上却是大小估量所需要的、因而是合目的的表象方式;但在此正是这个通过想象力使主体遭受到的强制力,对于内心的整个规定而言却被评判为合目的的。

崇高情感的质就是:它是有关审美评判能力的对某个对象的不愉快的情感,这种不愉快在其中却同时又被表象为合目的的;这种情况之所以可能,是由于这种特有的无能揭示出同一个主体的某种无限制的能力的意识,而内心只有通过前者才能对后者进行审美的评判。

在逻辑的大小估量中,通过在时间和空间中量度感官世界之物的前进过程在任何时候都达不到绝对的总体,这种不可能性是被认作客观的,即不可能把无限的东西作为被给予的来思维,而不被认作只是主观的,即没有能力把握无限的东西:因为这里根本不是着眼于把统摄进一个直观中的程度作为尺度,而是一切都取决于某个数的概念。不过,在一个审美的大小估量中数的概念必须取消或加以改变,而只有把想象力统握在这个尺度单位上(因而避开有关大小概念相继产生的某种规律的概念),对于这种估量才是合乎目的的。——现在,如果有一种大几乎达到了我们的统摄进一个直观中的能力的极致,而想象力却还被要求通过数目的大(对这种大我们意识到我们的能力是无限制的)而从审美上把它统摄进一个更大的统一性之中,这时我们就会在内心感到自己被审美地封锁在限度之中了;但就想象力必然扩展到与我们理性能力中无限制的东西,也就是与绝对整体的理念相适合而言,这种不愉快,因而这种想象力在能力上的不合目的性对于理性理念和唤起这些理念来说却被表现为合乎目的的。而正因为如此,审美判断本身对于作为理念的来源的理性,也就是作为所有感性的[审美的]东西在它面前都是小的这样一种智性统摄的来源的理性来说,便成了主观合目的性的了;而对象作为崇高就被

105

以某种愉快来接受,这种愉快只有通过某种不愉快才是可能的。

B.自然界的力学的崇高

§28.作为强力的自然

　　强力是一种胜过很大障碍的能力。这同一个强力,当它也胜过那本身具有强力的东西的抵抗时,就叫作强制力。自然界当它在审美判断中被看作强力,而又对我们没有强制力时,就是力学的崇高。

　　如果自然界要被我们从力学上评判为崇高的,那么它就必须被表象为激起恐惧的(尽管反过来并不能说,凡是激起恐惧的对象在我们的审美判断中都会觉得是崇高的)。因为在(无概念的)审美评判中,克服障碍的优势只是按照抵抗的大小来评判的。但现在,我们努力去抵抗的东西是一种灾难,如果我们感到我们的能力经受不住这一灾难,它就是一个恐惧的对象。所以对于审美判断力来说,自然界只有当它被看作是恐惧的对象时,才被认为是强力,因而是力学的崇高。

　　但我们可以把一个对象看作是可恐惧的,而又并不由于它而感到恐惧,这就是说,如果我们这样来评判它,即我们只是设想着这种情况:我们也许会要对它作出抵抗,并且那时一切抵抗都绝对会是毫无结果的。所以有道德的人恐惧上帝,却并不由于上帝而恐惧,因为他把对抗上帝及其命令的意愿设想为他决不担忧的情况。但任何这样一种情况,如果他设想为自身并非不可能的,他都认为是可恐惧的。

　　谁恐惧着,他就根本不能对自然界的崇高作出判断,正如那被爱好和食欲所支配的人也不能判断美一样。前者回避去看一个引起他畏惧的对象;而对一种被认为是真正的恐怖是不可能感到愉悦的。所以由于放下一个重负而来的快意就是高兴。但这种高兴因为从一个危险中摆脱出来,它就是一种带有永远不想再遭到这种危险的决心的高兴;甚至人们就连回想一下那种感觉也会不愿意,要说他会为此而自己去寻求这种机会,那就大错特错了。

　　险峻高悬的、仿佛威胁着人的山崖,天边高高汇聚挟带着闪电雷鸣的云

层,火山以其毁灭一切的暴力,飓风连同它所抛下的废墟,无边无际的被激怒   107
的海洋,一条巨大河流的一个高高的瀑布,诸如此类,都使我们与之对抗的能
力在和它们的强力相比较时成了毫无意义的渺小。但只要我们处于安全地
带,那么这些景象越是可怕,就只会越是吸引人;而我们愿意把这些对象称之
为崇高,因为它们把心灵的力量提高到①超出其日常的中庸,并让我们心中一
种完全不同性质的抵抗能力显露出来,它使我们有勇气能与自然界的这种表
面的万能相较量。

因为,即使我们从自然界的不可测度性,和我们的能力不足以采取某种与
对自然的领地作审美的大小估量相称的尺度,发现了我们自己的局限性,然而
却同时也在我们的理性能力上发现了另一种非感性的尺度,它把那个无限性
本身作为一个单位统率起来,自然界中的一切都小于它,因而在我们的内心发
现了某种胜过在不可测度性中的自然界本身的优势:所以,即使那自然界强力
的不可抵抗性使我们认识到我们作为自然的存在物来看在物理上是无力的,
但却同时也揭示了一种能力,能把我们评判为独立于自然界的,并揭示了一种
胜过自然界的优越性,在这种优越性之上建立起来完全另一种自我保存,它与
那种可以由我们之外的自然界所攻击和威胁的自我保存是不同的,人类在这
里,哪怕这人不得不屈服于那种强制力,仍然没有在我们的人格中被贬低。以
这样一种方式,自然界在我们的审美评判中并非就其是激起恐惧的而言被评
判为崇高的,而是由于它在我们心中唤起了我们的(非自然的)力量,以便把
我们所操心的东西(财产、健康和生命)看作渺小的,因而把自然的强力(我们
在这些东西方面固然是屈服于它之下的)决不看作对于我们和我们的人格性
仍然还是一种强制力,这种强制力,假如事情取决于我们的最高原理及对它们   108
的主张或放弃的话,我们本来是不得不屈从于它之下的。所以,自然界在这里
叫作崇高,只是因为它把想象力提高到去表现那些场合,在其中内心能够使自
己超越自然之上的使命本身的固有的崇高性成为它自己可感到的。

这种自我尊重丝毫也不因为下面这一点而受到损失,即:我们为要感受到
这种令人鼓舞的愉悦就必须看见自己是安全的;因而,由于这种危险并不是认
真的,我们精神能力的这种崇高性也就(正如表面看来可能的那样)同样可以

---

① 德文"崇高"(Erhaben)的字面意义就是"提高"。——译者

不是认真的了。因为这种愉悦在这里只涉及到在这种情况下显露出来的我们能力的使命，以及我们本性中在这种能力上的素质；然而对这种能力的发展和练习却仍然被委托给我们，并仍然是我们的责任。而在这里面就有真理，不论人在把他的反思一直伸展到那上面时如何意识到他当前现实的无力。

这个原则虽然看起来好像太牵强附会和玄想了，因而对于一个审美的[感性的]判断来说似乎是言过其实的：不过人的观察却证明是相反，证明这条原则可以为最普通的评判提供基础，哪怕我们并不总是意识到这条原则。因为什么东西甚至对于野蛮人也是一个最大赞赏的对象呢？是一个不惊慌、不畏惧，因而不逃避危险，但同时又以周密的深思熟虑干练地采取行动的人。即使在最文明的状态中仍保留着这种对战士的高度的崇敬；只是人们还要求他同时表现出一切和平的德行，温柔、悲悯，乃至于对他自己的人格相当小心谨慎：这正是因为在这上面看出了他的内心是不会被危险所征服的。所以人们尽可以在把政治家和统帅相比较时，对于谁比谁更值得最高的敬重有这么多的争论；审美的判断却断定是后者。甚至于战争，如果它是借助于秩序和公民权利神圣不可侵犯而进行的，本身也就具有某种崇高性，同时也使以这种方式进行战争的民众越是遭受过许多危险，并能在其中勇敢地坚持下来，其思想境界也就越是崇高：与此相反，一个长期的和平通常都使单纯的商业精神、但也连带着使卑劣的自私自利、怯懦和软弱无能到处流行，并使民众的思想境界降低。

也许有人会这样来反驳对这种附在强力之上的崇高概念的分析：我们通常在暴雨中，在狂风中，在地震和诸如此类的场合中，把上帝想象成在发怒，但同时也把上帝想象成在表现他的崇高性，而这时却还去想象我们的内心有某种胜过这样一种强力的各种作用的优势，乃至像看起来那样，有胜过它的各种意图的优势，那同时会是愚蠢而亵渎的了。在这里的内心情调似乎并不是什么对我们自己本性的崇高的情感，而倒是屈服、颓丧和完全的无力感，这是与这样一个对象的出现相适合的，并且通常是按照习惯的方式与这个对象的理念在这类自然事件上结合着的。在一般宗教中，跪倒、低头膜拜，带着悔恨惶恐的表情和声音，这是面对神时的唯一合适的态度，所以绝大多数民族都采取了这种态度并仍在遵守着它。不过这种内心情调也远不是就本身而言且必然地与某种宗教及其对象的崇高理念结合在一起的。一个人，当他现实地恐惧着,因为他感到这恐惧的原因就在自身中,他意识到他以自己卑下的意向违背了某种强力,而这种强力的意志是不可抗拒的同时又是正义的,这时他根本就不处在对神的伟大加以赞赏的心境之中,这要求的是凝神静观的情调和完全自由的判断。只有当他意识到自己真诚的、神所喜欢的意向的时候,那些强力作用才会有助于在他心中唤起这个存在者的崇高性的理念,只要他在自己身上认识到这意向的某种合乎这个存在者意志的崇高性,并由此而被提升到超越对这些自然作用的恐惧之上,不把这些作用看作是这个存在者的怒火的爆发。甚至谦恭,作为对自己缺点的严厉的评判——这些缺点本来是有可能在意识到自己的好的意向时轻易用人的本性的脆弱掩盖过去的——,也是一种内心的崇高情调,即执意屈从于自责的痛苦,以便逐渐根除那痛苦的原因。只不过以这样一种方式,宗教就内在地与迷信区别开来了,后者在内心中建立的不是对崇高的敬畏,而是在超强力的存在者面前的恐惧和害怕,受惊吓的人感到自己屈服于这存在者的意志,但却并不对它抱有高度的尊重:这样一来,当然也就不能产生出良好生活方式的宗教,而只不过是邀宠和谄媚罢了。

所以崇高不在任何自然物中,而只是包含在我们内心里,如果我们能够意识到我们对我们心中的自然、并因此也对我们之外的自然(只要它影响到我们)处于优势的话。这样一来,一切在我们心中激起这种情感——为此就需要那召唤着我们种种能力的自然强力——的东西,都称之为(尽管不是本来意义上的)崇高;而只有在我们心中这个理念的前提下并与之相关,我们才能达到这样一个存在者的崇高性的理念,这个存在者不仅仅是通过它在自然界中所表明的强力而在我们心中产生内在的敬重,而且还更多地是通过置于我们心中的、无恐惧地评判那强力并将我们的使命思考为高居于它之上的那个能力,来产生这种敬重的。

§29.对自然界崇高的判断的模态

有无数的美的自然物,关于它们我们是可以直截了当地建议每个人的判断与我们的判断相一致、而且也能期望这种一致而错不到哪里去的;但凭借我们对自然界中崇高的判断,我们却不能如此轻易地从别人那里指望着沟通。因为,为了能对自然对象的这种优越性下一个判断,似乎需要不光是在审美判断力上、而且在为之提供基础的认识能力上有更大得多的教养。

　　对于崇高情感的内心情调要求内心对于理念有一种感受性;因为正是在自然界对于这些理念的不适合中,因而只是在这些理念以及想象力把自然界当作这些理念的一个图型来对待这种努力的前提下,才有那种既威慑着感性、同时却又具有吸引力的东西:因为这是一种理性施加于感性之上的强制力,为的只是与理性自身的领地(实践的领地)相适合地扩大感性,并使感性展望那在它看来为一深渊的那个无限的东西。事实上,没有道德理念的发展,我们经过文化教养的准备而称之为崇高的东西,对于粗人来说只会显得吓人。他将在自然界强制力的毁灭作用的那些例证上,以及这个强力的使他自己的力量在其面前消失于无形的巨大规模上,只看到异常的艰辛、危险和困顿,将要包围那被驱逼到那里去的人。所以那善良的、此外又是明智的萨伏依的农夫(如索绪尔先生①所讲述的)曾把一切雪山的爱好者毫不犹豫地称之为傻瓜。假如那位观赏者像大多数旅游者通常那样单纯出于爱好,或是为了对此作出最动人心魄的描述,而接受了这种他在这里所遭到的危险,那么谁又能说,这位农夫是否就如此完全没有道理呢? 但这位作者的意图对于人们是有教益的;这个杰出的人拥有使心灵崇高的感觉,而且还把这种感觉附赠给了他的游记的读者。

　　但是,对自然界崇高的判断倒并不恰好由于它需要文化教养(比对美的判断更需要),因而它就是首先从文化中产生出来的,或只是在社会中合乎习俗地被采用的;相反,它是在人的本性中、亦即在人们能够凭借健全知性同时向每个人建议且能够向他自己要求的东西中有其根基,也就是说,在趋向于对(实践的)理念的情感即道德情感的素质中有其根基。

　　于是,这就是别人关于崇高的判断必然对我们的判断同意的根据,这种必然性是我们同时一起包含在这个判断中的。因为正如我们责备那在对一个我们觉得美的自然对象的评判中无动于衷的人缺乏鉴赏力一样:我们也对那个在我们判断为崇高的东西上不为所动的人说,他缺乏情感。而这两者都是我们对每一个人所要求的,并预设每一个具有一些文化教养的人也都有的:区别

_____

　　①　Saussure,Horace Benéct de (1740—1799),瑞士物理学家、地质学家,著有《阿尔卑斯山纪行》。——译者

只是在于,前者由于在其中判断力只把想象与作为概念能力的知性相联系,我们是直截了当地向每个人要求着它的;但后者,由于判断力在其中把想象力与作为理念能力的理性相联系,我们就只是在某种主观前提下(但这个主观前提我们相信自己有权可以向每个人建议)才作这种要求,也就是说,在人心中道德情感的前提下作这种要求,因而也就把必然性赋予这种审美判断。

在审美判断的这个模态中,亦即在审美判断的这个被自认为的必然性中,有一个对于判断力批判的主要契机。因为正是这种必然性在这些审美判断上标明了一个先天的原则,并把它们从经验性的心理学中提升上来——否则它们在这种心理学中仍然会被埋没在快乐和痛苦的情感之下(只不过附带一个说明不了任何问题的修饰语:精致的情感)——以便将这些判断、并通过它们把这个判断力置于那些以先天原则为基础的一类判断力中,但又将它们作为这样一些先天原则纳入到先验哲学中去。

113

对审美的反思判断力的说明的总注释

一个对象在它与愉快的情感的关系中,要么属于快适,要么属于美,要么属于崇高,要么属于(绝对的)善(iucundum,pulchrum,sublime,honestum①)。

快适作为欲求的动机,完全具有同样的方式,不论它是来自何处,也不论其表象(客观地看即感官和感觉的表象)是如何特别地各不相同。因此,在评判它对内心的影响时,只取决于魅力的数量(同时和相继地),并且仿佛只取决于快适感觉的总量;所以这种快适感觉就只能通过量来得到理解。它也不使人受到教养,而只是属于享受的。——反之,美却要求客体的某种质的表象,这质也是可以理解的并能放到概念上来的(尽管它在审美判断中并不被放到概念上来);并且它具有教养作用,因为它同时教人注意到在愉快的情感中的合目的性。——崇高只在于自然表象中感性之物由以被评判为适合于对之作可能的超感性运用的那种关系。——绝对的善,按照它所引起的情感从主观上来评判,即(把这道德情感的客体)评判为主体各种力量凭借某种绝对

---

① 拉丁文:惬意,美丽,崇高,德性。——译者

强迫性的法则之表象而来的可规定性,它就首先是通过基于先天概念之上的、不仅包含每个人都赞同的要求、而且包含每个人都赞同的命令的某种必然性的模态来划分的,它本身诚然不属于感性的[审美的]判断力,而属于纯粹智性的判断力;它也是在一个规定性的判断中而不是在单纯反思性的判断中,被赋予自由而不是自然的。但主体凭借这个理念而来的可规定性,确切地说,当

114 一个主体在自身中感觉到感性的障碍,同时却能通过克服这障碍而把自己对这障碍的优越性感觉为自身状态的变相时,它的这种可规定性,即道德情感,毕竟是与感性的[审美的]判断力及其诸形式条件在下述方面有亲缘关系的:它可以用来把出自义务的行动的合规律性同时表现为审美的,也就是表现为崇高的甚至于美的,而不损害道德情感的纯粹性;但如果人们想把它与快适的情感置于自然的联系中,就不会发生这种情况。

如果我们从对两种不同的审美判断至今所作的说明中引出结论,那就会由此得出如下简略的解释:

美就是那在单纯的评判中(因而不是借助于感官感觉按照某种知性概念)令人喜欢的东西。由此自然推出,它必须是没有任何利害而令人喜欢的。

崇高就是那通过自己对感官利害的抵抗而直接令人喜欢的东西。

上述两条,作为对审美的普遍有效的评判的解释,关系到一些主观的根据,即一方面是感性的根据,只要这些根据有利于静观的知性,另方面是当它们违反感性,反之却在与道德情感的关系中对于实践理性的目的是合目的性的,但又把双方都结合在同一个主体中时的根据。美使我们准备好对某物、甚至对大自然也无利害地喜爱;崇高则使我们准备好对这些东西甚至违反我们的(感性的)利害而高度地尊重。

我们可以这样来描述崇高:它是(自然的)一个对象,其表象规定着内心去推想自然要作为理念的表现是望尘莫及的。

就字面上讲,并且从逻辑上来看,理念是不能被表现的。但如果我们为了直观自然而扩展我们的经验性的表象能力(数学的或力学的),那就不可避免

115 地有理性加入进来,作为绝对总体的无待性(Independenz)的能力,并引起内心的虽然是徒劳无功的努力,去使感官表象与这些理念相适合。这种努力和关于想象力对理念望尘莫及的这种情感,本身就是我们内心在为了自己的超感性使命而运用想象力时的主观合目的性的一种表现,并迫使我们把自然本

身在其总体上主观地思考为某种超感性之物的表现,而不能把这种表现客观地实现出来。

这是因为,我们马上就发觉,那无条件者、因而就连那绝对的大,都是完全脱离在空间和时间中的自然界的,但却是为最普通的理性所要求的。正由此我们也被提醒,我们只是和作为现象的自然打交道,而这个自然本身还必须被看作仅仅是一个自在的自然(它是理性在理念中所拥有的)的表现。这个超感性之物的理念我们虽然不能作进一步的规定,因而也不能把自然当作它的表现来认识,而只能这样来思考,但这个理念在我们心中却通过一个对象被唤起,对这个对象的审美评判使想象力尽力扩展到它的极限,或者是范围扩张的极限(在数学上),或者是这扩张加于内心的强力的极限(在力学上),因为这评判是建立在对内心的某种完全超出了自然领地的使命的情感(道德情感)之上的,鉴于这种情感,对象表象就被评判为主观合目的性的。

实际上,对自然界的崇高的情感没有一种内心的与道德情感类似的情绪与之相结合,是不太能够设想的;虽然对自然的美的直接的愉快同样也以思维方式的某种自由性、即愉悦对单纯感官享受的独立性为前提,并对此加以培养:但由此所表现出来的毕竟更多的是在游戏中的自由,而不是在合法的事务之下的自由,后者是人类德性的真正性状,是理性必须对感性施加强制力的地方;只是在对崇高的审美判断中这种强制力被表象为通过作为理性之工具的想象力本身来施行的。

因此,对自然界的崇高的愉悦也只是消极的(与此相反,对美的愉悦是积极的),亦即一种由想象力自身对它自己的自由加以剥夺的情感,因为这想象力是按照另外的法则而不是按照经验性的运用的法则被合目的性地规定的。它由此而获得了一种扩张和强力,比它所牺牲掉的强力更大,但这强力的根据却对它自己隐藏着,它所感到的不是这根据,而是那牺牲和剥夺,同时还有它所服从的那些原因。当观看高耸入云的山脉,深不可测的深渊和底下汹涌着的激流,阴霾沉沉、勾起人抑郁沉思的荒野等等时,一种近乎惊恐的惊异,恐惧与神圣的战栗就会攫住观看者,而这在观看者知道自己处于安全中时,都不是真正的害怕,而只是企图凭借想象力使我们自己参与其中,以便感到这同一个能力的强力,并把由此激起的内心活动和内心的静养结合起来,这样来战胜我们自己中的自然,因而也战胜我们之外的自然,如果它能对我们的舒适的情感

116

造成影响的话。因为按照联想律的想象力使我们的满意状态依赖于身体上的东西；但就是这同一个想象力按照判断力的图型法的原则（因而就其从属于自由而言），却是理性及其理念的工具，但作为这种工具，它却是在自然影响面前坚持我们的独立性的一种强力，亦即把在自然影响方面是大的东西当作小的来蔑视，因而把绝对的伟大只建立在他（主体）自己的使命之中。审美判断力把自己提升到与理性相适合（但却无须一个确定的理性概念）的这种反思，甚至就是凭借想象力在其最大扩展中对理性（作为理念的能力）的客观上的不相适合性，而仍然把对象表现为主观合目的性的。

117

我们在此一般说来必须注意上面已经提醒过的事，即在判断力的先验美学中必须只谈论纯粹的审美判断，因而不可把这样一些以某个目的概念为前提的美的或崇高的自然对象的例子拿到这里来；因为否则的话，这就要么会是目的论的合目的性，要么就会是单纯基于对一个对象的感觉（快乐或痛苦）之上的合目的性，前一种情况不是审美的合目的性，后一种情况不是单纯形式的合目的性。所以如果我们称星空的景象为崇高的，那么我们就必须不把对它的评判建立在这样一些世界的概念上，这些世界被有理性的存在物居住着，而我们现在所看到的布满我们头上的天空的光点，就是他们的太阳，在对他们来说安排得十分合目的性的圆周上运动着；相反，如我们看到它的那样，星空只是一个包容一切的穹窿；而我们必须仅仅在这个表象底下建立起崇高来，它是由一个纯粹审美判断赋予这个对象的。同样，大海的景象也不是如同我们在以各种各样的知识（但这些知识却不包含在直接的直观中）去丰富它时对它所思考的那样；例如把它思考为一个广阔的水中生物王国，或者是一个巨大的水库，为的是蒸发水分，在空气中充满云雾以利于田地，或者还是某种要素，它虽然把世界的各部分相互分离开，但却使它们之间的最大协同性成为可能；因为这样所提供的只不过是些目的论判断；相反，我们必须像诗人所做的那样，按照亲眼目睹的，而能在大海安静地被观赏时只觉得大海是一面澄明的水镜，仅与天空相衔接，而当它不平静时则像一个威胁着要吞噬一切的深渊，但却仍能觉得它是崇高的。在谈及人的形象的崇高和美时也有同样的情况，在这里我们并不回顾他的肢体为之存有的那些目的的概念，以作为判断的规定根据，也必须不让与这些目的的协调带进我们的审美判断中来（否则就不再是纯粹的审美判断了），当然，它们不与那些目的相冲突，这倒也是审美愉悦的一个

118

必要条件。审美的合目的性就是判断力在其自由中的合规律性。对于对象的愉悦依赖于我们想要把想象力投入其中的那个关系;只是想象力是独立自主地把内心维持在自由的活动中的。反之,如果有某种别的东西、不论是感官感觉还是知性概念来规定判断,那么这判断虽然是合规律的,但却不是一个自由的判断力的判断了。

如果我们谈到智性的美或崇高,那么第一,这些表达并不完全正确,因为这是一些感性的[审美的]表象方式,假如我们只是纯粹的理智者(或者哪怕只是在思想中设想我们有这种性质)的话,在我们心中是根本不会遇到它们的;第二,尽管两者作为某种智性的(道德的)愉悦的对象,在它们不是基于任何利害之上的限度内,的确是可以与感性的[审美的]愉悦相一致的,但它们又毕竟还是难以在其中与后者结合起来,因为它们应当产生某种利害,这种利害,当那种表现要和感性[审美]评判中的愉悦协调一致时,就会在这种评判中仅仅通过感性利害而发生,而我们是把感性利害与这种利害结合在这表现中的,但这样一来,智性的合目的性就被破坏了,它变得不纯粹了。

某种纯粹的和无条件的智性愉悦的对象,就是以其强力在我们心中施加于一切和每个先行于它的内心冲动之上的道德法则;而由于这种强力真正说来只是通过牺牲使自己在感性[审美]上表明出来(这是一种尽管是为了内在的自由的剥夺,它反过来揭示出我们心中这种超感性能力的不可探究的深度,连同它的延伸至不可预见的后果):所以这种愉悦在感性[审美]方面(就感性而言)是消极的,也就是与这种利害相违背的,但由智性方面来看是积极的,是与某种利害结合着的。由此得出,智性的、本身自在地合目的的(道德的)善,从感性上[审美上]来评判,必须不是被表现为美,而是宁可被表现为崇高,以至于它更多地唤起敬重的情感(它蔑视魅力)而不是爱和亲密的眷恋的情感;因为人的本性不是那么自愿地、而只有通过理性施加于感性之上的强制力,才和那种善达到协调一致。反过来,即使我们在外在于我们的自然里、甚至在我们内部的自然(例如某些激情)里称之为崇高的东西,也只是被表现为凭借道德原理而超升到感性的某些障碍之上的内心强力、并由此而引起我们的兴趣的。

对于后一方面我想稍作逗留。带有激情的善的理念叫作热忱。这种内心状态看起来像是崇高,以至于人们通常假定,没有它任何伟大的事情都不可能

119

完成。但既然任何激情①都是盲目的,要么是在目的的选择上,要么是在目的的实行上,哪怕这目的是通过理性提出的;因为激情是内心的这样一种激动,它使内心没有能力对据以规定自己的诸原理进行自由思考。所以,它不可能以任何方式配得上理性的愉悦。然而在感性[审美]上热忱却是崇高的,因为它是通过理念而紧张起各种力量的,这些理念给内心提供出一种远比感性表象的推动更为有力、更为持久地起作用的热情。但是,(这看起来似乎很奇怪)就连一个坚定地执着于自己内心的那些始终不变的原理的人的那种无激情(apatheia,phlegma in significatu bono②),也是崇高,并且是具有更高级得多的性质的崇高,因为它同时在自己那方面拥有纯粹理性的愉悦。只有这样一类的内心性质才叫作高贵;后来这一表达也被应用于这些事上,如房屋,衣着,文笔,身体举止等诸如此类,如果这事与其说是引起惊异(对超出期望的新奇之表象中的激情)不如说是引起赞赏(即在失去新奇时并不停止的惊异)的话,这种情况当理念在其表现中无意地、不做作地与审美愉悦协调一致时就会发生。

　　每种具有**英勇性质**的激情(也就是激发我们意识到自己克服一切阻力的力量的激情[animi strenui③]),都是在审美上崇高的,例如愤怒,甚至绝望(即愤然绝望,而不是沮丧的绝望)。尽管具有**软化**性质的激情(它使反抗的努力本身成了不愉快的对象[animum languidum④])本身不具有任何高贵性,但却可能被划入情致的美里面去。因此能够强烈到激情程度的那些感动也是很不相同的。有人具有昂扬的感动,有人具有柔弱的感动。后者当其上升到激情程度时根本是毫无用处的;这样一种偏向就叫作多愁善感。一种不愿让自己得到安慰的同情的痛苦,或者一种我们在涉及到一些虚构的祸害时有意地参与其中、直到通过幻想而陷入它们似乎是真的这种错觉的同情的痛苦,证明着

----

①　激情(Affekte)和情欲(Leidenschaften)有特定的区别。前者只关系到情感;后者则属于欲求能力,并且是使通过原理而对任意进行规定的一切可能性变得困难或不可能的倾向。前者是爆发性的和并非有意的,后者是持续不断的和经过思虑的;所以不满作为愤怒是一种激情,作为仇恨(复仇)却是一种情欲。后者在任何情况下永远都不能称之为崇高;因为自由在激情中虽然是被阻碍了,在情欲中却是被取消了。——康德

②　拉丁文:无激情,褒义的冷淡。——译者

③　拉丁文:健动的勇气。——译者

④　拉丁文:衰弱的暮气。——译者

和造就着一个温柔的但却是虚弱的灵魂,它显示出美的一面,但虽然可以被称为幻想性的,却甚至不能称为热忱的。长篇小说,哭哭啼啼的戏剧,干瘪的伦理规范,都在卖弄着所谓的(尽管是虚假的)高贵意向,实际上却在使人心变得干枯,对于严格的义务规范没有感觉,使任何对我们人格中的人类尊严的敬重、使人的权利(它是完全不同于人的幸福的)以及一般地使一切坚定的原理都不可能;甚至一篇鼓吹卑躬屈膝、低三下四地邀宠谄媚的宗教演说也是如此,它放弃对我们自己心中抵抗恶的能力的一切信任,而不是毅然决然地去尝试用我们尽管脆弱不堪却仍然还留存着的力量以克服我们的爱好;还有虚假的谦恭,它以自我蔑视、即用摇尾乞怜的伪装的忏悔和一味隐忍地内心克制来建立一种人们唯一有可能使最高存在者喜欢的行为方式:这些就连和那能够归于美的东西都不相容,更不用说与那可以算作心性的崇高的东西相容了。 121

但即使是那些激烈的内心活动,不论它们是以训导的名义与宗教的理念相结合,还是仅仅作为属于文化修养的东西而与包含有某种社会利益的那些理念相结合,也不论它们如何绷紧着想象力的弦,它们都决不能要求有崇高的表现这种荣誉,如果它们不留下某种内心情绪,这情绪哪怕只是间接地对那追求在纯粹智性的合目的性身上所带有的东西(超感性的东西)的内心力度和坚决性的意识具有影响的话。因为否则这一切感动都只属于人们通常由于健康而来的骚动。紧跟着激情活动所导致的这样一种震荡而来的快适的疲倦,就是由于我们内部各种生命力恢复平衡的一种康健舒适的享受,这种享受最终是和那些东方国家的纵欲者们仿佛让自己的身体得到按摩、使自己的一切肌肉和关节得到柔和的挤压和柔韧化时所感到的那种惬意享受是一样的;只不过在前者那运动的原则绝大部分在我们里面,反之后者的原则却完全在我们外面。于是有些人以为听一次布道就提高了自己,实际上却什么也没有建立起来(没有建立任何善的准则体系);或是以为通过看一场悲剧就变好了, 122 却只是为有幸排除了无聊而高兴而已。所以崇高任何时候都必须与思想境界发生关系,也就是和赋予智性的东西及理性理念以凌驾于感性之上的力量的诸准则发生关系。

我们不必担忧崇高的情感会由于在感性的东西上完全是否定性的这样一类抽象的表现方式而丧失掉;因为想象力虽然超出感性之外找不到它可以依凭的任何东西,它却恰好也正是通过对它的界限的这种取消而发现自己是无限制的；所以那种抽象就是无限东西的一种表现，这种表现虽然正因此而永远只能是一种否定性的表现，但它毕竟扩展了心灵。也许在犹太法典中没有哪个地方比这条诫命更崇高的了："不可为自己雕刻偶像，也不可作什么形象，仿佛上天、下地和地底下、水中的百物"①等等。只有这条诫命才能解释犹太民族在其教化时期当与其他各民族相比较时对自己的宗教所感到的热忱，或者解释伊斯兰教所引发的那样一种骄傲。同样的情况也适合于我们心中的道德律和道德素质的表象。如果担心一旦人们剥夺了道德的一切可以由它推荐给感官的东西，那么道德就会只具有冷静而无生气的同意，而不具有丝毫激动人心的力量和感动了，这种担心是完全不正确的。事情正好相反；因为当感官不再看得出任何东西时，那不会认错也不可磨灭的德性理念却仍然留存下来，那时将会有必要宁可减弱那无限制的想象力的热情，不使它高涨到热忱的程度，而不是出于对这些理念缺乏力量的恐惧去为它们到偶像和幼稚的道具里寻求帮助。所以就连政府也通常容许宗教去大量操办后面这类附带的事，并试图这样来使臣民放弃把自己的心灵力量扩展于为他任意设定的界限之外的这种努力，但同时也试图剥夺他的这种能力，通过这种方式人们就能更容易地把他当作一个单纯被动的东西来处置了。

相反，这种纯粹的、高扬心灵的、单纯否定性的德性表现并不会带来任何123 狂热的危险，这种狂热是一种想要超出一切感性边界之外看见某物的妄想，也就是想要按照原理去梦想（驾着理性狂奔）；这恰好是因为，这种表现在感性上仅仅是否定性的。因为自由理念的不可探究性完全切断了任何积极表现的道路；但道德律却是在我们心中自在地本身充分的，并且是本源地进行规定的，以至它甚至都不允许我们在它之外去寻求某种规定根据。如果热忱可以和狂乱相提并论，那么狂热就可以和荒诞相提并论，后者在这方面是一切事物中最不能与崇高相容的，因为它是想入非非的、可笑的。在作为激情的热忱里想象力是没有约束的；在作为根深蒂固的冥想欲的狂热里想象力是没有规则的。前者是暂时的偶然，是最健全的知性有时也会碰到的；后者则是一种毁掉知性的病症。

纯朴（没有做作的合目的性）仿佛就是大自然在崇高中、甚至在德性中

---

① 见《旧约·出埃及记》。——译者

的风格,这种德性是一个(超感官的)第二自然,对此我们只知道它的法则,却不能通过直观达到我们自己心中包含有这种立法之根据的那个超感官的能力。

　　还有一点必须说明的,就是虽然对美的愉悦和对崇高的愉悦一样,都不仅仅通过普遍的可传达性而从其他感性的[审美的]评判中被明确区分出来,而且也通过这种属性而与社会(愉悦在其中得以传达)相关联获得某种兴趣,然而毕竟,与任何社会相脱离也会被视为某种崇高,如果这种脱离是建立在不顾一切感官利害的那些理念之上的话。自满自足,因而无求于社会,但却不是不合群,即不是逃避社会,这就有几分近于崇高了,任何对需求的超脱也都是如此。相反,出于因为与人类为敌而厌世,或是出于因为把人类当作自己的敌人来害怕的恐人症(怕见人),而逃避人类,这一方面是丑恶的,一方面也是可鄙的。然而,有一种(所谓十分不情愿的)厌世,对于这种厌世的气质倾向往往随着年龄的增长而来到许多思想正派的人的内心,这些人虽然就好意来说是充分博爱的,但却由于长期的悲伤的经验而远离了人类的愉悦,例如隐居的偏好,和幻想家的愿望,但愿能在一个偏远的乡居度其一生,或者(在年轻的人士那里)梦寐以求在某个不为外界所知的孤岛上与小家庭一起过日子的福气,都为此提供了证据,这都是《鲁滨逊漂流记》式的小说家和诗人们非常懂得利用的题材。虚伪,忘恩负义,不公正,以及在我们自认为重要和伟大的目的中的那种幼稚可笑,在追求这些目的时人们甚至相互干出了所有想象得出来的坏事:这些都是与人类只要愿意成为什么就能够成为什么的那种理念十分矛盾的,并且是与想要看到他们改善的强烈愿望极其对立的,以至于当我们不能爱人类时,为了不至于恨人类,放弃一切社交的乐趣显得只是一个小小的牺牲而已。这种悲哀并不是针对命运加之于其他人之上的灾祸的(那种悲哀的原因是同感),而是针对人们自己对自己造成的灾祸的(这种悲哀在原理上是基于反感的);这种悲哀建立在理念上,因而是崇高的,而那种悲哀却顶多只能被视为美的。——那位既有修养又缜密细致的索绪尔[①]在其《阿尔卑斯山纪行》中谈到好人山、萨伏依诸山脉中的一座时说:"笼罩在它之上的是某种乏味的悲哀。"因而他毕竟知道有一种有趣的悲哀,这是某种荒野的景象所

124

---

　　① 参看§29注。——译者

引起的,人们也许很愿意置身于其中,以便不再听到任何尘世的声音,更不从
那里得知什么,但这荒野又还必须不是完全不让人流连、以至于它只给人提供
一段极为艰苦的时光。——我注明这一点的意图只是要提醒人们,甚至忧郁
(而不是沮丧的悲哀)也可以算作粗犷的激情之列,如果它在道德理念中有自
己的根基的话;但如果它建立在同感之上并且就这样也是可爱的,那么它就只
属于令人伤感的激情:这是为了让人注意到内心的情绪,它只有在前一种情况
下才是崇高的。

＊　　　　　　＊　　　　　　＊

　　我们也可以把现在对审美判断作过详细阐述的这个先验的说明,和博
克①以及我们当中许多思想敏锐之士曾探讨过的生理学的②说明比较一下,
以便看看对崇高和美的一个单纯经验性的说明会引向何处。博克③以其论文
的这种性质而堪称最优秀的作家,他以这种方式(见该书第 223 页)发表了如
下见解:"崇高的情感建立在自保的冲动和恐惧、也就是某种痛苦之上,这种
痛苦由于不至于达到对肉体各部分的现实的伤害,而引起一些激动,当这些激
动使更细的或更粗的血管清除了那些危险的或麻烦的堵塞时,就能够激起快
适的感觉,虽然不是愉快,而是一种欣悦的颤栗,是某种混合有惊惧的肃穆。"
至于美,他把它建立在爱的基础上(但他也很重视把欲望与爱区分开来),把
它归之于"肉体纤维的松弛、舒缓和松懈,因而是由于快乐而酥软、而放松、而
弱化,并为之倾倒、舍身和销魂"(第 251—252 页)。于是他通过想象力不仅
在与知性的结合中、而且甚至在与感官感觉的结合中也有可能在我们心中产
生美以及崇高的情感的那些场合,来证实他的这种解释。——作为心理学的
评述,对我们内心现相的这些分析是极为出色的,并且给最受欢迎的经验性人
类学研究提供了丰富的素材。我们心中的一切表象,不管它们在客观上只是

---

　　①　Edmund Burke (1729—1797),英国著名政治家,康德所引为其早年(1757 年)发表的
著作,对整个德国古典美学有巨大的影响。——译者
　　②　physiologische,第 1 版为"心理学的(psychologische)"。——据德文编者
　　③　据他的书的德文译本:《关于我们的美和崇高的概念之起源的哲学考察》,里加,哈特
罗赫 1773 年。——康德

感性的还是完全智性的,都还是可以在主观上与快乐和痛苦结合起来的,哪怕两者都未被觉察到:这也是不可否认的事(因为它们全都刺激起生命的情感,并且它们中的任何一个表象,只要作为主体的变相,就决不能是无动于衷的);甚至也不可否认,如伊壁鸠鲁所认为的,快乐和痛苦最后毕竟总是身体上的,不论它是从想象开始还是哪怕从知性表象开始,因为生命若没有身体器官的感受就只会是它的实存的意识,但决不会是舒适或不舒适、即促进或阻碍生命力的情感;因为内心自身单独就是整个生命(就是生命原则本身),而阻碍或促进必须到它之外、但又是在人自身中、因而到与他的身体的结合中去寻找。

但是,如果我们把对于对象的愉悦完完全全建立在对象通过魅力和感动所带来的快乐中,那么我们也就不必指望任何别人对我们所作出的审美判断加以赞同;因为对此每个人都有权只征询他的私人感觉。但这样一来,对鉴赏的一切审查就都中止了;于是人们就将不得不把别人通过他们的判断偶然协和一致而提供的例子当作要求我们赞成的命令,而我们也许就会抗拒这一原则并诉之于自然权利,使基于自己舒适的直接情感上的判断听命于自己的感官而不是别人具有的感官。

127

所以,如果鉴赏判断必须不被看作自私的,相反,按其内在本性,亦即由于它自身,而不是由于别人从他们的鉴赏中所提供的榜样,而必然被看作是复多性的;如果人们把它评价为可以同时要求每一个人应当对此加以赞同的这样一个判断:那么它就必须以某种(不管是客观的还是主观的)先天原则作基础,这种先天原则人们通过对内心变化的经验性法则的探查是永远也达不到的;因为这些经验性的法则只是让人认识到判断是如何作出的,但却不是要求判断应当如何作出,因而这要求是无条件的;这类要求是鉴赏判断预设为前提的,因为鉴赏判断所感兴趣的是把愉悦和某种表象直接地联结起来。所以尽管对审美判断的经验性的说明总是成为开端,以便为某种更高的研究提供素材;对这种能力的一个先验的探讨却毕竟是可能的,并且是本质上属于鉴赏力的批判的。因为如若鉴赏力不是先天地拥有这些原则的话,它就有可能没有能力判定别人的判断,并对此哪怕只是借助于某些表面的权利来作出赞成或是拒绝的表示。

属于审美判断力的分析论的其余部分首先包括:

128

纯粹审美判断的演绎

§30. 关于自然对象的审美判断的演绎不可针对我们
在自然中称为崇高的东西,而只能针对美

　　一个审美判断对于在每个主体方面的普遍有效性的要求,即要求作为一个必然立足于任何一个先天原则之上的判断,需要一个演绎(亦即对它的企求作合法性证明),这个演绎还必须附加在对这判断的说明之上,就是说,如果牵涉到对客体形式的愉悦或讨厌的话。这类判断就是对于自然界的美的鉴赏判断。因为这样一来,合目的性毕竟还在客体及其形象中有它的根据,即使它并不把这根据与别的对象的关系按照概念(在认识判断上)指示出来,而只是就客体形式在内心中显示出与概念能力以及表现这形式的能力(这与领会能力是一回事)都相适合而言,一般地涉及到对这形式的领会。因此我们也可以在自然界的美方面提出各种各样的问题,这些问题涉及到自然形式的这种合目的性的原因:例如我们将如何解释,自然界为什么如此奢侈地到处散布了美,甚至在大洋的底部,在人类的眼睛很少达到的地方(美却只是对于人的眼睛才是合目的的),如此等等。

　　不过,自然界的崇高——如果我们对此作一个纯粹的审美判断,它不与作为客观合目的性的完善概念相混淆,后一种场合它将会是一个目的论判断——完全可以被看作无形式的或不成形的、但却是一个纯粹愉悦的对象,并能表明所予表象的主观合目的性;于是现在问题就在于,是否连对这种方式的审美判断,在对其中想到的东西所作的说明之外,也还有可能要求对它在某种(主观的)先天原则方面的权利进行演绎。

129

　　对这个问题的回答是:自然界的崇高只是在并非本来的意义上这样称呼的,它本来是必须被赋予思维方式、或不如说赋予人类本性[自然]中这种思维方式的基础的。当意识到这种基础时,对一个本来无形式和不合目的性的对象的领会只提供出诱因,使这对象被以这种方式加以主观合目的性的运用,却不是作为它自身独立地、并由于它的形式而被判断的(仿佛 species finalis accepta,non data①）。因此我们对有关自然界崇高的判断的说明同时已经是对它的演绎了。因为如果我们对这些判断中的判断力的反思加以剖析，那么我们将会发现其中的诸认识能力的某种合目的性的关系，这种关系必须先天地为目的能力（意志）奠定基础，因此本身就是先天合目的性的，于是这当即就包含了那个演绎，即这样一类判断对普遍必然有效性的要求的辩护理由。

所以我们必须探讨的将只有鉴赏判断、即对自然物之美的判断的演绎，并且将这样从整体上为全部审美判断力来考虑这个任务。

§31.鉴赏判断的演绎的方法

只有当一种判断对必然性提出要求时，才会产生对这类判断的合法性的演绎、即担保的责任；这也是当判断要求主观的普遍性、即要求每个人的同意时就会发生的情况，不过这种判断却不是什么认识判断，而只是对一个给予对象的愉快和不愉快的判断，即自认为有一种对每个人普遍有效的主观合目的性，这种合目的性不应建立在任何关于事物的概念上，因为它是鉴赏判断。

由于在后面这种场合下，我们所面对的不是任何认识判断，既不是把通过知性而给予的一般自然的概念当作基础的理论上的认识判断，也不是把通过理性而给予的先天的自由的理念当作基础的（纯粹的）实践上的认识判断，因而我们要根据其先天有效性去为之辩护的，既不是表现一件事物是什么的判断，也不是表现我为了产生一件事物应当作什么的判断：于是必须为一般判断力阐明的，将只是一个表达出对象形式的某种经验性表象之主观合目的性的单一判断的普遍有效性，以便解释，某物单是在这评判中（没有感官感觉或概念）就能够使人喜欢，这是如何可能的，并且，如同为了一种认识而对一个对象的评判一般来说都具有一些普遍规则一样，每一个人的愉悦也可以预示为每个别人的规则，这又是如何可能的。

既然这种普遍有效性并不是建立在统计票数和到处向别人询问他们的感觉方式之上，而是仿佛建立在对（在给予表象上的）愉快情感作判断的主体的自律之上，亦即基于他自己的鉴赏力，但却仍然不该是从概念推导出来的；那

130

---

① 拉丁文：认作目的形式，而不是质料。——译者

么这样一个判断——就如鉴赏判断实际的情况那样——就具有一种双重的并且是逻辑的特性：就是说，一方面有先天的普遍有效性，但却不是依据概念的逻辑普遍性，而是一个单一判断的普遍性；另方面有一种必然性（它永远必须基于先天的根据），但却不依赖于任何先天的论证根据，不可能通过这些根据的表象来强迫这鉴赏判断所要求于每个人的赞同。

131   唯有对鉴赏判断借以与一切认识判断相区别的这些逻辑特性作出解释，如果我们在解释时一开始就抽掉它的一切内容，即愉快的情感，并只把它的审美形式与那些客观判断由逻辑给它们颁布的形式相比较的话，才会对于这种不寻常能力的演绎而言是充分的。所以我们想对鉴赏力的这些富有特征的属性预先通过讨论一些例子来加以说明。

§32.鉴赏判断的第一特性

鉴赏判断就愉悦而言是带着要每个人都同意这样的要求来规定自己的对象（规定为美的）的，好像这是客观的一样。

当我们说：这朵花是美的，那就意味着只是把这朵花所独特的对每个人的愉悦的要求向这朵花重说一遍。它却完全不会因为它的香气的快意而提出什么要求。对于一个人这香气是令人爽快的，对于另一个人则使他头晕。从这里我们应当推测出什么来呢？难道不是：美必须被看作花本身的某种属性，这种属性不取决于这些头脑和这么多感官的多种多样性，而是这些头脑和感官如果要对它作出判断的话，就必须以它为准？然而情况却并非如此。因为鉴赏判断恰好就在于，一个事物只是按照那样的性状才叫作美的，在这性状中，该事物取决于我们接受它的方式。

此外，从每个要证明主体有鉴赏力的判断中，我们都要求主体是独立地作出判断，而不需要凭经验在别人的判断中到处摸索，和事先由他们对同一个对象的愉悦或反感来教会自己什么，因而，他的判断不应当作为模仿、例如说因为一物现实地普遍受到喜欢，而应当先天地陈述出来。但我们应当思维的是，一个先天的判断必须包含一个客体概念，它包含有对这个客体的认识的原则；而鉴赏判断却根本不是建立在概念上的，它任何时候都不是认识判断，而只是一个审美判断。

所以一个年轻的诗人不能因听众、还有他的朋友们的判断劝他相信他的诗是美的而左右自己；并且，如果他听从他们，那就不是因为他对此有了另外的评判，而是因为哪怕（至少在他的意图看来）全体听众都作出了一种错误的鉴赏，他却仍然在自己对赞扬的欲望中找到理由（甚至违背自己的判断）去迎合庸众的妄想。只有到后来，如果他的判断力通过练习而变得更加敏锐了，他才会自动放弃他以前的判断；正如他也会坚持自己的完全基于理性之上的那些判断一样。鉴赏只对自律提出要求。若把外人的判断当作自己判断的规定根据，这就会是他律了。

人们有理由把古代的作品称颂为典范，并把古代作家称为经典性的，如同作家中的某个贵族一样，他通过自己的先行而为民众立法：这就似乎宣布了鉴赏的来源是后天的，并反驳了每个主体中鉴赏的自律。不过人们同样可以说，古代那些数学家，那些至今还被看作最高彻底性和综合方法的完美性的完全不可缺少的典范的人物，也表明了在我们这方面的一种模仿的理性和一种理性的无能，即不能从自身中通过概念的建构而凭最大的直觉产生出严格的证明来。这就根本没有我们各种力量的任何运用了，不论这种运用是多么自由，甚至也不会有理性的运用（理性必须从先天的共同根源中获得它的一切判断），理性运用是即使每个主体在没有别人以他们的试验走在他的前面时，应当完全从自己天然的原始禀赋开始，也不会陷入错误的试验中去的，这不是为了使那些继承者成为单纯的模仿者，而是通过他自己的做法给别人以指点，让他们在自身中寻找原则，并这样来找到他们自己的常常是更好的道路。在宗教中，每个人肯定都必须从自己本身中拿来自己的行为规则，因为他也仍然是自己对这行为负责的，而不能把自己所犯的罪过推到别人、即他的导师和先行者身上。但即使在这里，也永远不会通过普遍的规范，不论是从神父或是从哲学家那里得来的规范还是从自己本身中取来的规范，而达到如同通过某个美德或圣洁的榜样所达到的效果，这种在历史中树立起来的榜样并不使美德出自固有而本原的（先天）德性理念的自律变得多余，或是把它转变为模仿的机械作用。与某种在先行为有关的继承，而不是模仿，才是关于一个示范性的创始人的产品对别人所可能具有的一切影响的正确表达；而这仅仅只意味着：从那个创始人本人所曾汲取过的同一个源泉中汲取，并且只从他的先行者那里学到在这件事上的行为方式。但在一切能力和才能中，鉴赏力恰好是这样的

132

133

东西,由于它的判断不能通过概念和规范来规定,它最需要的是在文化进展中保持了最长久的赞同的东西的那些榜样,为的是不要马上又变得粗野和跌回到最初试验的那种粗糙性中去。

§33.鉴赏判断的第二特性

鉴赏判断根本不能通过论证根据来规定,就好像它只是主观的一样。

如果某人觉得一座房子、一片风景、一首诗不美,那么第一,他是不能被众多口舌对这一切的高度赞美强迫着从内心表示赞赏的。他虽然可以装做好像这也使他感到喜欢一样,以免被人视为缺乏鉴赏力,他甚至可能开始怀疑他的鉴赏力是否凭借对足量的某类对象的知识也得到了充分的教养(如同一个人以为看出了远处的某种东西是一片森林,所有的别人则看见那是一座城市,他就会对自己的眼光所作的判断怀疑了)。但他毕竟清楚地看出的是,别人的赞赏根本不能充当美的评判的任何有效证据;别人或许可以为他去看和观察,并且凡是许多人以同一种方式所看到的东西,对于那以为看到了另一样东西的人来说,能够在理论上、因而在逻辑上用作充分的证明根据,但决不是别人感到喜欢的东西就可以充当一个审美判断的根据。别人的不利于我们的判断虽然可能有理由使我们对我们自己的判断产生怀疑,但却永远也不能使我们确信我们的判断不正确。所以不存在任何经验性的论证根据去强迫某人作出这种鉴赏判断。

第二,更不能用一个先天的证明按照确定的规则来规定关于美的判断。如果有一个人在我面前朗诵他的诗,或是引导我进入一个剧情,而这最终并不能使我的鉴赏力感到惬意,那么不论他是引用巴托①还是莱辛②,还是更加早也更著名的一些鉴赏的批评家,以及由他们所提出的一切规则来作证,说他的诗是美的;甚至哪怕某些我正好不喜欢的地方却可能与美的规则(如果这些规则在那里被提供出来并得到普遍的承认的话)完全吻合:我将塞住自己的耳朵,不会去听任何理由和任何推想,而宁可认定批评家们的那些规则是错误

---

① Batteux,Charles (1713—1780),法国美学家。——译者
② Lessing,Gotthold Ephraim (1729—1781),德国著名美学家、戏剧家和评论家。——译者

的,或至少在这里不是它们应用的场合,而不认为我应当让自己的判断受先天的论证根据的规定,因为它应当是一个鉴赏判断,而不是知性或理性的判断。

看来,这就是为什么人们把这种审美的评判能力恰好冠以鉴赏[口味]之名的主要原因之一。因为一个人尽可以把一道菜的所有成分告诉我,并对每一成分作出说明,说它们每一种通常都会使我快适,此外也有理由称赞这食物的卫生,我却对这一切理由充耳不闻,而是用自己的舌头和味觉去尝尝这道菜,并据此(而不是根据普遍原则)作出我自己的判断。

事实上,鉴赏判断绝对是总要作为对客体的一个单一性判断来作出的。知性可以通过把客体在愉悦这一点上与其他人的判断进行比较而作出一个普遍判断,例如:一切郁金香都是美的;但这样一来,它就不是什么鉴赏判断,而是一个逻辑判断,它使一个客体与鉴赏的关系一般地成为了具有某种特性的事物的谓词;但唯有我借以觉得某一单独被给予的郁金香美、也就是我在它身上普遍有效地觉得自己愉悦的那个判断,才是鉴赏判断。但它的特性却在于,尽管它只有主观的有效性,它却这样来要求一切主体,就像只有当它是一个建立在知识根据上并可以通过一个证明来强加于人的客观判断时,就总是会发生的那样。

§34.不可能有鉴赏的任何客观原则

人们也许会把鉴赏的一条原则理解为这样的原理:我们能够把一个对象的概念归摄入这个原则的条件之下,然后通过一个推论得出这对象是美的。但这是绝对不可能的。因为我必须直接在这个对象的表象上感觉到愉快,而这种愉快是任何论证根据都不能够向我侈谈的。虽然如休谟所说的,一切批评家都比厨师更显得能够推想,但他们却和厨师有同样的命运。他们不能期望从论证根据的力量中,而只能从主体对他自己状况(愉快或不愉快)的反思中,来获得他们判断的规定根据,而排除一切规范和规则。

但是,凡是批评家仍然能够和应当予以推想、以致会使我们的鉴赏判断得到纠正和扩充的东西,都并不是要以一个可以普遍通用的公式来阐明这一类审美判断的规定根据,这是不可能的;而是要研究这些判断中的认识能力及其事务,并通过例子来分析那种交互的主观合目的性,对这种合目的性我们前面已指出过,它在一个给予表象中的形式就是这表象的对象的美。所以鉴赏力的批判本身只是在主观上就某个客体借以被给出的表象而言的;就是说,它是把给予表象中的知性和想象力之交互的相对关系(与先行的感觉或概念无关地)、因而把它们的一致或不一致纳入规则之下,并把它们就其条件而言规定下来的一门艺术或科学。如果它只是通过例子来说明这一点,它就是艺术;如果它把这样一种评判的可能性一般地从这种能力作为认识能力的本性中推导出来,那它就是科学。只有后者,作为先验的批判,才是我们在这里到处要进行的。它应当把鉴赏的主观原则作为判断力的先天原则来加以阐明和辩护。这种批判作为艺术,仅仅试图把自然之学的①(在这里就是心理学的)、因而是经验性的规则,即鉴赏所据以现实地(并不反思这些规则的可能性)进行的那些规则,应用到鉴赏对象的评判上,并批判[批评]美的艺术的产品,正如前一种批判所批判的是对这些产品进行评判的那个能力本身一样。

§35.鉴赏的原则是一般判断力的主观原则

　　鉴赏判断与逻辑判断的区别在于,后者把一个表象归摄到客体概念之下,前者却根本不把它归摄到一个概念之下,因为否则就会有可能用论证来强迫作出那必然普遍的赞同了。尽管如此,它与后者却在一点上是类似的,即它预先确定了某种普遍性和必然性,但却不是按照客体的概念来确定的,因而只是一种主观的普遍性和必然性。既然一个判断中的诸概念构成这判断的内容(即属于客体知识的东西),但鉴赏判断却不是能通过概念来规定的,那么鉴赏判断就只是建立在一个判断的一般主观形式的条件之上。一切判断的主观条件就是作判断的能力本身,或判断力。就一个对象由以被给予的某个表象而言来运用判断力,这要求两种表象能力的协调一致:也就是想象力(为了直观和直观的多样性的复合)和知性(为了作为这种复合的统一性表象的概念)的协调一致。既然这判断在此不以任何客体概念为基础,那么它就仅仅在于把想象力本身(在一个对象由以被给予的表象那里)归摄到知性一般由以从

---

　　①　原文为 physiologische,通常译为"生理学的",但康德常用其古希腊语的本来含义,即关于自然的科学。——译者

直观达到概念的那个条件之下。就是说,正是由于想象力的自由在于想象力没有概念而图型化,所以鉴赏判断必须只是建立在想象力以其自由而知性凭其合规律性相互激活的感觉上,因而建立在一种情感上,这种情感让对象按照表象(一个对象通过它而被给予)对于在诸认识能力的自由活动中使这些能力得到促进这方面的合目的性来评判;而鉴赏力作为主观的判断力就包含着一种归摄原则,但不是把直观归摄到概念之下,而是把直观或表现的能力(即想象力)归摄到概念能力(即知性)之下,如果前者在它的自由中、后者在它的合规律性中协调一致的话。

现在,为了通过一个演绎而为鉴赏判断找出这种法律根据,只有这种判断的形式上的诸特性,因而只就这些判断的逻辑形式被考察而言,才能用作我们的指导线索。

§36.鉴赏判断之演绎的课题

可以与一个对象的知觉直接结合为一个认识判断的是一个一般客体的概念,那个知觉包含着关于这客体的各种经验性的谓词,而这样一来就可以产生出一个经验判断。现在,这个经验判断为了被思考为一个客体的规定,是以关于直观多样性的综合统一的一些先天概念为基础的;而这些概念(范畴)要求一个演绎,这个演绎也已经在《纯粹理性批判》中给出来了,由此也就得以完成了对这个课题的解答:先天综合判断是如何可能的? 所以这个课题涉及到纯粹知性及其理论判断的先天原则。

但是,可以与一个知觉直接结合起来的也有某种愉快(或不愉快)的情感,和某种伴随着客体表象并代替谓词而辅助着这表象的愉悦,这样就产生出一个审美判断,它决不是什么认识判断。一个这样的判断,如果它不是单纯的感觉判断,而是一个形式的反思判断,它把这种愉悦对每个人作为必然的来要求,那么就必须以某种作为先天原则的东西为基础,这种原则即使也许只是主观的(假如对这样一种判断来说一个客观原则本来就是不可能的话),但哪怕作为这样一种原则也会需要一个演绎,以便领会到一个审美判断如何可能要求有必然性。于是在这之上就建立起了我们现在所要探讨的课题:鉴赏判断是如何可能的? 所以这个课题就涉及到纯粹判断力在审美判断中的先天原则,也就是在这样一些判断中的先天原则,在其中判断力不能(如同在理论的判断中那样)仅仅归摄到客观的知性概念之下并服从一条规律,而是它在这里本身对自己在主观上既是对象又是规律。

139　　　这个课题也可以这样摆出来:一个判断,仅仅从自己对一个对象的愉快情感出发,不依赖于这对象的概念,而先天地、即无需等待别人同意,就把这愉快评判为在每个另外的主体中都加之于该客体的表象上的,这种判断是如何可能的?

　　　鉴赏判断是综合的,这是很容易看出来的,因为它超出了对客体的概念甚至直观之上,并把某种根本连知识都不是的东西、即把愉快(或不愉快)的情感作为谓词加在那个直观上面。但鉴赏判断虽然谓词(即与表象结合着的自己的愉快这一谓词)是经验性的,然而就其向每个人所要求的同意而言却是先天判断,或者想要被看作先天判断,这一点同样也已经在它们的要求的这些表达中包含着了;这样,判断力批判的这一课题就是属于先验哲学的这个普遍问题之下的:先天综合判断是如何可能的?

§37.在对一个对象的鉴赏判断中真正 先天地断言的是什么?

　　　有关一个对象的表象是直接与一个愉快结合着的,这只能内在地被知觉到,而如果我们除此之外不再想表明别的东西,它就只给出了一个经验性的判断。因为我不能先天地把一个确定的情感(愉快或不愉快)与任何一个表象相结合,除非那里有一个在理性中规定意志的先天原则作基础;因为这时愉快(在道德情感中)就是这个先天原则的后果,但也正因为如此它就是根本不能与鉴赏中的愉快相比较的,因为它要求有关一个规律的确定概念;相反,鉴赏的愉快则应当先于一切概念而直接与单纯的评判相结合。因此一切鉴赏判断也是单一性判断,因为它们把自己的愉悦的谓词不是与一个概念、而是与一个给予的个别的经验性表象结合在一起。

　　　所以不是愉快,而正是被知觉为与内心中对一个对象的单纯评判结合着的这愉快的普遍有效性,在一个鉴赏判断中被先天地表现为对判断力、对每个人都有效的普遍规则。我以愉快来知觉和评判一个对象,这是一个经验性的

140

判断。但我觉得这对象美,也就是我可以要求那种愉悦对每个人都是必然的,这却是一个先天判断。

§38.鉴赏判断的演绎

如果承认在一个纯粹鉴赏判断中对于对象的愉悦是与对其形式的单纯评判结合着的,那么这种愉悦无非就是这形式对于判断力的主观合目的性,我们在内心中觉得这个合目的性是与对象表象结合着的。既然判断力就评判的形式规则而言,撇开一切质料(不论是感官感觉还是概念),只能是针对一般判断力运用的主观条件的(既不是为特殊的感觉方式也不是为特殊的知性概念而安排的);因而是针对那种我们可以在所有的人中都(作为一般可能的知识所要求的来)预设的主观的东西:所以一个表象与判断力的这些条件的协和一致就必须能够被先天地设定为对每个人都有效的。就是说,在对一个感性对象的评判中这种愉快或者表象对认识能力的关系的主观合目的性将是可以向每个人都有权要求的。①

注　释

141

这个演绎之所以如此容易,是因为它不需要为一个概念的任何客观实在性作辩护;因为美不是什么有关客体的概念,鉴赏判断也决不是认识判断。它只是断言,我们有理由在每个人那里普遍地预设我们在自己这里所见到的判断力的这些主观条件;只是我们还要把给予的客体正确地归摄到这些条件之下而已。虽然现在后面这一点有不可避免的、不为逻辑的判断力所有的那些

---

①　为了有理由对审美判断力的一个只是基于主观根据上的判断提出普遍同意的要求,只须承认下面几点就够了:1)在一切人那里,这种能力的主观条件,就诸认识能力在这种判断中被使用时对一般认识的关系而言,都是一样的;这必定是真实的,因为否则人类就不可能传达他们的表象甚至于知识了;2)那个判断只考虑到了这种关系(因而只考虑到了判断力的形式条件),并且是纯粹的,也就是既不与客体概念也不与作为规定根据的感觉相混淆。在后面这点上即使有什么差错,那么它所涉及的也只是把某个法则给予我们的权力在一个特殊场合下误用了,由此却并不一般地取消这一权力。——康德

困难(因为在逻辑的判断力中我们是归摄到概念之下,而在审美的判断力中
却是归摄到一种只是可感觉到的关系、即在客体的被表象出来的形式上想象
力和知性交替地相互配合的关系之下,而这时这种归摄是会容易搞错的),但
这却完全不取消判断力指望普遍的同意这种要求的合法性,这个要求所导致
的只是:判断由主观根据出发而对每个人都有效的这个原则的正确性。因为
谈到归摄于那个原则之下的正确性所引起的困难和疑惑,那么这种归摄并不
使一般地对一个审美判断的这种有效性要求的合法性、因而并不使这条原则
本身发生疑惑,正如当逻辑的判断力在(虽然并不这么常见和容易地)错误地
归摄到它的原则之下时也不会使这条本身是客观的原则发生疑惑一样。但假
如要问:把自然界作为一个诸鉴赏对象的总和来先天地设定,这是如何可能
的? 那么这个课题就与目的论发生了关系,因为,为我们的判断力建立合目的
性的形式,这必须被看作一个与自然的概念在本质上相关的自然目的。但这
个假定的正确性还是很可怀疑的,当然,各种自然美的现实性是明摆在经验面
前的。

142

§39.感觉的可传达性

　　如果把感觉作为知觉的实在而与认识联系起来,那么它就叫作感官感觉,
并且它的质的特殊性就可以表象为能够完全以同一种方式来传达的,如果我
们假定每个人都和我们具有同样一种感官的话;但这一点却不能绝对地作为
一个感官感觉的前提。如对于一个缺少嗅觉的人,这种感觉就不能被传达;而
且,即使他并不缺少嗅觉,我们也不能肯定,他对于一朵花是不是恰好具有我
们对它所具有的同一种感觉。我们必须设想人们在感觉同一个感官对象时的
快意或不快意方面还有更多的区别,而绝对不能要求对同样一些对象的愉快
得到每一个人的承认。由于这样一种类型的愉快是通过感官进入内心的,因
而我们在此时是被动的,所以我们可以把它称之为享受的愉快。
　　相反,为了一个行动的道德性状的缘故而对它的愉悦却决不是享受的愉
快,而是对自身主动性及其与自身使命的理念相符合的愉快。这种情感叫作德
性的情感,但它要求概念,而且不是体现为自由的合目的性,而是体现为合法则
的合目的性,因而也只能借助于理性来普遍传达,并且如果这愉快在每个人那

里都应当是同样性质的话,就只能通过十分确定的实践理性概念来普遍传达。

对自然界崇高的愉快,作为玄想静观的愉快,虽然也要求普遍的同情,但却已经以另一种情感、也就是对自己超感性的使命的情感为前提了:因为这种情感不论多么模糊,却具有某种道德的基础。至于别的人也会考虑到这一点,并在观察粗犷的大自然时会感到某种愉悦(这种愉悦确实不能归之于这种大自然的景象,这种景象毋宁说是令人恐惧的),这是我绝对没有理由预设的。尽管如此,我仍然能够在考虑到应当在每个适当的机会顾及到那个道德禀赋时,也向每个人要求那种愉悦,但只是借助于道德律,而后者自身又是建立在理性概念之上的。

反之,对美的愉快却既不是享受的愉快,也不是某种合法则的行动的愉快,又还不是根据理念作玄想静观的愉快,而是单纯反思的愉快。没有任何目的或原理作为准绳,这种愉快伴随着对一个对象的通常的领会,这种领会是通过作为直观能力的想象力、并在与作为概念能力的知性的关系中、借助于哪怕是为了最普通的经验之故判断力也必须实行的某种运作而获得的;只是判断力必须这样做,在后一场合为的是知觉到一个经验性的客观概念,但在前一场合(在审美评判中)则只是为了知觉到表象对于两种认识能力在其自由中的和谐的(主观合目的性的)工作的适合性,也就是为了用愉快去感觉那种表象状态。这种愉快必定在每个人那里都是必然建立在前述那些条件上的,因为这些条件是一般认识的可能性的主观条件,而在鉴赏上所要求于这些认识能力的那个比例,也是普通的和健全的知性所要求的,这种健全知性我们可以在每个人那里预设。正因为如此,就连那个以鉴赏来作判断的人(只要他在这种意识中没有搞错,没有把质料当作形式、把魅力当作美的话),也可以把主观目的性、即把他对客体的愉悦要求于每个别人,并可假定他的情感是普遍可传达的,而且并不借助于概念。

§40.鉴赏作为共通感的一种

当引起人们注意的不是判断力的反思,而毋宁说只是它的结果时,人们往往给判断力冠以某种感觉之名,并谈论某种真理感,某种对于正直、公正等等的感觉;虽然人们知道,至少按理应当知道,这并不是这些概念可以在其中占据自己的位置的感觉,更不是说这种感觉会有丝毫的能力去要求一些普遍的规则:相反,如果我们不能超越这些感觉而提升到更高的认识能力的话,我们关于真理、合适、美和公正是永远不可能想到这样一种表象的。共同的人类知性,人们把它作为只不过是健全的(而尚未得到训练的)知性而看得微不足道,是人们只要一个人要求被称为人就可以从他那里指望的,因此它也就有一个侮辱性的名声,必须被冠以普通感觉(sensus communis①)的称呼,也就是说,人们把普通的一词(不仅仅在我们的语言中这里面确实包含有双关的含义,而且在许多别的语言中也是这样)理解为庸常的,人们到处碰到的,具有这种性质绝对不是什么功劳或优点。

但人们必须把 sensus communis[共通感]理解为一种共同的感觉的理念,也就是一种评判能力的理念,这种评判能力在自己的反思中(先天地)考虑到每个别人在思维中的表象方式,以便把自己的判断仿佛依凭着全部人类理性,并由此避开那将会从主观私人条件中对判断产生不利影响的幻觉,这些私人条件有可能会被轻易看作是客观的。做到这一点所凭借的是,我们把自己的判断依凭着别人的虽不是现实的、却毋宁只是可能的判断,并通过我们只是从那些偶然与我们自己的评判相联系的局限性中摆脱出来,而置身于每个别人的地位;而这一点又是这样导致的,即我们把在表象状态中作为质料、也就是感觉的东西尽可能地去掉,而只注意自己的表象或自己的表象状态的形式的特性。为了把反思加到这种我们称之为普通的感觉之上,对反思的这样一种处理程序固然也许显得太做作了;不过它也只是看起来是如此,如果我们以抽象的公式来表达它的话;而当我们寻找一个要用作普遍规则的判断时,就本身来说没有什么比从魅力和感动中摆脱出来更自然的了。

普通人类知性的下述准则虽然不是属于这里作为鉴赏力批判的部分,但却也可以用来解释它的原理。它们是:1.自己思维;2.在每个别人的地位上思维;3.任何时候都与自己一致地思维。第一条是摆脱成见的思维方式的准则,第二条是扩展的思维方式的准则,第三条是一贯的思维方式的准则。第一条准则是一个永不被动的理性的准则。对被动的理性、因而对理性的他律的偏好就叫作成见;而一切成见中最大的成见是,把自然界想象为不服从知性通过

① 拉丁文:共通感。按:"普通"德文为 gemein,同时又有"共同"之意。——译者

自己的本质规律为它奠定基础的那些规则的,这就是迷信。从迷信中解放出 146
来就叫作启蒙①;因为这个称呼虽然也适合于从一般的成见中解放出来,但迷
信却是首先(in sensu eminenti②)值得被称之为一种成见的,因为迷信置身于
其中、甚至也许会将它作为一种义务来要求的那种盲目性,首先使靠别人来引
导的需要、因而使一种被动理性的状态变得明显了。至于思维方式的第二条
准则,那么我们通常习惯于把其才能不足以作任何博大运用(尤其在强度上)
的人称之为有局限的(头脑狭隘的,与扩展的相反)。不过在这里我们谈的不
是认识能力,而是合目的性地运用认识能力的思维方式;这种思维方式不论人
的自然天赋所达到的范围和程度是多么的小,却表明一个人具有扩展的思维
方式,如果他能够把如此之多的其他人都如同被封闭于其中的那些主观个人
的判断条件都置之度外,并从一个普遍的立场(这个立场他只有通过置身于
别人的立场才能加以规定)来对他自己的判断进行反思的话。第三条准则,
也就是一贯的思维方式的准则,是最难达到的,也只有通过结合前两条准则并
对它们经常遵守变得熟练之后才能达到。我们可以说:这些准则中第一条是
知性的准则,第二条是判断力的准则,第三条是理性的准则。——

　　我再重新拣起由于这一插曲而放下了的话头并且说,比起健全知性来,鉴
赏有更多的权利可以被称之为共通感;而审美[感性]判断力比智性的判断力
更能冠以共同感觉之名③,如果我们真的愿意把感觉一词运用于对内心单纯
反思的某种结果的话;因为在那里我们把感觉理解为愉快的情感。我们甚至 147
可以把鉴赏定义为对于那样一种东西的评判能力,它使我们对一个给予的表
象的情感不借助于概念而能够普遍传达。

　　人类相互传达他们的思想的熟巧也要求想象力和知性的某种关系,以便

---

　　① 人们马上看出,启蒙虽然在论题上很容易,在假设上却是一件必须艰难而缓慢地实
行的事业:因为以自己的理性不是被动地、而是永远自己为自己立法,这对于那只想适合于自
己的根本目的而不要求知道那超出自己知性之上的东西的人来说,虽然是某种极为容易的
事;但由于努力去追求后者几乎是不可防止的,而这种事在其他那些用许多希望来许诺能满
足这种求知欲的人那里是永远也不缺少的,所以要在思维方式中(尤其在公众的思维方式中)
保持和确立这种单纯否定的东西(它构成真正的启蒙)是困难的。——康德
　　② 拉丁文:在突出意义上。——译者
　　③ 我们也许可以用审美的共通感来表示鉴赏力,用逻辑的共通感来表示普通人类知
性。——康德

把直观加入到概念中，又把概念加入到直观中，它们是汇合在一个知识中的；但这样一来这两种内心力量的协调就是合规律的，是处于那些确定的概念的强制下的。只有当想象力在其自由活动中唤起知性时，以及当知性没有概念地把想象力置于一个合规则的游戏中时，表象才不是作为思想，而是作为一个合目的性的内心状态的内在情感而传达出来。

所以鉴赏力就是对（不借助于概念而）与给予表象结合在一起的那些情感的可传达性作先天评判的能力。

如果人们可以假定，他的情感的单纯普遍可传达性本身对我们已经必须带有某种兴趣（但人们没有理由把这兴趣从一个单纯反思性的判断力的性状中推论出来），那么人们就会有可能明白，在鉴赏判断中的情感由于什么才会被仿佛作为一种义务一样向每个人要求着。

§41. 对美的经验性的兴趣

用来宣布某物为美的鉴赏判断必须不把任何兴趣作为规定根据，这在上面已作了充分的阐明。但从中却并不推论出，在这判断被作为纯粹审美判断给出之后，也不能有任何兴趣与它结合在一起。但这种结合却永远只能是间接的，就是说，鉴赏必须首先和某种别的东西结合着被表现出来，以便能够使关于一个对象的单纯反思的愉悦再和对这个对象（当一切兴趣都在它身上时）的实存的愉快联结起来。因为在（关于一般物的）认识判断中所说的：a posse ad esse non valet consequentia①，这句话在这里也适用于审美判断。这种别的东西可以是某种经验性的东西，也就是某种人类本性所固有的爱好，或是某种智性的东西，即意志的能通过理性来先天规定的属性；这两者都可以包含对一个客体的存有的愉悦，因而能够给对于那单独地不考虑到任何兴趣已经令人喜欢的东西的兴趣提供根据。

美的经验性的兴趣只在社会中；而如果我们承认社会的冲动对人来说是自然的，因而又承认对社会的适应性和偏好，也就是社交性，对于作为被在社会性方面规定了的生物的人的需要来说，是属于人道的特点，那么我们

---

① 拉丁文：从可能到存在推不出有效结果。——译者

就免不了把鉴赏也看作对我们甚至能够借以向每个别人传达自己的情感的
东西的评判能力,因而看作对每个人的自然爱好所要求的东西加以促进的
手段。

　　流落到一个荒岛上的人独自一人既不会装饰他的茅屋也不会装饰他自
己,或是搜寻花木,更不会种植它们,以便用来装点自己;而是只有在社会里他
才想起他不仅是一个人,而且还是按照自己的方式的一个文雅的人(文明化
的开端);因为我们把一个这样的人评判为一个文雅的人,他乐意并善于把自
己的愉快传达给别人,并且一个客体如果他不能和别人共同感受到对它的愉
悦的话,是不会使他满意的。每个人也都期待和要求着每个人对普遍传达加
以考虑,仿佛是来自一个由人类自己所颁定的原始规约一样;所以一开始当然
只是魅力,在社会中具有着重要性并结合着很大的兴趣,例如用来纹身的颜色
(如加勒比人的橙黄色颜料和易洛魁人的朱红色颜料),或是花卉、贝壳,颜色
美丽的羽毛,随着时间的进展,还有那些根本不带有什么快乐即享受的愉悦的
美丽形式(如在独木舟、衣服等等上):直到最后,那达到最高点的文明进程从
中几乎产生出了文雅化的爱好的主要作品,而各种感觉只有当它们能普遍传
达时才被看作有价值的;于是,在这里每个人在这种对象上所感到的愉快尽管
只是微不足道的和单独看来并没有显著的兴趣的,但关于这愉快的普遍可传
达的理念却几乎是无限地扩大着它的价值。

　　但这种间接通过对社会的爱好而与美关联着的、因而是经验性的兴趣,在
这里对我们没有什么重要意义,即那种我们必须只在有可能哪怕间接与先天
的鉴赏判断发生关系的东西上看出的意义。因为以后面这种形式即使会揭示
出与此相关的某种兴趣,鉴赏力也将会揭示我们的评判能力从感官享受向道
德情感的一个过渡;不仅仅是我们会由此而被更好地引导到合乎目的地从事
鉴赏,也会使人类的一切立法所必须仰赖的诸先天能力链条中的一个中介环
节被作为这样一种中介环节得到体现。同样,对于在鉴赏对象和鉴赏本身上
的经验性的兴趣我们也完全可以说,由于鉴赏沉溺于爱好,虽然还是如此文雅
化了的爱好,这种兴趣通常还是可以与一切在社会中达到其最大多样性和最
高等级的爱好和情欲融合起来,而对美的兴趣,当它建立在这之上时,就有可
能充当从快适到善的一个只是很模糊的过渡。但是否这一过渡就决不可能被
就其纯粹性来理解的鉴赏所促进,对此我们有理由来加以研究。

§ 42. 对美的智性的兴趣

150　　　　曾有过这种出于好意的看法,即对于那些情愿使自己由内在自然素质推动着去从事的一切人类事务都指向人类的最后目的、即道德的善的人们来说,一般地对美怀有兴趣就被看作是某种善良的道德品质的标志。但他们不无道理地受到了另外一些人的反驳,这些人根据的是这种经验,即鉴赏的行家里手们不仅往往表现出、而且甚至通常都表现出爱慕虚荣、自以为是和腐朽的情欲,也许比其他人更不可能被要求具有忠实于德性原理的优点;而这样看来似乎是,不仅对于美的情感(如它实际上的那样)与道德的情感有种类上的区别,而且就连可以与这种情感结合起来的那种兴趣,也很难做到、更不用说能通过内在的亲和性而做到与道德的兴趣相协调。

　　　　现在,我虽然愿意承认对艺术的美(我把将自然美人为地运用于装饰、因而运用于虚荣也算作艺术之列)的兴趣根本不能充当一种忠实于道德的善、甚至倾向于道德的善的思想境界的证据。但反过来我却主张,对自然的美怀有一种直接的兴趣(而不仅仅是具有评判自然美的鉴赏力)任何时候都是一个善良灵魂的特征;而如果这种兴趣是习惯性的,当它乐意与对自然的静观相结合时,它就至少表明了一种有利于道德情感的内心情调。但我们必须好好记住:我在这里本来的意思是指自然的美的形式,与此相反,我仍然排除了自然通常如此丰富地与这些形式结合着的魅力,因为对它们的兴趣虽然也是直接的,但毕竟是经验性的。

　　　　一个人孤独地(并且没有想要把他所注意到的传达给别人的企图)观赏着一朵野花、一只鸟、一只昆虫等等的美的形体,以便赞叹它、喜爱它,不愿意在自然界中完全失却它,哪怕这样就会对他有些损害,更不能从中看出对他有什么好处,那么他就对自然的美怀有一种直接的、虽然又是智性的兴趣。就是151　　说,他所喜欢的不仅是在形式上的自然产物,而且也是这产物的存有,而并没有感性魅力掺杂进来,或者说他也未把任何目的与之结合在一起。

　　　　但在这里值得注意的是:假如人们原来在偷偷地欺骗这位美的热爱者,把人造的花(人们可以把它做得完全和自然的花一模一样)插到了地里,或把人工雕刻的鸟放到了树枝头,而他后来又发现了这一欺骗,那他原先对此所怀有的直接的兴趣马上就消失了,但取代它的也许会是另外一种兴趣,即为了别人的眼睛而用这些东西来装饰自己的房间的虚荣的兴趣。自然所产生的是前一种美:这个观念必须伴随着直观和反思;只有在这一基础上才建立起了人们对此所怀有的直接的兴趣。否则要么就还是一个单纯的鉴赏判断而没有任何兴趣,要么就只剩下一种和某个间接的,也就是与社会相关联的兴趣结合着的鉴赏判断,后者对道德上善的思想境界并不提供任何可靠的指示。

自然美对艺术美的这种优点,(哪怕前者在形式上甚至还可能被后者所胜过)①,却仍然单独唤起一种直接的兴趣的优点,是与一切对自己的道德情感进行过培养的人那经过净化和彻底化的思想境界相一致的。如果一个人具有足够的鉴赏力来以最大的准确性和精密性对美的艺术产品作判断,而情愿离开一间在里面找得到那些维持着虚荣、至多维持着社交乐趣的美事的房间,而转向那大自然的美,以便在这里通过某种他自己永远不能完全阐明的思路而感到自己精神上的心醉神迷:那么我们将以高度的尊敬来看待他的这一选择本身,并预先认定他有一个美的灵魂,而这是任何艺术行家和艺术爱好者都不能因为他们对其对象所怀有的兴趣而有资格要求的。——那么,对单纯鉴赏判断中相互几乎不分高下的这两类客体的如此不同的估量,其区别又是什么呢? ┃152

我们拥有一种单纯审美的[感性的]判断力的能力,即对形式作无概念的判断、并在对形式的单纯评判上感到愉悦的能力,我们同时又使这种愉悦对每个人成为规则,而这种判断并不建立在兴趣之上,也不产生这样一种兴趣。——另一方面,我们也拥有一种智性的判断力的能力,即为实践准则的单纯形式(就其由自己具有为自己普遍立法的资格而言)规定某种先天的愉悦的能力,我们使这种愉悦对每个人成为法则,而我们的判断并不建立在任何一种兴趣之上,但却产生出一个这样的兴趣。在前一种判断中的愉快和不愉快叫作鉴赏的愉快和不愉快,在后一种判断中的则叫作道德情感的愉快和不愉快。

但是理念(理性在道德情感中对它们产生一种直接的兴趣)也具有客观实在性,即大自然至少会显示某种痕迹或提供某种暗示,说它在自身中包含有

---

① 括号内的话是编者为了意义清楚而加上的。——德文编者

某种根据,以假定它的产物与我们的不依赖于任何兴趣的愉悦(我们先天地知道这种愉悦对每个人都是法则,却不能把这建立在证明之上)有一种合规律性的协调一致,既然这一点也引起了理性的兴趣:所以理性必然会对大自然关于一个类似这样的协和一致的任何表现都怀有兴趣;因而内心若不是同时对此感到兴趣,就不能对大自然的美进行沉思。但这种兴趣按照亲缘关系说是道德性的;而那对自然的美怀有这种兴趣的人,只有当他事先已经很好地建立起了对道德的善的兴趣时,才能怀有这种兴趣。因此谁对自然的美直接感到兴趣,我们在他那里就有理由至少去猜测一种对善良道德意向的素质。

153   人们会说,根据与道德情感的亲缘关系对审美判断所作的这种阐明,为了要把这些判断看作大自然借以在其美的形式中形象地向我们倾诉的那些密码的真实的破译,看起来是过于学究气了。但是首先,对大自然的美的这种直接的兴趣在现实中并不常见,而只是那些人所特有的,他们的思想境界要么已经被教养成善的了,要么对这种教养有非常好的接受力;其次,在纯粹鉴赏判断和道德判断之间有一种类似性,即前者不依赖于任何一种兴趣而使人感到愉悦、同时先天地把这种愉悦表现为适合于一般人性的,后者出自概念做着这同一件事,这种类似性甚至无需清晰的、玄妙的和有意的沉思,就导致对前一种判断的对象如同对后一种判断的对象同等程度的直接兴趣;只不过前者是一种自由的兴趣,后者是一种建立在客观法则之上的兴趣。应归于此列的还有对大自然的叹赏,这大自然在其美的产物身上,不是通过偶然,而是仿佛有意地按照合目的性的安排和作为无目的的合目的性,而表现为艺术;它的目的既然我们在外面任何地方都找不到它,我们当然就在我们自身中寻求,确切地说,在构成我们存有的终极目的的东西中、亦即在道德使命中寻求(但如何追问这样一个自然合目的性的可能性根据,这将是在目的论中才讨论的问题)。

          也可以很容易地说明,在纯粹鉴赏判断中对美的艺术的愉悦并不是像对美的自然的愉悦那样和某种直接的兴趣结合着的。因为前者要么是对自然的模仿,直到骗人的程度,于是它装作(被认为是)自然美而起作用;要么它是一种故意地明显针对我们的愉悦的艺术;但这样一来对这一产物的愉悦虽然会直接通过鉴赏而发生,它将唤起的却不过是对那充当基础的原因的间接兴趣,也就是对艺术的兴趣,艺术只能通过其目的,而永远不能在它自己本身引起兴趣。我们也许可以说,当一个自然客体通过自己的美仅就其被掺入某种道德理念而言引起人们兴趣时,就是这种情况;但直接引起人们兴趣的不是这客体,而是这个美本身的这种性状,即它使自己有资格得到这种掺入。

　　美丽的自然界中种种魅力如此常见地和美的形式仿佛熔合在一起而被碰到,它们要么属于光的变相(在着色时),要么属于声音的变相(在发声时)。因为这是两种唯一的这类感觉,它们不仅允许感性情感,而且也允许对感觉的这些变相的形式所进行的反思,因而仿佛含有大自然带给我们且似乎具有某种更高意义的语言。所以百合花的白颜色似乎使内心情调趋于纯洁的理念,而从红色到紫色的七种颜色按照其次序则使内心情调趋于 1)崇高、2)勇敢、3)坦诚、4)友爱、5)谦逊、6)坚强和 7)温柔这样一些理念。鸟儿的歌唱宣告了欢乐和对自己生存的满足。至少我们是这样阐释自然界的,不论它的意图是不是如此。但我们在此对美所怀有的这种兴趣绝对需要的是,它是自然的美,而一当我们发现有人在欺骗我们,它只是艺术而已,则这种兴趣就完全消失了;这样一来,甚至就连鉴赏也不再能在这上面感到任何美,或视觉也不再能在这上面发现任何魅力了。有什么比在宁静夏夜柔和的月光下,在寂寞的灌木丛中夜莺那迷人而美妙的鸣啭,得到诗人更高赞赏的呢?然而我们有这样的实例,即人们并没有在那里发现任何唱歌的夜莺,而是某位诙谐的店主为了使那些投宿到他这里来享受乡下新鲜空气的客人们得到最大的满足,而以这种方式欺骗他们,他把一个恶作剧的男孩藏进灌木丛,这男孩懂得如何最近似于自然地模仿这种鸟鸣(用芦苇或嘴里的哨管)。一旦人们发现这是个骗局,就没有人会继续忍着去听这种先前被认为是如此有魅力的歌声了;其他任何鸣禽的情况也是如此。那必须是自然,或被我们认为是自然,以便我们能对美本身怀有一种直接的兴趣;进一步说,如果我们甚至可以指望别人也应在这上面怀有兴趣的话:①这就是实际上发生的事了,因为那些对自然美没有任何情感(因为我们就是这样称呼在观赏自然时对兴趣的感受性的),并在餐饮之间执著于单纯感官感觉的享受的人,我们就把他们的思想境界看作粗俗的和鄙陋的。

154

155

---

　　①　据 Karl Vorländer 版,此处原为分号";",现依据柏林科学院版作冒号。——译者

§43.一般的艺术

1.艺术与自然不同,正如动作(facere①)与行动或一般活动(agere②)不同,以及前者作为工作(opus③)其产品或成果与后者作为作用(effectus④)不同一样。

我们出于正当的理由只应当把通过自由而生产、也就是把通过以理性为其行动的基础的某种任意性而进行的生产,称之为艺术。因为尽管我们喜欢把蜜蜂的产品(合规则地建造起来的蜂巢)称为一个艺术品,但毕竟只是由于和后者类比才这样做;因为只要我们细想一下,蜜蜂决不是把自己的劳动建立在自己的理性思虑的基础上,则我们马上就会说,这是它们的本性(本能)的产物,而一个产品⑤作为艺术只应被归之于艺术的创造者。

如果我们在搜索一块沼泽地时,如有时发生的那样,找到一块被砍削过的木头,这时我们就不会说它是自然的产物,而会说它是艺术的产品;产生这产品的原因料想到了一个目的,产品的形式是应归功于这个目的的。平时我们也在一切具有这种性状的事物上看到某种艺术,即这事物在其原因中的一个表象必须先行于它的现实(正如哪怕在蜜蜂那里),而这表象的结果却无须正好是被思考的;但如果我们把某物绝对地称之为一个艺术品,以便把它与自然的结果区别开来,那么我们就总是把它理解为一件人的作品。

2.艺术作为人的熟巧也与科学不同(能与知不同),它作为实践能力与理论能力不同,作为技术则与理论不同(正如测量术与几何学不同一样)。于是就连那种只要我们知道应当作什么、因而只要所欲求的结果充分被知悉,我们就能够做到的事,我们也不大称之为艺术。只有那种我们即使最完备地知道但却还不因此就立刻拥有去做的熟巧的事,才在这种意义上属于艺术。坎

---

① 拉丁文:执行。——译者
② 拉丁文:起作用。——译者
③ 拉丁文:工作。——译者
④ 拉丁文:效果。——译者
⑤ "产物"和"产品"及下文的"作品"均为 Produkt 一词,译者将根据不同情况采用不同译法。——译者

培尔①很精确地描述出最好的鞋必须具有什么性状,但他肯定做不出什么鞋来。②

3.艺术甚至也和手艺不同;前者叫作自由的艺术,后者也可以叫作雇佣的艺术。我们把前者看作好像它只能作为游戏、即一种本身就使人快适的事情而得出合乎目的的结果(做成功);而后者却是这样,即它能够作为劳动、即一种本身并不快适(很辛苦)而只是通过它的结果(如报酬)吸引人的事情、因而强制性地加之于人。在行业的等级表上钟表匠是否应看作艺术家,而反之铁匠则应当看作手艺人,这是需要一种与我们在此所抱的观点不同的评判观点的;这就是必须为干这一行或那一行的人提供根据的那些才能的比例。即使在所谓的七种自由的艺术中是否本来也可以列举出有些是要算作科学的,也有的是可以和手艺相比的,对此我在这里不想讨论。但在一切自由的艺术中却都要求有某种强制性的东西,或如人们所说,要求有某种机械作用,没有它,在艺术中必须是自由的并且唯一地给作品以生命的那个精神就会根本不具形体并完全枯萎,这是不能不提醒人们注意的(例如在诗艺中语言的正确和语汇的丰富,以及韵律学和节奏),因为有些新派教育家相信如果让艺术摆脱它的一切强制而从劳动转化为单纯的游戏,就会最好地促进自由的艺术。

157

§44.美的艺术

没有对于美的科学,而只有对于美的批判,也没有美的科学,而只有美的艺术。因为谈到对美的科学,那就应当在其中科学地、也就是通过证明根据来决定某物是否必须被看作美的;因而关于美的这个判断如果是属于科学的,它就决不会是鉴赏判断。至于第二种情况,那么一种本身应当是美的科学是荒

---

① Camper, Petrus (1722—1789),荷兰比较解剖学家,对生物学、地质学均有贡献。——译者

② 在我们这一带普通人都说,如果向他提出这样一个任务,如哥伦布和他的蛋那样(按:据说哥伦布曾让他的水手们把鸡蛋在桌子上立起来,待他们都失败后他敲破鸡蛋一头而做到了这一点,人们于是说这谁不会。——译者),这就根本不是艺术,它只是一种科学。就是说,如果我们知道了,那么我们就能做到;对于魔术师的所有伪称的艺术他们也是这样说。然而对于走钢丝者的艺术他们却决不会拒绝称它为艺术。——康德

谬的。因为如果我们把它作为科学来探询其中的根据和证明的话,人们就会用一些漂亮的格言(警句)来打发我们。——那诱发出美的科学这一常见的说法的毫无疑问不是别的,只是因为我们完全正确地发现,对于在其全部完满性中的美的艺术而言,要求有许多科学,例如古代语言知识,对那些被视为经典的作家的博学多闻,历史学,古典知识等等,因此这些历史性的科学由于它们为美的艺术构成了必要的准备和基础,部分也由于在它们中甚至也包括美的艺术作品的知识(演讲术和诗艺),这就通过某种词语的混淆而本身被称为美的科学了。

158　　如果艺术在与某个可能对象的知识相适合时单纯是为着使这对象实现而做出所要求的行动来,那它就是机械的艺术;但如果它以愉快的情感作为直接的意图,那么它就叫作审美的[感性的]艺术。审美的[感性的]艺术要么是快适的艺术,要么是美的艺术。它是前者,如果艺术的目的是使愉快去伴随作为单纯感觉的那些表象,它是后者,如果艺术的目的是使愉快去伴随作为认识方式的那些表象。

快适的艺术是单纯以享受为目的的艺术;所有这一类艺术都是魅力,它们能够给一次宴会的社交带来快乐:如有趣的谈话把聚会置于坦诚生动的交谈中,用诙谐和笑声使之具有某种欢乐的气氛,在这里,如人们所说的,有的人可以在大吃大喝时废话连篇,而没有人会为自己说过的东西负责,因为这只是着眼于眼前的消遣,而不是着眼于供思索和后来议论的长久的材料。(应归于这里面的还有如何为餐桌配以美味,乃至于在盛大宴席中的宴会音乐:这是一种可怪之物,它只应当作为一种快适的响声而使内心情绪达到快乐的消遣,有利于邻座相互之间自由的交谈,而没有人把丝毫注意力转向这音乐的乐曲。)此外还应归于这里的是所有那些并不带有别的兴趣,而只是使时间不知不觉地过去的游戏。

相反,美的艺术是这样一种表象方式,它本身是合目的性的,并且虽然没有目的,但却促进着对内心能力在社交性的传达方面的培养。

一种愉快的普遍可传达性就其题中应有之义而言,已经带有这个意思,即这愉快不是出于感觉的享受的愉快,而必须是出于反思的享受的愉快;所以审美的艺术作为美的艺术,就是这样一种把反思判断力、而不是把感官感觉作为准绳的艺术。

§ 45. 美的艺术是一种当它同时显得像是自然时的艺术

在一个美的艺术作品上我们必须意识到,它是艺术而不是自然;但在它的形式中的合目的性却必须看起来像是摆脱了有意规则的一切强制,以至于它好像只是自然的一个产物。在我们诸认识能力的、毕竟同时又必须是合目的性的游戏中的这种自由情感的基础上,就产生那种愉快,它是唯一可以普遍传达却并不建立在概念之上的。自然是美的,如果它看上去同时像是艺术;而艺术只有当我们意识到它是艺术而在我们看来它却又像是自然时,才能被称为美的。

因为不论是谈到自然美还是艺术美,我们都可以一般地说:美就是那在单纯评判中(而不是在感官感觉中,也不是通过某个概念)而令人喜欢的东西。而艺术任何时候都有一个要产生出某物来的确定意图。但如果这某物仅仅是应当伴有愉快的感觉(某种主观之物),那么这个产品在评判中就会只是借助于感官感觉而令人喜欢的了。如果这意图是针对着产生一个确定的客体的,那么当这意图通过艺术而实现出来时,这客体就会只是通过概念而令人喜欢的了。但在两种情况下这艺术都不会是在单纯的评判中、也就是不是作为美的艺术、而是作为机械的艺术而令人喜欢的。

所以美的艺术作品里的合目的性,尽管它是有意的,但却不显得是有意的;就是说,美的艺术必须看起来像是自然,虽然人们意识到它是艺术。但一个艺术品显得像是自然却是由于,尽管这产品唯有按照规则才能成为它应当所是的那个东西,而在与这规则的符合中看得出是一丝不苟的;但却并不刻板,看不出训练有素的样子,也就是不露出有这规则悬于艺术家眼前并将束缚套在他的内心能力之上的痕迹来。

§ 46. 美的艺术是天才的艺术

天才就是给艺术提供规则的才能(禀赋)。由于这种才能作为艺术家天生的创造性能力本身是属于自然的,所以我们也可以这样来表达:天才就是天生的内心素质(ingenium①),通过它自然给艺术提供规则。

　　不论这个定义处于怎样一种情况,也不论它只是任意作出的,还是适合着我们通常和天才这个词连结在一起的那个概念而作出的(这一点将在下一节中来讨论):我们毕竟已经能够预先证明的是,按照我们在这里对这个词所假定的含义,美的艺术不能不必然地被看作天才的艺术。

　　因为每一种艺术都预设了一些规则,凭借这些规则作基础,一个要想叫作艺术品的作品才首次被表象为可能的。但美的艺术的概念却不允许关于其作品的美的判断从任何这样一个规则中推导出来,这种规则把某个概念当作规定根据、因而把有关这作品如何可能的方式的概念当作基础。所以美的艺术不能为自己想出它应当据以完成其作品的规则来。既然没有先行的规则一个作品就仍然绝对不能被叫作艺术,那么自然就必须在主体中(并通过主体各种能力的配合)给艺术提供规则,就是说,美的艺术只有作为天才的作品才是可能的。

　　我们由此看出,天才1.是一种产生出不能为之提供任何确定规则的那种东西的才能:而不是对于那可以按照某种规则来学习的东西的熟巧的素质;于是,独创性就必须是它的第一特性。2.由于也可能会有独创的胡闹,所以天才的作品同时又必须是典范,即必须是有示范作用的;因而它们本身不是通过模仿而产生的,但却必须被别人用来模仿,即用作评判的准绳或规则。3.天才自己不能描述或科学地指明它是如何创作出自己的作品来的,相反,它是作为自然提供这规则的;因此作品的创造者把这作品归功于他的天才,他自己并不知道这些理念是如何为此而在他这里汇集起来的,甚至就连随心所欲或按照计划想出这些理念、并在使别人也能产生出一模一样的作品的这样一些规范中把这些理念传达给别人,这也不是他所能控制的(因此天才这个词也很有可能是派生于genius②,即特有的、与生俱来的保护和引领一个人的那种精神,那些独创性的理念就起源于它的灵感。)4.自然通过天才不是为科学、而是为艺术颁布规则;而且这也只是就这种艺术应当是美的艺术而言的。

161

---

　　①　拉丁文:天赋。——译者
　　②　拉丁文:守护神。——译者

§47.对上述有关天才的说明的阐释和证明

每个人在这点上是一致的,即天才是与模仿的精神完全对立的。既然学习无非是模仿,那么学习能力(接受力)作为学习能力,这种最大的能耐毕竟不能被看作天才。但即使人们也自己思考或创作,而不仅是领会别人所思考过的东西,甚至在艺术和科学上也有所发明,但这对于把这样一个(常常是伟大的)头脑(与那种从来不能超出单纯的学习和模仿因而叫作蠢才的人的头脑相反)称之为天才,毕竟也还不是十足的根据;因为恰好这一点本来也是能够学得到的,因而终归是摆在按照规则进行研究和思索的那条自然道路上的,而与通过勤奋并借助于模仿而能获得的东西没有种类上的区别。所以我们完全可以很好地学会牛顿在其不朽的著作《自然哲学的原理》①中所讲述的一切,虽然将它们发明出来也需要一个伟大的头脑;但为诗艺提供的一切规范不论多么详细,它的典范不论多么优秀,我们也不能学会灵气十足地进行创作。原因就在于,牛顿可以把他从几何学的第一原理直到他的那些伟大而深刻的发明所采取的一切步骤,都不仅仅向他自己、而且向每个另外的人完全直观地并对追随者来说是确定地示范出来;但是,荷马也好,维兰德②也好,都根本不能表明他们头脑中那些充满幻想但同时又思想丰富的理念是如何产生出来并汇合到一起的,因为他自己并不知道这一点,因而也不能把它教给任何别人。所以在科学中最伟大的发明者与最辛劳的模仿者及学徒都只有程度上的区别,相反,他与在美的艺术方面有自然天赋的人却有种类上的区别。这里没有任何与那些在美的艺术方面赋有自己的才能的自然的宠儿相对比来贬低那些伟大的、人类种族要万分感谢他们的伟大人物的意思。他们与那些值得号称天才这一荣耀的人相比一个很大的优点恰好在于,前者的才能适合于把知识和依赖于知识的一切利益向前推进到越来越大的完善性,同时又在这些知识领域内教导别人;而对后者来说艺术在某个地方就止步了,因为对艺术而言一

※页边标注：162

----

① 指牛顿 1687 年发表的《自然哲学的数学原理》。——译者
② Wieland,Christoph Martin (1733—1813),德国诗人和文学家,爱尔福特大学哲学教授,其作品对当时启蒙运动有很大影响。——译者

163　个边界建立了,它不能够再超出这个边界,哪怕这边界或许很久以来就被达到了并不再扩展了;此外这样一种熟巧也不能够传达,而是要由自然亲手来直接授予每个人,因而也随着他一起死去,直到大自然再次赋予另一个人同样的熟巧,这个人所需要的只不过是一个榜样,以便让他在自己身上意识到的才能以类似的方式起作用。

　　既然自然禀赋必须为艺术(作为美的艺术)提供规则,那么这种规则又具有怎样的方式呢? 不能把它以任何公式写出来用作规范;因为否则关于美的判断就是能够按照概念来规定的了;相反,这种规则必须从事实中、即从作品中抽出来,在这作品上别人可以检验他们自己的才能,不是为了能把它用作仿造的典范,而是为了能用作模仿的典范。① 这是如何可能的,这一点是难以解释的。艺术家的理念激起他的学习者的类似的理念,如果大自然给这个学习者配备有诸内心能力的类似的比例的话。因此美的艺术的典范是把这艺术带给后来者的唯一的引导手段;这一点是不能通过单纯的说明来做到的(尤其不能在语言艺术的领域中做到);甚至在语言艺术中,也只有那些古代的已死的、现在只是作为学术上的而保留下来的语言,才能成为经典性的。

　　虽然机械的、作为单纯勤奋的和学习的艺术,还是美的、作为天才的艺术,这相互之间是很有区别的,但却并没有任何这样的美的艺术,在其中不是有某种能够按照规则来把握和遵从的机械性的东西、因而有某种合乎规矩的东西来构成艺术的本质条件的。因为在这里某物必须被设想为目的,否则我们就

164　根本不能把艺术的产品归之于任何艺术的名下;它将只会是一个偶然的产品。但为了把一个目的安排进作品之中,就要求有一定的、不允许人们从中摆脱出来的规则。既然才能的独创性构成天才品质的一个本质的(但不是唯一的)成分,于是一些浅薄的头脑就相信,除了他们从一切规则的学习的强制中解脱出来以外,他们就不能以更好的方式表明他们就是脱颖而出的天才了,并且相信他们骑在一匹狂暴的马上比骑一匹经过调教的马要更加威风。天才只能为美的艺术的作品提供丰富的材料;对这材料的加工以及形式则要求一种经过

---

　　①　在康德的手稿中此句为:"不是为了能把它用作模仿的典范,而是为了能用作模仿的典范。"后一个"模仿"(Nachahmung)应为"追随"(Nachfolge)之误。参看下面第173页[指本书边码]中间一段。——德文编者

学习训练而成的才能,以便在这方面作一种在判断力面前能够经得起考验的运用。但如果有人在哪怕最认真细致的理性研究的事业中也像一个天才一样地发言和作决定,这就尤其可笑了;我们真不知道,我们更应当嘲笑的是那个骗子,他在周围散布开如此多的迷雾,以至于我们不能清楚地评判任何东西,但却更可以纵横想象,还是更应当嘲笑公众,他们诚心诚意地自以为他们之所以没有能力清晰地认识和理解这种洞见的绝技,是因为新的真理成整块地被扔在他们面前,相反地,(通过准确地解释和对这些原理的合乎规矩的检验的)细节却对他们显得只是次品而已。

§48.天才对鉴赏的关系

为了把美的对象评判为美的对象,要求有鉴赏力,但为了美的艺术本身,即为了产生出这样一些对象来,则要求有天才。

如果我们把天才看作在美的艺术上的才能(它给天才这个词带来了特有的含义),并想把它在这种意图上分析为必须汇集起来构成这样一种才能的各种能力,那么我们就有必要预先对自然美和艺术美之间的区别作出精确的规定,对前者的评判只要求有鉴赏力,后者的可能性(这是在评判这类对象时也必须考虑到的)则要求有天才。

一种自然美是一个美的事物;艺术美则是对一个事物的美的表现。

为了把一个自然美评判为自然美,我不需要预先对这对象应当是怎样一个事物拥有一个概念;亦即我并没有必要去认识质料的合目的性(即目的),相反,单是没有目的的知识的那个形式在评判中自身单独就使人喜欢了。但如果对象作为一个艺术品被给予了,并且本身应当被解释为美的,那么由于艺术在原因里(以及在它的原因性里)总是以某种目的为前提的,所以首先必须有一个关于事物应当是什么的概念作基础;而由于一个事物中的多样性与该事物的内在规定的协调一致作为目的就是该事物的完善性,所以在对艺术美的评判中同时也必须把事物的完善性考虑在内,而这是对自然美(作为它本身)的评判所完全不予问津的。——虽然在这种评判中,尤其是在对有生命的自然对象如这个人或一匹马的评判中,通常也一起考虑到了客观的合目的性,以便对它们的美加以判断;但这样一来,就连这判断也不再是纯粹审美的、即单

165

纯的鉴赏判断了。自然不再是如同它显得是艺术那样被评判,而是就它现实地是艺术(虽然是超人类的艺术)而言被评判了;而目的论的判断就充当了审美判断所不得不加以考虑的自身的基础和条件。在这种场合下,例如即使有人说:"这是一个美女",我们所想到的实际上也无非是:大自然在她的形象中美丽地表现了女人身体结构中的那些目的;因为我们还必须越过这单纯的形式而望见一个概念,以便对象借这种方式通过一个逻辑上被决定了的感性[审美]判断得到设想。

166　美的艺术的优点恰好表现在,它美丽地描写那些在自然界将会是丑的或讨厌的事物。复仇女神,疾病,兵燹等等作为祸害都能够描述得很美,甚至被表现在油画中;只有一种丑不能依自然那样被表现出来而不摧毁一切审美愉悦、因而摧毁艺术美的:这就是那些令人恶心的东西。因为在这种建立在纯粹想象之上的特殊的感觉中,对象仿佛被表现为好像在强迫人去品尝它,而我们却又在用强力努力抗拒着它,于是这对象的艺术表象与这对象本身的自然在我们的感觉中就不再有区别,这样,那个表象就不可能被认为是美的了。同样,雕刻艺术由于在其作品上艺术和自然几乎被混同了,所以就从自己的形象中排除了对那些丑的对象的直接表现,为此也就容许通过某种看起来令人喜欢的隐喻或象征、因而只是间接地借助于理性的注脚,而不是为了单纯的审美判断力,来表现例如死亡(以一个美丽的精灵)和战争的勇气(在玛尔斯①身上)。

关于对一个对象的美丽的表现就说这么多,它真正说来只是那使一个概念得以普遍传达的、体现该概念的形式。——但把这形式赋予美的艺术的作品,所要求的却仅仅是鉴赏力,在艺术家通过艺术或自然的好些榜样而对这种鉴赏力加以练习和校正之后,他就依凭这鉴赏力来把握他的作品,并且在作了许多满足这种鉴赏力的往往是辛苦的尝试之后,才发现了那使他满意的形式:所以这形式并不是仿佛某种灵感或内心能力自由激发的事,而是某种缓慢的甚至苦刑般的切磋琢磨,以便让形式适合于观念却又并不损害这些能力的游戏中的自由。

但鉴赏力只是一种评判的能力,而不是一种生产的能力,而凡是与它相符合的东西,并不因此就是一个美的艺术的作品;它也可能是一个按照一定的规

① Mars 为希腊神话的战神。——译者

则而属于有用的或机械的艺术乃至于属于科学的产品,这些规则是能够被学
习和必须被严格遵守的。但我们赋予产品的那种令人喜欢的形式却只是传达
的载体和仿佛是吟咏的风格,在这方面我们还在一定程度上保持着自由,尽管
我们在其他方面却是束缚在确定的目的上的。所以我们要求餐具或者一篇道
德论文甚至一次布道本身必须具有美的艺术这种形式,却又不显得是矫揉造
作的;但我们不会因此就把它们称之为美的艺术品。被归入美的艺术品的只
是一首诗,一首乐曲,一条画廊诸如此类;在这里我们常常会在一个应当是美
的艺术的作品上发觉没有鉴赏的天才,在另一个作品上则发觉没有天才的鉴
赏力。

§49.构成天才的各种内心能力

有某些人们期待其至少部分地应当表现为美的艺术的作品,人们说:它们
没有精神;尽管就鉴赏力而言我们在它们身上并没有找到任何可指责的地方。
一首诗可能是相当可人和漂亮的,但它是没有精神的。一个故事是详细的和
有条理的,但没有精神。一篇祝辞是周密的同时又是精巧的,但是没有精神。
有些交谈并不是缺乏风趣,但却没有精神;甚至对于一个少女我们也说,她是
俏丽的,口齿伶俐的和乖巧的,但是没有精神。我们在这里所理解的精神究竟
是什么呢?

精神,在审美的意义上,就是指内心的鼓舞生动的原则。但这原则由以鼓
动心灵的东西,即它用于这方面的那个材料,就是把内心诸力量合目的地置于
焕发状态,亦即置于这样一种自动维持自己、甚至为此而加强着这些力量的游
戏之中的东西。

于是我认为,这个原则不是别的,正是把那些审美理念[感性理念]表现
出来的能力;但我把审美[感性]理念理解为想象力的那样一种表象,它引起
很多的思考,却没有任何一个确定的观念、也就是概念能够适合于它,因而没
有任何言说能够完全达到它并使它完全得到理解。很容易看出,它将会是理
性理念的对立面(对应物),理性理念与之相反,是一个不能有任何直观(想象
力的表象)与之相适合的概念。

就是说,想象力(作为生产性的认识能力)在从现实自然提供给它的材料

中仿佛创造出另一个自然这方面是极为强大的。当经验对我们显得太平常的时候，我们就和大自然交谈；但我们也可以改造自然：虽然仍然总还是按照类比的法则，但毕竟也按照在理性中比这更高层次的原则（这些原则对我们来说，正如知性按照着来把握经验性的自然界的那些原则一样，也是自然的）；这时我们就感到了我们摆脱联想律的自由（这联想律是与那种能力的经验性的运用相联系的），以至于材料虽然是按照联想律由自然界借给我们的，但这材料却能被我们加工成某种另外的东西，即某种胜过自然界的东西。

我们可以把想象力的这样一类表象称之为理念：这部分是由于它们至少在努力追求某种超出经验界限之外而存在的东西，因而试图接近于对理性概念（智性的理念）的某种体现，这就给它们带来了某种客观实在性的外表；部分也是、并且更重要的是由于没有任何概念能够与这些作为内在直观的表象完全相适合。诗人敢于把不可见的存在物的理性理念，如天福之国，地狱之国，永生，创世等等感性化；或者也把虽然在经验中找得到实例的东西如死亡、忌妒和一切罪恶，以及爱、荣誉等等，超出经验的限制之外，借助于在达到最大程度方面努力仿效着理性的预演的某种想象力，而在某种完整性中使之成为可感的，这些在自然界中是找不到任何实例的；而这真正说来就是审美理念的能力能够以其全部程度表现于其中的那种诗艺。但这种能力就其本身单独来看本来就只是一种才能（想象力的才能）。

现在，如果使想象力的一个表象配备给一个概念，它是这概念的体现所需要的，但单独就其本身却引起如此多的、在一个确定的概念中永远也不能统摄得了的思考，因而把概念本身以无限制的方式作了感性的［审美的］扩展，那么，想象力在此就是创造性的，并使智性理念的能力（即理性）活动起来，也就是在引起一个表象时思考到比在其中能够领会和说明的更多的东西（尽管这东西是属于对象概念的）。

有些形式并不构成一个给予概念本身的体现，而只是作为想象力的附带的表象表达着与此概念相联结的后果及这概念与另一些表象的亲缘关系，我们把这些形式称之为一个对象的（审美的）象征①，这个对象的概念作为理性

----

① Attribute，字面意义为"摹状词"、"定语"。以下与"感性"、"审美"连用译"象征"，与"逻辑"连用译"定语"。——译者

理念是不可能有合适的体现的。所以朱庇特的神鹰和它爪中的闪电就是这位威灵显赫的天帝的象征,孔雀则是那位仪态万方的天后的象征。它们并不像那些逻辑的定语那样,表现出在我们有关造物的崇高和壮伟的概念中所包含的东西,而是表现某种别的东西,这些东西给想象力提供把自己扩展到那些有亲缘关系的表象的总量之上的诱因,这些表象让人思考比我们在一个通过语词来规定的概念中所能表达的更多的东西;它们还提供某种审美理念[感性理念],它取代逻辑的体现而服务于那个理性理念,但真正说来是为了使内心鼓舞生动,因为它向内心展示了那些有亲缘关系的表象的一个看不到边的领域的远景。但美的艺术不仅是在绘画或雕刻艺术中这样做(在这里人们习惯于运用象征之名),而且诗艺和演讲术也只是从对象的审美[感性]象征中获取那鼓动自己作品的精神,这些审美[感性]象征与逻辑的定语站在一边并给予想象力一个激发,使它哪怕以未展开的方式却思考比在一个概念中、因而在一个确定的语言表达中所能够统摄的更多的东西。——我为了简短而不得不局限于只举少数几个例子。

当伟大的君王①在他的一首诗中这样写道:"让我们无怨无悔地从生命中消失,因为我们身后留下了善功累累的人世,太阳结束了一天的行程,还把一片和煦的光辉撒满天穹,它伴着微风送来这最后的光照,这是它为人世幸福的临终祝祷",这时他在自己生命的终点还通过一个象征鼓动起他关于世界公民意向的理性理念,这个象征是想象力(通过一个清朗的傍晚在我们内心唤起的对所度过的美丽夏日的种种快意的回忆)加入到那个表象里去的,它使一大群自身找不到表达的感觉和附带表象活跃起来。另一方面,甚至一个智性概念也可以反过来充当一个感官表象的象征,因而可以通过超感官东西的理念鼓动这个感官表象;但这只是因为那在主观上依赖于对超感官东西的意识的审美[感性]象征被运用于此。所以例如某一位诗人在描写一个美丽的早晨时说:"太阳涌动而出,如同宁谧从美德中涌现"②。美德的意识,即使我们只是在观念中置身于某个有德行的人的位置,也会在内心充斥一系列崇高

170

171

① 指普鲁士国王腓特烈·威廉二世(1786—1797年在位),所引诗句原为法文,康德将它转译为德文。——译者

② 据学者们考证,康德在此所引诗文为杜依斯堡大学道德、修辞学和医学教授维多夫(J.Ph.L.Withof,1725—1789)的《学院诗集》中的句子。——译者

肃穆的情感和一种对鼓舞人心的未来的无边展望,它们是没有任何与一个确定概念相适合的表达完全达到了的。①

总之,审美[感性]理念是想象力的一个加入到给予概念之中的表象,这表象在想象力的自由运用中与各个部分表象的这样一种多样性结合在一起,以至于对它来说找不到任何一种标志着一个确定概念的表达,所以它让人对一个概念联想到许多不可言说的东西,对这些东西的情感鼓动着认识能力,并使单纯作为字面的语言包含有精神。

所以那些(以某种比例)结合起来构成天才的内心力量,就是想象力和知性。只不过,由于想象力在运用于知识上时是处于知性的强制下并受到要适合知性概念这一限制,反之在审美的意图中它却是自由的,以便越出与概念的那种一致但却自然而然地为知性提供出丰富多彩而未经阐明的、知性在其概念中未曾顾及到的材料,但知性与其说是客观地把这材料应用于认识,不如说是主观地用来鼓动认识能力,因而毕竟间接地也应用于知识,因此,天才真正说来只在于没有任何科学能够教会也没有任何勤奋能够学到的那种幸运的比例,即为一个给予的概念找到各种理念,另一方面又对这些理念加以表达,通过这种表达,那由此引起的内心主观情绪,作为一个概念的伴随物,就可以传达给别人。后面这种才能真正说来就是人们称之为精神的才能;因为把在内心状态中不可言说的东西通过某个表象表达出来并使之普遍可传达,这种表达方式就既可以是语言的也可以是绘画的或雕塑的:这都要求有一种把想象力的转瞬即逝的游戏把握住并结合进一个概念中(这概念正因此而是独创的,同时又展示出一条不能从任何先行的原则和榜样中推出来的规则)的能力,这概念就能够没有规则的强制而被传达。

*　　　　　*　　　　　*

① 也许从来没有比在伊西斯(自然之母)神殿上的那条题词说出过更为崇高的东西,或更崇高地表达过一个观念的了:"我是一切现有的,曾有过的和将要有的,我的面纱没有任何有死者揭开过。"(按:伊西斯为古代埃及最重要的女神,操万物之生死。——译者)谢格奈[按:Segner,Johan Andreas von,(1704—1777),匈牙利物理学家、数学家。——译者]在置于他的《论自然》一书之前的意味深长的扉页上利用了这个理念,以便使他准备领进这个神殿中来的那些学生们事先充满神圣的敬畏,这种敬畏会使内心产生出凝神专注的庄严感。——康德

如果我们根据这些分析回顾一下上面对什么是我们所谓的天才所作出的解释,那么我们就发现:第一,这是一种艺术才能,而不是科学的才能,在后者中必须有明确知道的规则先行,它们必须规定科学中的处理方式;第二,它作为一种艺术才能,是以对作为目的的作品的一个确定的概念为前提的,因而是以知性为前提的,但也以作为这概念的体现的某种关于材料、即关于直观的(即使是不确定的)表象为前提,因而以想象力对知性的关系为前提;第三,它与其说是在实行预先设定的目的时通过体现一个确定的概念而显示出来的,毋宁说是通过展示或表达那些为此意图而包含有丰富材料的审美理念才显示出来的,从而使想象力在自由摆脱一切规则的引导时却又作为在体现给予的概念上是合目的的而表现出来;最后,第四,在想象力与知性的合规律性的自由的协和一致中,那不做作的、非有意的主观合目的性是以这两种能力的这样一种比例和搭配为前提的,这种比例和搭配不是对任何规则、不论是科学规则还是机械模仿的规则的遵守所能导致的,而只是主体的本性所能产生的。

　　173

按照这样一些前提,天才就是:一个主体在自由运用其诸认识能力方面的禀赋的典范式的独创性。以这种方式,一个天才的作品(按照在其中应归于天才而不应归于可能的学习或训练的东西来看)就不是一个模仿的榜样(因为那样一来它身上作为天才的东西和构成作品精神的东西就会失去了),而是为另一个天才所追随的榜样,这另一个天才之所以被唤起对他自己的独创性的情感,是因为他在艺术中如此实行了摆脱规则束缚的自由,以至于这种艺术本身由此而获得了一种使才能由以作为典范式的而显示出来的新的规则。但由于天才是大自然的宠儿,这样一类东西我们只能看作罕见的现象,所以它的榜样就为别的优秀头脑造成了一种训练,也就是造成一种按照规则的方法上的传授,只要我们能够把这些规则从那些精神产品及其特有属性中抽出来;而对这些优秀头脑来说,美的艺术就自然界通过天才为它提供规则而言,就是模仿。

但如果学生仿造一切,直到在天才那里仅仅由于不削弱理念也许就不能消除的、因而不得不容忍的畸形的东西也仿造下来,那么这种模仿就成了因袭。这种容忍的勇气只有在一个天才那里才是有价值的;而在表达时的某种大胆,尤其是有些对通常规则的偏离,对于他都可能是适当的,但却决不是值得模仿的,而是就本身来说总还是一个缺点,是我们必须试图消除的,但天才

却仿佛在这方面有特权似的,因为他的精神焕发状态的不可模仿的东西由于
174　　谨小慎微而会受到损害。风格化是另一种因袭,也就是对仅仅一般的独特性
(独创性)的因袭,的确是为了尽可能远地离开那些模仿者,但却不具有与此
同时成为典范式的那种才能。——虽然一般地说来,编排他所宣示的观念有
两种不同的方式(modus①),其中一种叫作风格(modus aestheticus②),另一种
叫作方法(modus logicus③),它们相互之间的区别在于:前者除了在表现中的
统一性的情感之外,没有任何别的准绳,但后者在此却是遵守确定的原则的;
因而被看作美的艺术的只有前者。不过,一个艺术品只有当它里面的理念的
宣示是着眼于怪异性、而不是被做得与理念相适合时,它才叫作风格化的。招
摇卖弄(矫揉造作)、装模作样和装腔作势,仅仅是为了把自己与庸常区别开
来(但却没有精神),这是与那种人的举止相类似的,对这种人我们说,他听见
自己在说话,或者他站着、走动着,仿佛他是在舞台上,为的是被人注目,这任
何时候都会暴露出是一个低能儿。

§50.在美的艺术的作品里鉴赏力和天才的结合

如果问题在于,在美的艺术的事情上什么更重要,是在这上面显示天才,
还是显示鉴赏力,那么这就相当于问,在这里想象是否比判断力更为重要。但
既然一种艺术就前一方面而言毋宁说只配称之为灵气十足的艺术,只有就后
一方面而言才配称之为美的艺术,那么后者至少作为绕不开的条件(conditio
sine qua non④),是人们在把艺术评判为美的艺术时必须注意的最重要的东
175　　西。为了美起见,有丰富的和独创的理念并不是太必要,更为必需的却是那种
想象力在其自由中与知性的合规律性的适合。因为前者的一切丰富性在其无
规律的自由中所产生的无非是胡闹;反之,判断力却是那种使它们适应于知性
的能力。

鉴赏力正如一般判断力一样,对天才加以训练(或驯化),狠狠地剪掉它

---

① 拉丁文:模式。——译者
② 拉丁文:审美的[感性的]模式。——译者
③ 拉丁文:逻辑的模式。——译者
④ 拉丁文:不可缺少的条件。——译者

的翅膀,使它有教养和受到磨砺;但同时它也给天才一个引导,指引天才应当在哪些方面和多大范围内扩展自己,以保持其合目的性;又由于它把清晰和秩序带进观念的充盈之中,它就使理念有了牢固的支撑,能够获得持久的同时也是普遍的赞扬,获得别人的追随和日益进步的培育。所以如果在一个作品中当这两种不同的特性发生冲突时要牺牲掉某种东西的话,那就宁可不得不让这事发生在天才一方;而判断力在美的艺术的事情中从自己的原则出发来发表意见时,就会宁可损及想象力的自由和丰富性,而不允许损害知性。

所以对于美的艺术就会要求有想象力、知性、天才和鉴赏力。①

§51.美的艺术的划分

我们可以一般地把美(不管它是自然美还是艺术美)称之为对审美理念的表达:只是在美的艺术中这个理念必须通过一个客体概念来引发,而在美的自然中,为了唤起和传达那被看作由那个客体来表达的理念,却只要有对一个给予的直观的反思就够了,而不需要有关一个应当是对象的东西的概念。

所以,如果我们想划分美的艺术,那么我们为此所能够至少尝试着去选择的更为方便的划分原则,莫过于将艺术类比于人类在语言中用来尽可能完善地、即不仅就他们的概念而且也就他们的感觉而言相互传达的那种表达方式。② 这种表达在于词语、表情和声音(吐词、姿态和音调)。只有这三种表达方式的结合才构成了说话者的完整的传达。因为观念、直观和感觉由此而同时地并协同一致地传递给了别人。

于是只有三种不同的美的艺术:语言的艺术、造型的艺术和感觉游戏的(作为外部感官印象的)艺术。人们也可以用二分法来建立这种划分,这样美的艺术就被划分为表达观念的艺术和表达直观的艺术,而后者又可以按照它的形式和它的质料(感觉)来划分。只不过这样一来它们就太抽象,而且看起

176

---

① 前三种能力通过第四种才获得它们的结合。休谟在其历史著作中使英国人认识到,虽然他们在自己的作品里在前三种特性分别来看时的证据方面并不有所逊色于世界上任何民族,但在使这三者结合起来的那种特性上他们却不能不落后于他们的邻居法国人。——康德

② 读者不会把对美的艺术的一个可能的划分的这种设想评判为有意作出的理论。这只是人们还能和还应当着手来做的好些尝试之一而已。——康德

来不太适合于普通的理解罢了。

1.语言艺术就是演讲术和诗艺。演讲术是把知性的事务作为一种想象力的自由游戏来促进的艺术;诗艺是把想象力的自由游戏作为知性的事务来实行的艺术。

所以演讲者预告的是一种事务,而实行起来却是这样,好像它只是在和理念做游戏,为的是娱乐听众。诗人预告的只是一种娱乐性的理念游戏,但它却为知性提供出如此多的东西,就好像他本来就只是有意在促进知性的事务似的。感性与知性虽然相互是不可或缺的,但毕竟,没有强制和互相损害也许就不能联合,这两种认识能力的结合与和谐必须显得是并非有意的并且是自发适应于这样的;否则这就不是美的艺术了。因此一切做作的东西和刻板的东西在这里都是必须避免的;因为美的艺术必须在双重意义上是自由的艺术:一方面它不是一种作为雇工的劳动,后者的量是可以按照确定的尺度来评判、来强制或付给报酬的,另一方面,内心虽然埋头于工作,但同时却又并不着眼于其他目的(不计报酬)而感到满足和兴奋。

所以演讲者虽然给予的是某种他没有许诺的东西,也就是想象力的某种娱乐性的游戏;但他也打断了某种他所许诺的东西和毕竟是他所预告过的事务的东西,也就是合乎目的地从事知性。相反,诗人许诺得很少,并且只预告了一种理念的游戏,但却完成了某种配得上一件事务的东西,也就是在游戏中给知性提供了养料,并通过想象力给知性概念赋予了生命;因而从根本上说,前者所完成的少于他所许诺的,后者所完成的则多于他所许诺的。

2.造型艺术或对感官直观中的理念(不是通过单纯想象力的那些由词语激起的表象来)加以表达的艺术,要么是感官真实的艺术,要么是感官幻相的艺术。前者就是塑形的艺术,后者就是绘画。两者都使空间中的形象成为对理念的表达;塑形的艺术使形象在两种感官方面成为可感知的,即视觉和触觉(虽然后者并不着眼于美),绘画则只在视觉方面是这样。审美理念(原始型、原型)在想象力中为这两种艺术奠定了基础;但构成对理念的表达的那个形象(副本、摹本)则要么是在其形体的广延中(如同对象本身的实存那样)被给予出来的,要么是按照这广延在眼中所呈现的那种方式(按照其在一个平面中的显象)被给予出来的;或者说,即算是第一种情况,被当作反思条件的也要么是和一个现实目的的关系,要么只是这目的的假相。

属于前一种美的造型艺术即塑形的艺术的有雕塑艺术和建筑艺术。前者是如同事物在自然中可能实存的那样将事物概念体现在形体中的艺术（但却是作为带有对审美合目的性的考虑的美的艺术）；后者是体现这样一些事物的概念的艺术，这些事物只有通过艺术才有可能，它们的形式不是把自然、而是把一个任意的目的当作其规定根据，但这种体现在这个意图上毕竟同时也是在审美上合乎目的的。在后一种艺术中主要的事情是对人为的对象的某种运用，这作为条件而使审美理念受到限制。在前一种艺术中主要的意图仅仅是使审美理念得到表达。所以人、神和动物等等的立像属于前一种艺术，但为了公共集会的庙宇或礼堂，乃至于住宅、凯旋门、柱廊及为了缅怀荣光而建立的纪念塔之类，则属于建筑艺术。甚至一切家具（细木工的作品和此类有用之物）也能够被归入此列；因为一个产品对于某种运用的适合性构成建筑作品的本质；相反，一尊单纯的雕像只是为了观赏而创作出来的，它应当自身单独就令人喜欢，它作为形体的体现是对自然的单纯模仿，但却也顾及到审美的理念：于是在这里感官的真实不能走得太远，以至于它不再显得是艺术和任意的作品了。

179

作为第二种造型艺术的绘画艺术，是把感官幻相人为地与理念结合着来体现的，我将划分为美丽地描绘自然的艺术和美丽地编排自然产物的艺术。前者将会是真正的绘画，后者则将是园林艺术。因为前者给出的只是有形广延的幻相；后者虽然按照真实来给出有形广延，但只提供了利用和运用于别的目的、而不只是为了在观看它们的形式时做想象的游戏这种幻相。① 后者无非是用同样的多样性（绿草、花卉、灌木和树林，甚至水流、山坡和幽谷）来装饰地面，大自然借此使这块地面在直观面前呈现出来，只不过是以另一种方式、并适合着某种理念来编排而已。但这种对有形之物的美丽的编排也像绘

---

① 园林艺术尽管是用形体来体现它的形式，却可以被看作绘画艺术的一种，这看起来是令人奇怪的；但由于它的形式实际上是从自然界拿来的（树木、丛林、草地和花卉都来自森林和田野，至少最初是这样），并且就其是一种不像塑形艺术的艺术而言它也不把任何关于对象及其目的的概念（例如像建筑艺术那样）作为自己的编排的条件，而是只有想象力在观看中的自由游戏：所以它与不具有任何确定主题的单纯审美的绘画（后者把空气、原野和水通过光和影而娱乐性地编排起来）在这方面是一致的。——总之，读者只会把这评判为一种把各门美的艺术结合在一个原则之下的尝试，这原则在这里应当是（根据对语言的类比来）表达审美理念的原则，而不会把它看作被认为是判决了的对各门美的艺术的推导。——康德

画那样只是对眼睛提供出来的,触觉的感官关于这样一种形式不能获得任何直观的表象。我还将把以墙纸、顶饰和一切美丽的、只是用于外观的室内设施来装点房间都归入广义的绘画之列;同样还有按照品味的服饰(耳环、小盒等)的艺术。因为一个种满各种各样花卉的花坛,一个带有各种各样装饰物的房间(甚至女人的饰物也包括在内),在一个盛大的庆典上构成了某种油画般的场面,它如同真正所谓的油画一样(其意图决不是教人历史或自然知识),仅仅是为了观看而存有的,以便想象力在和理念自由地游戏时使人娱乐,并且没有确定的目的而调动起审美的判断力。在所有这类装饰方面的制品尽管在机械性上说是很不相同的,并且需要各种完全不同的艺术家;但对于在这类艺术里什么是美的,鉴赏判断却是以同一种方式就这一点而言来加以规定的:即对于这些形式(不顾及某种目的)只就它们如何呈现在眼前而单个地或在它们的组合中按照它们对想象力所产生的效果来评判。——至于造型艺术如何能(按照类比)被归入语言中的表情,这也由于艺术家的精神通过形象而对他所设想的是什么和怎样设想的提供了一个有形的表达,以及使事情本身仿佛绘声绘色地表演出来,而得到了辩护:这是我们的幻想的一种极为常见的游戏,这种幻想给无生命之物按照其形式而配上了某种从它们里面流露出来的精神。

3.感觉的美的游戏的艺术(这些感觉由外界产生出来,但却仍然必须能普遍传达)所能涉及的无非是这感觉所属的那种感官的各种不同的情绪程度(紧张度)的比例,也就是这感官的调子;而在这个词①的这种宽广的含义上这种艺术可以划分为听觉和视觉这两种感觉的人造游戏,因而分为音乐和色彩艺术。——值得注意的是,这两种感官除了能够具有被要求从外部对象那里借助于它们的概念而获得的那么多的对印象的感受性之外,还能够具有一种与此结合着的特殊的感觉,对这种感觉我们不太能够断定它是以感官还是以反思作为基础的;而这种可感性毕竟有时也可能缺乏,尽管感官在其他方面,在涉及到它对客体知识的运用时丝毫也不缺少,反而也许是很出色很精细的。这就意味着:我们不能肯定地说一种颜色或一个音调(声响)仅仅是快适的感

---

① "调子"原文为Ton,有"声音"和"音调"两重含义,引申为广义的"调子"(如色调等)。——译者

觉呢,还是本身已经是诸感觉的一种美的游戏,并作为这样一种游戏在审美评判中带来一种对形式的愉悦。如果我们想到光的振动速度、或在另一种艺术里空气的振动速度,似乎是远远超出我们对于由这速度来划分时间的那个比例在知觉中直接进行评判的所有能力的:那么我们就应当相信,只有这些颤动对我们身体的有弹性的部分的作用才被感觉到,但通过这些颤动所进行的时间划分却未被发觉和纳入到评判中来,因而与颜色和声音结合在一起的只是快意,而不是它们的组合的美。但反之,如果首先我们考虑一下关于音乐中这些震动的比例及其评判能够说出来的那种数学的东西,并按照与这种评判的类比来方便地评判色彩的对比;其次,如果我们问问那些虽然只有罕见例子的人们,他们拥有世界上最好的视觉却不能区分颜色,拥有最灵敏的听觉却不能分辨音调,同样,对于那些能够做到这点的人,如果我们问问以不同的紧张度对色阶和音阶中改变了的性质(而不只是对感觉的程度)的知觉,此外,如果这些色阶音阶的数目对于能够把握的区别来说是确定了的:那么我们就会不能不看到,对这两种感官的感觉不能只看作感官的印象,而要看作对多种感觉在游戏中的形式作评判的结果。但是,在对音乐的基础作评判时一种意见或另一种意见所表现出的区别,只会使这个定义改变为:人们要么像我们所做的那样把音乐解释为诸感觉(通过听觉)进行的美的游戏,要么解释为快适的感觉的游戏。只有按照第一种解释方式,音乐才会完全被表现为美的艺术,而按照第二种解释却会(至少部分说来)被表现为快适的艺术。 182

§52.在同一个作品里各种美的艺术的结合

演讲术可以和某种绘画性的表演、它的主体及诸对象结合在一出戏剧中,诗可以和音乐结合在歌唱中,而歌唱却同时又能和绘画性的(戏剧性的)表演结合在一场歌剧中,音乐中诸感觉的游戏可以和诸形象的游戏结合在舞蹈中等等。甚至对崇高的东西的表演,就其属于美的艺术而言,也能在一场吟诵悲剧中,在一首教训诗中,在一曲圣乐中和美结合起来,而在这种结合中美的艺术就更加人为化了;但是否(由于如此多样的各种愉悦相互交织在一起而)更加美了,在这些场合中的有些场合下是可以怀疑的。但毕竟在所有的美的艺术中,本质的东西在于对观赏和评判来说是合目的性的那种形式,在这里愉快同时就是教养,它使精神与理念相配,因而使精神能接受更多的这类愉快和娱乐;而不在于感觉的质料(即魅力或感动),在这里本质的东西只是为了享受,这种享受在理念里不留下任何东西,它使精神迟钝,使对象逐渐变得讨厌,使内心由于意识到他的在理性判断中违背目的的情绪而对自己不满和生气。

183　　如果美的艺术不是或远或近地被结合到那些唯一带有一种独立的愉悦的道德理念上来,那么后一种情况就是这些美的艺术的最终命运了。它们于是就只是用来消遣,当人们越是利用这种消遣,以便通过使自己越来越无用和对自己越来越不满而驱赶内心对自己的不满,他就越是需要这种消遣。一般来说,自然美是最有助于前一种意图的,如果我们早就习惯于观赏它、评判它和赞叹它的话。

§53.各种美的艺术相互之间审美价值的比较

在一切美的艺术中,诗艺(它把自己的源泉几乎完全归功于天才,并最少要规范或榜样来引导)保持着至高无上的等级。它扩展内心是通过它把想象力置于自由中,并在一个给予概念的限制之内,在可能与此协调一致的那些形式的无限多样性之间,呈现出一个把这概念的体现与某种观念的丰富性联结起来的形式,这观念的丰富性是没有任何语言表达与之完全适合的,这形式于是就把自己通过审美提升到理念。诗艺加强内心则是通过它让内心感到自己的自由的、独立的和不依赖于自然规定的能力,即把自然按照其外观来作为现象观看和评判的能力,这些外观并不是自然在经验中,不论是对感官还是对知性,自发地呈现出来的,因而这能力也就是把自然用于超感性之物的目的、并仿佛用作超感性之物的图型的能力。诗艺用它随意产生的幻相做游戏,但不是以此来欺骗;因为它把自己的工作本身就解释为单纯的游戏,尽管这游戏也能被知性所用,合目的地运用于它的事务上。——演讲术,就其被理解为说服人的艺术,即通过美丽的幻相捉弄人的艺术(作为 ars oratoria①),而不仅仅是善于言辞(口才和修辞)而言,它是一种辩证法,这种辩证法只从诗艺那里借取它对于在人们作评判之前就为了演说者自己的好处而赢得人心并剥夺他们

————————

　　① 拉丁文:雄辩术,能言善辩的艺术。——译者

的自由所必要的东西；所以它既不能推荐给诉讼法庭也不能推荐给布道坛。因为，如果所关注的是公民法律、个人权利或耐心地劝导和促使人心对自己的义务有正确的知识和认真的遵守的话：那么这对于这样一件重要的事务是有失身份的，哪怕只要让人看出一点机智和想象力的放肆的痕迹，更不用说看出要说服人而为某个人捞取好处的技巧的痕迹了。因为即使演讲术有时也能被应用于本身合法的和值得称赞的意图上面，但它仍然是不入流的，因为以这种方式，准则和意向都在主观上遭到了败坏，哪怕在客观上这行动是合法的；因为做本身是正当的事，这是不够的，还必须仅仅出于因为它是正当的这个理由来做事。甚至仅仅是这样几种人类事务的清晰概念，在与榜样中的生动体现相结合、而不违背语言流畅和对理性理念表达得体的规则（这些合起来就是善于言辞）时，本身也就已经对人心具有了充分的影响，而不必在这里再加进说服人的心机了；这些心机，由于同样也可以用来美化和掩盖罪恶和错误，是不能根除对其故意蒙混过关的暗中怀疑的。在诗艺中一切都是诚实而正直地进行的。它坦然表示只是想促进那用想象力来娱乐的游戏，也就是想象力按照形式而与知性法则相一致的游戏，而不是要用感性的表演来偷换和缠住知性。①

　　如果所关注的是魅力和内心的激动，我将在诗艺的后面放置这样一种艺术，它在语言艺术中最靠近诗艺，因而也能很自然地与诗艺结合起来，这就是音调的艺术。因为它虽然不凭概念、而是通过纯粹的感觉来说话，因而不是像诗那样还为思索留下了某种余地，但它毕竟更多样化地、并且尽管只是转瞬即逝但却更内在地激动着内心；但它的确更多地是享受而不是教养（由此而附

184

185

---

①　我必须承认，一首美丽的诗总是使我产生一种纯粹的快乐，而读一位罗马公民大会演说家或现在的议会演说家或是布道者的最好的演说辞，却总是混有对某种阴险技巧的反感这种不快感，这种技巧懂得把人当作机器，在那些重要的事情上推动人作出某种在他们平静思考时必然会失去任何重要性的判断。口才和善于言辞（合起来就是修辞学）属于美的艺术；但演说家的艺术（ars oratoria）作为利用人类的弱点达到自己的意图的艺术（不论这些意图可能被认为多么好、乃至如它们所愿望的那样现实地好），却是根本不值得敬重的。何况它无论是在雅典还是在罗马，都只是当国家已奔赴它的腐败，而真正的爱国主义的思维方式已经熄灭时，才提升到了一个时代的最高点。凡是在对事物的清晰洞见中掌握了语言的丰富性和纯粹性，并在一种富有成果的有能力体现其理念的想象力中把握住心情的真正善良的生动成分的人，就是 vir bonus dicendi peritus［拉丁文：富有演说经验的好人。——译者］，就是一个不用技巧的演说家，但却有很强的说服力，像西塞罗所希望具有的那样［实际上此典出于老卡图。——德文编者］，但他自己却并没有总是保持忠于这个理想。——康德

185

带激起的观念游戏仅仅是某种仿佛机械性联想的作用），并且凭理性来评判也比美的艺术中任何别的一种更少价值。因此它也像任何享受一样要求经常地变换，忍受不了多次的重复而不感到厌烦。它的那种能够如此普遍传达的魅力其根基似乎在于，每一种语言表达在关联中都有一种与表达的意义相适合的音调；这种音调或多或少地标志着说话者的某种激情，并且也在对面倾听者那里产生这种激情，这激情反过来又在倾听者那里也激发起在说话中以这样一种音调所表达出来的那个理念；并且，正如音调的变化仿佛是一种对每个人都可理解的普遍的感觉语言一样，唯有音调的艺术是自身独立地以其全部

186　坚定性、也就是作为激情的语言而进行着这种音调变化，因而根据联想法则普遍地传达着与此自然结合在一起的审美理念的，但由于那些审美理念不是概念和确定的观念，所以把这些感觉复合起来的那个形式（和声与旋律）仅仅是代替语言的形式，而用于通过诸感觉的一种合乎比例的搭配（这种搭配由于在这些音调方面是基于在同一时间内、就诸音调同时或前后相继地被结合而言的空气振动的数目关系上，所以能在数学上被归入某种规则）来按照在乐曲中构成主导激情的某种主题而表达出对一种不可名状的观念丰富性的关联整体的审美理念。这种数学形式虽然不是通过确定的概念而被表现的，但唯有仰赖于这形式，才有那种愉悦，它把有关这一大束相互陪伴或跟随的诸感觉的单纯反思与诸感觉的这种游戏结合起来，作为每个人的美的有效性的条件；也唯有这形式才是鉴赏力可以依据着自以为有权把每个人的判断预先说出来的东西。

　　但对于音乐所产生的魅力和内心激动，数学肯定是丝毫也不沾边的；相反，它只是诸印象在其结合或交替中的比例的回避不了的条件（conditio sine qua non①），通过这个条件，才有可能把诸印象联合起来，并阻止它们，使它们不是相互破坏，而是通过与之相协和的激情而相互协调为内心的某种连续的激动和振奋，并以此成为一种惬意的自我享受。

　　相反，如果我们把美的艺术的价值按照它们给内心造成的教养来估量，并采取那些为了认识而必须在判断力中集合起来的能力的扩展作为尺度，那么音乐之所以在美的艺术中占有最低的位置（正如它在那些同时按照其快意来估量的美的艺术中也许占有至高无上的位置一样），是因为它仅仅以感觉来

---

　　　① 拉丁文：不可缺少的条件。——译者

做游戏。所以在这一方面造型艺术就远远走在音乐的前面;因为它们把想象力置于一种自由的但同时却又与知性相适合的游戏中,这样它们就同时推动了一件事务,因为它们完成了一件作品,这作品把知性概念用作一种持久的、单凭自身就受欢迎的工具,去促进这些概念与感性的结合,因而仿佛就促进了这些高级认识能力的温文尔雅。这两类艺术采取的是完全不同的道路:第一种是从诸感觉到不确定的理念;第二种则是从确定的理念到诸感觉。后一类艺术具有持存性的印象,前一类则只具有短暂性的印象。想象力能够唤回前一类印象并以此作快适的娱乐;后一类印象却要么完全消失,要么,如果它们不由自主地被想象力所重复的话,则它们与其说使我们快适,不如说使我们厌烦。除此之外,与音乐相联的是在温文尔雅上有所欠缺,即音乐尤其是按照其乐器的性状把它的影响扩展到超出我们所要求的之外(即影响到邻居),这就好像在强迫人,因而就损害了音乐会以外的别人的自由;这不是那些向人的眼睛说话的艺术所干的事,因为如果人们不想接受它们的印象的话,只要把眼睛转开就行了。这里的情况正如用一种扩散很远的香味来使自己陶醉一样。一个从口袋里掏出他的撒满香水的手绢的人是违背着他周围和旁边一切人的意志在款待他们,并强迫他们如果想要呼吸就必须同时享受这种气味;因此这种事也已经过时了。①

在造型艺术中我将把优先地位给予绘画,部分是由于它作为素描艺术而为其他一切造型艺术奠定了基础,部分是由于它能比其他造型艺术所被允许的更远地深入到理念的领域,与此相应也能更多地扩展直观的范围。

188

§54. 注 释

在单纯通过评判令人喜欢的东西和令人快乐的(通过感觉而令人喜欢的)东西之间,如我们多次指出的,存在着一种本质的区别。后者是某种人们不能像对前者那样要求于每个人的东西。快乐(它的原因尽管也可能在理念

---

① 有些人曾建议在家里做祈祷时也要唱圣歌,他们不曾考虑到,他们通过这样一种热闹的(正因此通常是假虔诚的)祈祷而把一种巨大的负担加到了公众身上,因为他们强迫邻居们要么一起来唱,要么放下他们正思考的事情。——康德

之中）似乎永远在于某种促进人类全部生活的情感，因而也在于肉体的舒适即健康的情感；以至于把一切快乐都从根本上冒充为肉体感觉的伊壁鸠鲁在这方面也许是不无道理的，并且当他把智性的甚至实践的愉悦归入这种快乐时，他只是自己误解了自己。如果我们着眼于后面这种区别，那么我们就可以得到解释，为什么一种快乐有可能被那感觉到它的人自己所讨厌（如一个贫穷但却思想正派的人对爱他但却吝啬的父亲的那笔遗产所感到的高兴），或者，为什么一种深深的痛苦却有可能被承受它的人所喜欢（如一个寡妇对她的功勋卓著的丈夫的死的伤心），或者为什么一种快乐此外又能令人喜欢（如对我们所从事的科学的快乐），或一种痛苦（例如仇恨、嫉妒和报复欲）还能令我们对这种痛苦讨厌。在这里，愉悦和讨厌都是建立在理性上的，并且是与赞同或不赞同等同的；但快乐和痛苦却只能建立在情感或对一种（不论出自什么根据的）可能的舒适或不适的展望之上。

诸感觉（它们没有任何意图作根据）的一切交替着的自由游戏都使人快乐，因为它促进着对健康的情感：不论我们在对它的对象甚至对这种快乐作理性的评判时是否有一种愉悦；而这种快乐可以一直上升为激情，尽管我们对这个对象本身并不怀有任何兴趣，至少是不怀有这样一种与激情的程度成比例的兴趣。我们可以把它们分为博彩游戏、音调的游戏和观念的游戏。第一种游戏要求有一种兴趣，它可以是虚荣的兴趣或自私的兴趣，但它远不是像对我们试图如何获取它的那种方式所感到的兴趣那样大；第二种游戏仅仅要求诸感觉的交替，这些感觉中每一种都具有自己对于激情的关系、却不具有对一种激情的程度的关系，而且都使审美的理念活跃起来；第三种游戏仅仅来自于判断力中诸表象的交替，虽然没有任何带有某种兴趣的观念借此而被产生出来，但内心毕竟由此而得到了鼓动。

我们的一切社交晚会都表明，游戏必须如何地使人快乐，而无须人们把利益的考虑作为它的基础而使人快乐；因为没有游戏任何晚会都几乎不可能使人娱乐。但希望、恐惧、高兴、愤怒、嘲弄这些激情在此通过它们在每一瞬间交换它们的角色而做游戏，它们如此生动，以至于好像体内的整个生命活动作为一种内在的骚动都由此而被调动起来了，就像内心借此而产生的某种生气勃勃所证明的那样，尽管既没有获得什么也没有学到什么。但由于博彩并不是什么美的游戏，所以我们在这里要把它排除在外。反之，音乐和笑料却是带有

189

审美理念或者甚至知性表象的两种不同的游戏,最终并没有什么通过它们而被思考,它们仅仅能通过它们的交替、但却是生动地使人快乐;它们由此就使人相当清晰地看出,这种鼓动在两种游戏中都只是肉体上的,尽管它们也都是由内心的理念激活起来的,而对健康的情感通过某种与那个游戏相符合的内脏活动,就构成了一个激情洋溢的晚会上被称赞为如此高尚风雅的全部快乐。 190
并不是对各种音调的和谐或奇思怪想的评判,这连同其美只不过是用作必要的载体,而是那在肉体中被促进的生命活动,即推动内脏和横膈膜的那种激情,一句话,对健康的情感(它在平时没有这样一种因缘是不能感到的),构成了我们由于也可以用心灵来掌握肉体,并把心灵用作肉体的医生,而感到的快乐。

在音乐中,这种游戏从肉体感觉走向审美理念(即激情的客体),然后又从审美理念那里、但却以结合起来的力量而返回到肉体。在玩笑(它正如音乐一样,与其说该归入美的艺术,不如说该归入快适的艺术)中游戏从观念开始,这些观念就它们要感性地表达自己而言,全都使肉体产生活动;并且由于知性在这种表演中当它没有发现所期待的东西时突然松弛下来,于是人们就在肉体中通过各种器官的振荡而感到了这种松弛的作用,这种作用促进着这些器官的平衡的恢复,并对健康具有某种良好的影响。

在一切会激起热烈的哄堂大笑的东西里都必然有某种荒谬的东西(所以对于它知性本身不会感到任何愉悦)。笑是由于一种紧张的期待突然转变成虚无而来的激情。正是这种肯定不会使知性高兴的转变,却间接使人在一瞬间强烈地感到高兴。所以其原因必定在于表象对肉体的影响及肉体对内心的交互影响;更确切地说,并非就表象客观地就是快乐的对象而言(因为一个被欺骗了的期待如何能够使人快乐呢?),而只是由于这种转变作为诸表象的单纯游戏而在肉体中产生出生命力的某种平衡。

当有人讲述一名印第安人在苏拉特①的一个英国人的宴席上看到打开一瓶英国啤酒,而这啤酒全都变成泡沫冒了出来时,便用连声呼叫来表示他的巨大惊异,而当英国人问他:"到底有什么可以如此惊异的?"回答是:"我奇怪的 191
也不是它冒出来了,而是您是如何能够把它装进去的。"这时我们就会发笑,

① Surat,印度西部港口城市。——译者

它使我们感到真心的愉快;不是由于我们感到自己例如说比这个无知的人更聪明,或者此外又是关于知性在这里让我们注意到的某种令人愉悦的东西的愉快,而是我们的期待曾经是紧张的,而突然消失为虚无。或者,当继承了一位富有的亲戚的遗产的人想给这亲戚举行一个非常隆重的葬礼,但却抱怨他在这件事上做得不顺手;因为(他说):"我给丧葬人员的钱越多,让他们显得悲伤些,他们看起来就越快活":这时我们就会大笑,而原因也在于一种期待突然转变成了虚无。我们必须注意的是,这种期待必须不是转变为一个期待对象的积极的对立面——因为这总是某物并常常会使人悲伤——,而必须转变为虚无。因为如果有人通过讲一个故事激起了我们很大的期待,而我们在结尾马上看出了它的不真实,这就会使我们感到讨厌;例如关于那些据说由于巨大的忧伤而在一夜之间白了头发的人的故事。相反,如果有另一个促狭鬼为了回敬这类故事而添油加醋地讲述一位商人的忧伤,说他带着他的全部财货从印度返回欧洲,在一场强烈的风暴中不得不把它们全都扔到海里去,他伤心到这种程度,以至于为此在这天夜里他的假发变白了,我们就会好笑,这使我们快乐,因为我们把自己想要抓住一个对我们本来是无所谓的对象的失误,或不如说把一个我们所追寻的理念,像一只球那样还打来打去了一阵子,因为我们一味地以为抓住了它并把牢了它。在这里并不是把一个骗子或傻瓜打发掉而引起了快乐;因为单是后面这个一本正经地讲出来的故事本身也就会引起聚会的人一场哄堂大笑了;而前面那个故事通常就会不值得人们哪怕是注意一下。

192

　　值得注意的是,在一切这种场合笑话总是必须包含有某种暂时会引起误会的东西;因此,当幻相消失为虚无时,内心再次回顾,以便把这幻相还再品味一番,这样,内心就由于很快交互地接踵而至的紧张和松弛而跳来跳去和震荡不安,这种震荡由于是从仿佛绷紧了弦的东西中突然弹拨出来的(而不是通过逐渐的放松而发生的),它就必然会导致内心的激动及与之和谐的内部身体的运动,后者不由自主地持续着并产生出疲倦,但同时也产生快感(一种导致健康的运动的结果)。

　　因为如果我们承认,我们的一切观念同时又是和身体器官中的某一种运动和谐地结合在一起的,那么我们就相当能够理解,为什么那样把内心一忽儿置于这种立场、一忽儿置于那种立场以考察其对象,会有我们内脏的弹性部分的某种传达到横膈膜的交替紧张和放松与之相应了（就像那些怕痒的人那样）；这时肺部以很快相继而来的间歇把空气喷发出来，因而产生一种有助于健康的运动，唯有这种运动，而不是在内心中发生的事情，是对一个根本上不表现什么的观念感到快乐的真正原因。——伏尔泰说，上天为了平衡生活中的许多艰难而给予了我们两样东西：希望和睡眠。他本来还可以把笑也算进去；只要在有理性者那里激起笑的手段如此俯拾即是，而诙谐或它所要求的任情使性的独创性同样也不罕见，就像那进行虚构的才能屡见不鲜：伤神地虚构如神秘的冥想家，伤身地虚构如天才，或伤心地虚构如感伤的小说家（也有感伤的道德家）。

193

　　所以我觉得，人们不妨承认伊壁鸠鲁的说法：一切快乐即使是由那些唤醒审美理念的概念引起的，都是动物性的，即都是肉体上的感觉；而由此丝毫也不损害到对道德理念的敬重这种精神性的情感，后者决不是快乐，而是一种把我们提升到对快乐的需要之上的（对我们中的人性的）自我尊重，的确，这种说法甚至连对鉴赏力这种不太高贵的情感也毫无损害。

　　在天真状态中存在着某种由两方面组合起来的东西，天真状态就是人性的本是原始自然的那种正直面对已成为另一本性的伪装术的逃避。人们嘲笑那种还不懂得伪装自己的纯朴，但毕竟也为这种天性的纯朴感到高兴，这种纯朴在这里把伪装术划掉了。人们期待着那装出来的、小心地针对美丽幻相的态度在日常生活中的中规中矩；并且看到：未被败坏的无辜的天性是我们根本不曾料到会碰见的，也是那个让人看出这一点来的人自己也不曾想到要显露出来的。那美丽的、但却是虚伪的幻相，通常在我们的判断中是很重要的，但在这里却突然转变为虚无了，就好像露出了我们自己心中的那个促狭鬼一样，这就产生了我们内心朝两个对立的方向的连续不断的运动，同时就使身体也有益于健康地抖动起来。但在人类天性中某种无限好过所有接受下来的规矩的东西，即思想境界的纯正性（至少是倾向这种思想境界的素质），毕竟还没有完全泯灭，这就在判断力的这种游戏中掺和进了严肃和尊重。但由于这只是在短时间内突现出来的现象，而伪装术的面罩马上重又遮盖起来了，所以在这里面同时就混有某种遗憾，这是一种温柔的感动，它作为游戏可以很好地和这样一种善意的笑结合在一起，并且事实上通常也是与此结合着的，同时也经常地对那个为此提供了笑料的人因为自己还没有按照人们的方式学乖而感到

194

的尴尬提供补偿。——因此说一门艺术是天真的,这是一个自相矛盾;不过在一个虚构出来的人物中表现天真,这却是完全可能的和美的,虽然这也是罕见的艺术。不要把天真和坦诚的纯朴混淆起来,后者之所以不伪装自己的天性,只是因为不擅长于某种可作为交往技术的事。

在使人开心而与出自笑的快乐有近缘关系的、并且属于精神的独创性、但恰好并不属于美的艺术的才能的东西中,还可以算上诙谐幽默的风格。因此任情使性在好的意义上①就意味着能够使自己任意地置身于某一种内心气质中的才能,在这种内心气质中一切事物都完全不同于平常的(甚至与平常根本相反的)那样来评判,但却还是按照着在这样一种内心情绪中的某些理性原则来评判。凡是不由自主地屈从于这种变化的人,就叫作性情乖张;但凡是能够随意地和合目的地(为了借助于一种使人好笑的对比来作一种生动的表演)呈现这种变化的人,他和他的表演就叫作诙谐幽默的。但这种风格更多地属于快适的艺术,而不属于美的艺术,因为后者的对象总是必须本身表现出几分庄重,因而在表演中正如鉴赏力在评判中那样要求有某种严肃。

_____

① "任情使性",原文为 Laune,意思是变化无常的情绪,略带贬义(喜怒无常);但由它所派生的形容词"诙谐幽默"(launig)却带褒义,所以康德把后者等同于"在好的意义上"的前者。下文的"性情乖张"(launisch)则显然是在"坏的意义上"说的。——译者

第二章　审美判断力的辩证论

§55.

一个判断力如果应当是辩证的,就必须首先是推想的;就是说,它的判断必须提出对普遍性的要求,并且是先天的普遍性的要求①:因为辩证论就在于这些判断的相互对立。所以感性的感官判断(有关快适和不快适的)的不一致性并不是辩证论的。即使是鉴赏判断的冲突,如果每一方只是基于他自己的鉴赏之上,也不构成鉴赏的辩证论:因为没有人想到使自己的判断成为普遍的规则。所以没有余留下任何可能涉及鉴赏的辩证论的概念,除了对鉴赏的批判(而非鉴赏本身)在其诸原则方面的辩证论概念之外:因为在这里,关于一般鉴赏判断的可能性根据以自然的和不可避免的方式出现了相互冲突的概念。所以对鉴赏的先验的批判将只包含可以冠有审美判断力的辩证论之名的 那个部分,如果发生了这一能力的诸原则的二律背反,它使这能力的合法性、因而也使它的内在可能性成为可疑的话。

§56.鉴赏的二律背反的表现

鉴赏的第一句套话就是这个命题,每个缺乏鉴赏的人都想到用这个命题来抵制对自己的指责:每一个人都有他自己的鉴赏。这就意味着:这种判断的规定根据只是主观的(即快乐和痛苦);而这判断无权要求别人的必然赞同。

鉴赏的第二句套话,是那些甚至承认鉴赏判断有权宣布对每个人都有效的人也运用的,这就是:关于鉴赏是不能争辩的。这就意味着:一个鉴赏判断的规定根据虽然也可能是客观的,但不可能被放到确定的概念上来,因而关于这个判

---

① 一个推想的判断(iudicium ratiocinans[拉丁文:推想的判定。——译者])可以意指每一个宣称自己为普遍的判断,因为只有这样它才能用作一个理性推理中的大前提。反之,一个理性判断(iudicium ratiocinatum[拉丁文:推理的判定。——译者])则只能被称之为这样一种判断,它被设想为一个理性推理的结论,因而被设想为**先天地**建立起来的。——康德

断本身没有任何东西能通过证明而得到判定,虽然对它很可以并且能够有理由来加以争执。因为争执和争辩虽然在它们试图通过诸判断的相互反对而产生出它们的一致这一点上是同样的,但其差别在于:后者希望把这一点按照那些作为证明根据的确定概念而产生出来,因而把客观的概念假定为这个判断的根据。但在这一点被看作是不可行的地方,这种争辩也就同样被评判为不可行的。

容易看出,在这两句套话中间还缺了一个命题,这命题虽然并未以谚语的方式流传,但却包含在每个人的思想中,这就是:关于鉴赏可以争执(虽然不能争辩)。但这个命题包含着上面第一个命题的反面。因为只要容许对什么东西应当争执,也就必然会有在相互间达成一致的希望;因而人们就必须能指望判断的那些不只具有私人的有效性、因此不仅仅是主观的根据;然而这与前面那条原理:每一个人都有他自己的鉴赏,是恰相反对的。

所以在鉴赏原则方面就表现出如下的二律背反:

1)正题。鉴赏判断不是建立在概念之上的;因为否则对它就可以进行争辩了(即可以通过证明来决断)。

2)反题。鉴赏判断是建立在概念之上的;因为否则尽管这种判断有差异,也就连对此进行争执都不可能了(即不可能要求他人必然赞同这一判断)。

§57.鉴赏的二律背反的解决

要消除那些给每个鉴赏判断以支持的原则(它们无非是上面在分析论中所展示的两个属于鉴赏判断的特点)的冲突是不可能的,除非我们指出:我们使客体在这类判断中与之相关的那个概念,在审美判断的这两个准则中并不是在同一个意义上来理解的;这种双重的意义或评判观点对于我们的先验的判断力来说是必要的;但在一方和另一方的混淆中的这种幻相作为自然的幻觉也是不可避免的。

鉴赏判断必须与不管什么样的一种概念发生关系;因为否则它就绝不可能要求对每个人的必然有效性。但它又恰好不是可以从一个概念得到证明的,因为一个概念要么可能是可规定的,要么可能是本身未规定的同时又是不可规定的。前一种类型是知性概念,它是可以凭借能够与之相应的感性直观的谓词来规定的;但第二种类型是对超感官之物的先验的理性概念,这种超感官之物为所有那些直观奠定基础,所以这个概念不再是理论上可规定的。

现在,鉴赏判断针对的是感官对象,但不是为了替知性规定这些对象的一个概念;因为它并不是认识判断。所以它作为与愉快情感相关联的单个直观表象只是一个私人判断:就此而言它按照其有效性只会被局限于作判断的个体之上:对象对我来说是一个愉悦的对象,对别人来说很可能是另一种情况;——每个人都有自己的鉴赏。

然而,毫无疑问,在鉴赏判断中是包含有客体表象(同时也有主体表象)的某种更广泛的关系的,以此为根据,我们就把这一类判断扩展为对每个人都是必然的:所以这种扩展就必须要以某一个概念作为基础;但必须是这样一种概念,它根本不可以通过直观来规定,通过它也没有什么可以被认识,因而也不能够给鉴赏判断提供任何证明。但这样一类概念只能是有关超感官之物的纯粹理性概念,这超感官之物给作为感官客体、因而作为现象的对象(并且也给下判断的主体)奠定了基础。因为假如我们不顾到这一点,那么鉴赏判断对于普遍有效性的要求就将无法挽救;它所作为根据的那个概念就会只不过是一个混乱的知性概念了,例如人们可能将美的感性直观相应地加于其上的完善性概念:这样一来,将鉴赏判断建立在证明之上,这至少就本身而言就会是可能的了,而这是与正题相矛盾的。

但现在,一切矛盾将被消除,如果我说:鉴赏判断基于某种概念(自然界对于判断力的主观合目的性的某种一般根据的概念)之上,但从这概念中不能对客体有任何认识和证明,因为它本身是不可规定的和不适用于认识的;但鉴赏判断却正是通过这个概念而同时获得了对每个人的有效性(尽管在每个人那里是作为单一的、直接伴随着直观的判断):因为这判断的规定根据也许就在那可以被视为人性的超感官基底的东西的概念中。

对一个二律背反的解决仅仅取决于这种可能性,即两个就幻相而言相互冲突的命题实际上并不是相互矛盾的,而是可以相互并存的,哪怕对它们的概念的可能性的解释超出了我们的认识能力。至于这种幻相也是自然的,是人类理性所不可避免的,以及为什么会有这种幻相,而且为什么即使在这种幻相的矛盾被解除了之后不再欺骗人了,它也仍然存在,由此也就能够得到理解了。

这是因为,我们把一个判断的普遍有效性必须建立于其上的那个概念在两个相互冲突的判断中都理解为同一种含义了,但却用两个相互对立的谓词来陈述它。所以在正题中意思本来是说：鉴赏判断不是以确定的概念为根据的；在反题中却是说：鉴赏判断毕竟是以某种虽然不确定的概念（也就是关于现象的超感官基底的概念）为根据的；而这样一来，在它们之间就会没有任何冲突了。

除了对鉴赏中的这种要求和反面要求之间的冲突加以消除之外，我们所做的不能够更多了。给出一个鉴赏的客观确定原则，借以使鉴赏判断能得到引导、检验和证明，这是绝对不可能的；因为那样一来它就不是鉴赏判断了。这条主观原则、也就是我们心中的超感官之物的不确定理念，只能被作为解开这个甚至按照起源也对我们隐藏着的能力之谜的唯一钥匙而指出来，却没有任何办法能得到进一步的理解。

在这里被提出并得到调解的二律背反，是以鉴赏的正确概念、也就是以一个单纯反思的审美判断力的概念为基础的；而在这里，这两个表面上相冲突的原理，由于两者都可以是真的而相互一致起来，这也就够了。反之，假如把鉴赏判断的规定根据（由于鉴赏判断以之为基础的那种表象的个别性）像某些人所做的那样设定为快意，或像另外一些人想做的那样（由于其普遍有效性）设定为完善原则，并据此来建立鉴赏的定义：那么从中就会产生出二律背反，它是绝对不可能这样来调解的，即指出相互对立（而不只是相矛盾①）的这两个命题都是假的；这就表明，每个命题以之为根据的那个概念本身是自相矛盾的。所以我们看到，审美判断力的二律背反的消除采取了一种类似于批判在纯粹理论理性的二律背反的解决中所遵循的进程；而同样，在这里以及在实践理性批判中，二律背反都在强迫着人们违心地把眼光超出感性的东西之上，而在超感官之物中去寻求我们一切先天能力的结合点：因为已不再有别的出路使理性与它自身相一致了。

注释一

既然我们在先验哲学中如此经常地发现把理念和知性概念区别开来的理由，那么引入与它们的这种区别相适合的艺术用语是有好处的。我相信，如果我提出几个这种用语的建议，人们是不会有任何反对意见的。——在最一般

---

① 据 Schöndörffer 猜测此处意为"表面上相矛盾"。——德文编者

意义上的理念就是根据某种(主观的或客观的)原则而与一个对象相关的表象,不过是就这些表象永远也不能成为这对象的知识而言的。这些理念要么是按照各种知识相互间(想象力和知性间)协和一致的单纯主观原则而与一个直观相关,这时就叫作审美的[感性的]理念,要么就是按照一个客观原则而与一个概念相关,但却永远不能充当一种对象知识,这就叫理性理念;在后一场合下这概念就是一个超验的概念,它与知性概念是不同的,知性概念任何时候都能得到一个与之适当地相应的经验的支持,它因此而叫作内在的。

一个审美的理念不能成为任何知识,是因为它是一个(想象力的)永远不能找到一个概念与之相适应的直观。一个理性理念决不能成为知识,则是因为它包含一个(有关超感性东西的)永远不能提供一个直观与之相适合的概念。 201

于是我认为,我们可以把审美理念称之为想象力的一个不能阐明的表象,而把理性理念称之为理性的一个不能演证的概念。对两者都预设了这一前提,即它们决不是毫无根据地、而是(按照上面对一般理念所作的解释)依据它们所属的认识能力的某种原则(前者依据主观的原则,后者依据客观的原则)而产生出来的。

知性概念本身任何时候都必须是能够演证的(如果把演证理解为像在解剖学中那样仅仅是演示的话),就是说,与这些概念相应的对象必须任何时候都能够在直观(纯直观或经验性直观)中被给予出来;因为唯有这样,这些概念才能成为知识。量的概念能够在空间的先天直观中、例如在一条直线等等中被给予;原因的概念能够在不可入性、物体的碰撞等等上面被给予。因而两者都能通过一个经验性的直观来证实,也就是其观念可以在一个实例上得到指证(演证、指出);而这一点是必须能够做到的,否则我们就不能肯定这观念是否空洞,即是否毫无客体。

人们在逻辑中使用可演证的东西或不可演证的东西这些用语通常只是就命题而言的:这时前者通过间接的命题这一称呼,后者则通过在某种程度上直接的命题这一称呼,就可以得到更好的标明;因为纯粹哲学也具有这两类命题,如果将它们理解为能够证明的真命题和不能证明的真命题的话。不过纯粹哲学作为哲学虽然能够从先天根据出发进行证明,但是却不能由此进行演证;如果我们不想完全脱离词义的话,按照这个词的含义,演证

202　(ostendere,exhibere①)就意味着把它的概念(不论是在证明中还是在定义中)同时又在直观中体现出来;这种直观如果它是先天直观的话,就叫作这个概念的建构,但如果它是经验性的话,它仍然是对客体的呈示,通过这种呈示来保证这概念的客观实在性。所以,我们说一个解剖学家:当他把他原先已推理式地陈述过的人的眼睛的概念借助于对这器官的解剖而直观地表现出来,他就演证了人的眼睛。

　　据此,关于一切现象中的超感性基底的一般理性概念,或者关于在联系到道德律时必须作为我们的任意性的基础的东西的理性概念,也就是关于先验自由的概念,按照其种类来说已经是一种不可演证的概念和理性理念了,但德行却按照程度才是如此:因为前者本身按照质来说在经验中根本不能提供任何相应的东西,但在后者中,那种原因性的任何经验产物都达不到理性理念颁布为规则的那个程度。

　　正如在一个理性理念上想象力连同其直观达不到给予的概念一样,在一个审美理念上知性通过其概念也永远达不到想象力所结合在一个给予表象上的整个内在直观。既然把想象力的一个表象带入到概念上来,就等于说阐明这表象,那么审美理念就可以被称之为想象力(在其自由游戏中)的一个不可阐明的表象。我在后面还会有机会来对这类理念作一些详细说明;现在我只想表明,这两种理念,即理性理念和审美[感性]理念,都必须有自己的原则;确切地说,两者都必须在理性中有自己的原则,前者是在理性运用的客观原则中,后者则是在理性运用的主观原则中。

　　据此,我们也可以用审美理念的能力来解释**天才**;这样就同时指明了为什么
203　在天才作品中是自然(主体的自然)、而不是艺术的经过考虑的目的(即产生美)在提供规则的理由。因为美必须不是按照概念来评判,而必须按照想象力对于与一般概念能力的协和一致所作的合目的性搭配来评判:所以,对于应该提出必须使每个人都喜欢这一合法要求的美的艺术中那种审美的[感性的]、但却无条件的合目的性而言,能够用作主观准绳的不是规则和规范,而只是那仅仅作为主体中的自然、但不能被把握在规则或概念下的东西,也就是主体的一切能力的(没有任何知性概念能达到的)超感性基底,因而是那种使我们的

———————————————

　　①　拉丁文:明示,演示。——译者

一切认识能力在和它相关中协调起来的东西,是由我们本性的理知的东西所提供的最后目的。所以也只有这一点是可能的,即对这种我们不能为之颁布任何客观原则的美的艺术提供一个主观的、但却普遍有效的先天原则作为基础。

注释二

　　在这里自然就出现了以下重要的解释:即存在着纯粹理性的三种不同的二律背反,但它们全都在这一点上是一致的,即它们都迫使纯粹理性脱离那个通常很自然的前提,即把感官对象看作是自在之物本身,而宁可让它们只被承认为现象,并在这些现象底下放置一个理知的基底(某种超感性的东西,对它的概念只是理念而不容有任何真正的知识)。没有这样一个二律背反,理性就永远不能够下决心接受这样一个如此限制它的思辨领域的原则,并作出牺牲,使如此多的本来十分诱人的希望不得不完全失去了;因为即使是现在,当为了补偿这一损失,一种在实践的考虑上更加伟大的运用向理性敞开时,理性似乎仍然不能毫无痛苦地与那些希望分手并摆脱旧的羁绊。

　　有三种二律背反,其根据在于有三种认识能力:知性、判断力和理性,它们　204
每一种(作为高级认识能力)都必须有自己的先天原则;因为理性只要它对这些原则本身及它们的运用作判断,它就在所有这些原则上为给予的有条件的东西不依不饶地要求着那无条件的东西,但后者却是永远也不能找到的,如果我们把感性的东西看作属于自在之物本身的,而不是宁可把它作为只是现象,在它底下放置某种超感性之物(我们之外和我们之中的自然的理知的基底)作为自在的事物本身的话。于是这样一来,1)对于认识能力,就有在知性一直推到无条件者上去的理论运用方面理性的二律背反;2)对于愉快和不愉快的情感,就有在判断力的审美[感性]运用方面理性的二律背反;3)对于欲求能力,就有在自身为自己立法的理性的实践运用方面的二律背反:只要所有这三种能力都必须能够有自己高级的先天原则,并且按照理性的一个不可回避的要求,也都必须能够根据这些原则来无条件地作判断和规定它们的客体。

　　在那些高级认识能力的理论的和实践的运用的这两种二律背反方面,我们已经在另外的地方指出过,如果这类判断不回头看看那些作为现象的给予客体的超感性的基底的话,这些二律背反就是不可避免的,反之,只要我们这样做了,这些二律背反也就是可解决的。至于按照理性的要求,在判断力的运用中的二律背反及其在这里提供出来的解决办法,那么没有任何别的逃避它的办法,只有要么否认审美的鉴赏判断有任何先天原则作基础,以至于一切对于普遍赞同的必然性的要求都是无根据的空洞的妄想,而一个鉴赏判断之所以有资格被看作是正确的,只是由于恰好有许多人在这方面一致,并且就连这本来也不是由于人们在这种一致同意后面猜到了某种先天原则,而是(像在口味中那样)由于那些主体偶然地都具有一样的机体组织;要么,人们就必须承认,鉴赏判断本来就是关于在一物及其中的多样性关系上所揭示出来的对某个目的而言的完善性所作出的某种隐秘的理性判断,因而只是由于与我们的这种反思有关的混乱性的缘故才被称之为感性的[审美的],尽管根本说来它是目的论的;在这场合人们就宣称通过先验的理念来解决二律背反是不必要的和无意义的,因而就能够把感官的诸客体不是作为现象、而是也作为自在之物本身而与那些鉴赏的法则结合起来了。然而这种遁词和前面那个遁词都是如何地没有用,这一点在对鉴赏判断的说明中多处地方都已经指出过了。

但如果人们至少承认我们的演绎在走着正确的道路,即使还不是在一切细节上都足够清晰,那么就表明有三种理念:首先是一般超感性东西的理念,它除了自然的基底这一规定外没有进一步的规定;其次是同一个超感性的东西作为对我们认识能力的自然的主观合目的性原则的理念;第三是这个超感性的东西作为自由的目的的原则、并作为自由与道德中的目的协和一致的原则的理念。

§58.自然及艺术的合目的性的观念论,
作为审美判断力的唯一原则

人们最初可能要么把鉴赏的原则建立在这一点上,即鉴赏永远是按照经验性的规定根据、因而是按照那些只是后天地通过感官而被给予的规定根据来作判断的,要么人们就可能承认,鉴赏是从一个先天根据来作判断的。前者将会是鉴赏批判的经验论,后者将会是鉴赏批判的唯理论。按照前者,我们的愉悦的客体将与快适没有区别,按照后者,如果这判断基于确定的概念之上,则将与善没有区别;而这样一来一切美就将从这个世界上被否认掉了,只会剩下一个特别的名字,也许还可以顶替客体而为前述这两种愉悦的某种混合保留下来。不过我们指出过,这愉悦的根据是先天就有的,所以这些根据可以和唯理论的原则并存,尽管它们并不能被把握在确定的概念中。

相反,鉴赏原则的唯理论要么是合目的性的实在论的唯理论,要么是合目的性的观念论的唯理论。既然就本身而言一个鉴赏判断决不是认识判断,美也决不是客体的性状,那么鉴赏原则的唯理论就永远不能建立在把这种判断中的合目的性设想为客观的这一点上,即这种判断不能从理论上、因而也从逻辑上(即使只是在某种混乱的评判中)针对着客体的完善,而只能从审美[感性]上针对着它在想象力中的表象与一般判断力的那些根本原则在主体中的协和一致。结果,甚至按照唯理论的原则,鉴赏判断和它的实在论与观念论的区别也只能建立在这一点上,即那种主观的合目的性要么在前一种情况下被认为是作为自然(或艺术)的现实的(有意的)目的而与我们的判断力协和一致的,要么在第二种情况下被认为就自然及其按照特殊法则而产生的那些形式而言,仅仅是一个无目的的、自发的和偶然突现出来的对判断力的需要的合目的性的协和一致。

对于自然界的审美的合目的性的实在论,也就是人们愿意假定美的东西的产生在其产生原因中有它的一个理念、即一个有利于我们想象力的目的作基础,这种观点是很受有机自然界领域中那些美的形态的支持的。花和花的开放,甚至全部植物的形象,各种不同种类动物形态的那种对它们自己的运用并无必要、但对于我们的鉴赏力却仿佛是特选出来的精巧秀丽;尤其是那些使我们的眼睛如此愉悦和有魅力的多样性与和谐组合的颜色(在锦雉身上,在贝类动物、昆虫直到最普通的花儿身上),这些颜色由于仅仅涉及到表面,并且就连在这上面也不涉及这些造物的形体,而这种形体却毕竟还有可能是它们的内在目的所要求的,所以,它们似乎完全是以外在的观赏为目的的:这一切都给假定自然界为了我们的审美判断力而有现实的目的这种解释方式提供了重要的砝码。

反之,不单是理性通过自己的"任何时候尽可能防止原则不必要的增加"这一准则来与这种假定相对抗,而且自然界在它那些自由的形态中到处都显示出如此多的机械的倾向,要产生一些表面看来仿佛是为我们判断力的审美运用而造成的形式,却不提供丝毫根据让我们去猜想为此还需要比它们的机械作用、比单纯的自然界更多的东西,据此,这些形式即使没有任何为它们提供基础的理念也能对我们的评判具有合目的性。但我把自然的自由形态理解为这样的形态,通过它而从静止的液体中由于这液体的一部分(有时仅仅是

207

热质的部分①)挥发或分离,那在这种固化过程中的剩余物就形成了某种确定的形状或组织(形体或结构),它们按照物质的种类差异而各不相同,但在同一种物质中却是严格相同的。但这里的前提是我们任何时候都把一种真实的液体理解为什么,就是说,物质在它里面是完全溶解的,亦即不应看作只是一些固体的和单纯悬浮在里面的部分的混合物。

于是,这种形态是通过结晶过程,也就是通过一种突然的固化而形成的,不是通过一种从液态到固态的逐渐的过渡,而是通过一种飞跃,这种飞跃的过渡也被称之为晶化。这种形态的最普通的例子就是正在冻结的水,在里面首先产生的是笔直的冰针,它们成 60 度角地拼接起来,但别的冰针同样也把自己附着在它们的每一点上,直到一切都变成了冰;以至于在这段时间里水在这些冰针之间不是逐渐变得坚硬起来,而是像它在更高得多的温度里会有的那样完全是液体的,但却完全具有冰的冷度。那种在固化的一瞬间突然跑掉的游离出来的物质就是热质的某一可观的量,由于这一定量的热质本来仅仅是成为液体所需要的,它的离开就使这冰从现在起丝毫也不比不久前在它里面还是液体的水更冷地保持下来。

许多盐类,以及那些具有某种晶化形状的矿石,都同样是从一种谁知道是通过一种什么样的介质而溶解在水中的地质成分中产生出来的。同样,许多矿物的晶簇状的形态,如方铅矿,红银矿之类,所有人都猜测它们也是在水中并通过各部分的结晶过程而形成起来的,它们由于某种原因被迫脱离这种溶解剂而相互结合成了一定的外部形状。

但一切仅仅由于热度而成为液体并由于冷却而形成了固体性的物质,也在内部断面上显示出某种一定的结构,并让人由此判断,如果不是由于它们自己的重量或空气干扰的阻碍的话,它们本来也是会在外部具有自己这一种类的特征形状的:例如人们曾在一些熔化后外表凝固了、但里面却还是液态的金属上,通过抽去内部还是液态的部分并让内部的其他余留部分平静地结晶而观察到了这类情况。那些矿物结晶体中有许多,如晶石簇,玻璃头②,霰石,它们常常有极其美丽的形态,就如艺术永远只可能臆想出来的那样;而安提巴洛

---

① 当时科学界流行用"热质说"来解释热的传导和丧失,参看下一段的解释。——译者

② Glaskopf,是一种球状、葡萄状和肾状的矿石,表面光滑而灿烂生辉。——译者

斯岛①洞窟中的辉光只不过是透过石膏岩层渗出的水的作品而已。

　　液体从一切外表来看一般是比固体更原始的,植物也好,动物的身体也好,都是从液态的营养物质中构成起来的,只要这种液态物质在静止中形成了的话;当然,它们在这种营养物质中的构成最初是按照某种原始的指向目的的素质(这种素质正如在本书第二部分中指出的,必须不是从审美上,而是从目的论上按照实在论原则来加以评判),但附带地却也许还是按照物质的亲缘关系的普遍规律而结晶和自由形成起来的。正如在混合着各种空气成分的大气中被分散开的液态水,当它们由于热的丧失而从大气中离析出来时,就产生出雪的形态,它们根据当时的空气混合的不同而具有常常看起来非常工致的和极为美丽的形状:所以毋须从评判有机体的目的论原则中吸取什么就完全可以设想,在涉及到花、羽毛、贝壳的形状和颜色上的美时,这种美可以被归之于大自然和它的能力,即它也能够在自己的自由中,并且不特别以此为目的,而是通过有机体所需要的物质的沉淀按照化学规律来进行审美的合目的性构造。

　　但说到是什么直截了当地把自然界的美中的合目的性的观念性原则证明为我们任何时候都放在审美判断本身中作为基础的、且不允许我们把对我们表象力的某种自然目的的任何实在论用来作解释根据的原则:那就是,我们在评判一般的美时寻求的是我们自己心中的先天的美的准绳,并且审美判断力就判断某物是否美而言是自己立法的,这种情况在采取自然的合目的性的实在论时是不可能发生的;因为在那种情况下我们就不得不向自然学习什么是我们必须感到美的东西,而鉴赏判断就会服从经验性的原则了。而在这种评判中关键并不在于自然是什么,乃至于什么是对我们来说的目的,而在于我们怎么去接受它。假如自然是为了我们的愉悦而构成了自己的形式,那这就永远会是自然的某种客观合目的性了;而不是一种主观的合目的性,它建立在想象力在其自由中的游戏之上,这种游戏是我们用来接受大自然的好意,而不是大自然向我们表示的好意。大自然包含有使我们在评判它的某些产物时在我们内心诸能力的关系中知觉到内在合目的性的机会,也就是把这种合目的性作为应当从某种超感性的根据出发解释为必然的和普遍有效的,大自然的这一特点不可能是自然目的,毋宁说,它是被我们评判为这种合目的性的;因为

210

────────────

　　①　Antiparos 为希腊的一个小岛。——译者

否则将要由此得到规定的判断就会是他律,而不是像它应该是鉴赏判断那样是自由的并且以自律为根据的了。

在美的艺术中,合目的性的观念论原则还要看得更清楚一些。因为在这里不可能通过感觉来假定合目的性的审美的实在论(那样一来它就会不再是美的艺术,而是快适的艺术了),这点它和美的自然是共同的。只不过由审美理念而来的愉悦不必依赖于一定目的的实现(像带有心机的艺术一样),因而这愉悦甚至在这原则的唯理论中也以目的的观念性、而不是它的实在性作为基础,这一点由以下情况也已经看得很明白,即美的艺术本身必须不看作知性和科学的产物,而必须看作天才的产物,因而它是通过与确定目的的理性理念本质不同的审美[感性]理念而获得其规则的。

正如作为现象的感官对象的观念性是解释它们的形式如何能被先天规定的唯一方式一样,在对自然美和艺术的评判中的合目的性的观念论,则是这个

211　批判只有在其之下才能解释一个要求对每个人先天有效(但却不把这种表现在客体上的合目的性建立在概念上)的鉴赏判断的可能性的唯一前提。

§59. 美作为德性的象征

要显示概念的实在性永远需要有直观。如果它们是经验性的概念,那么这些直观就叫作实例。如果它们是纯粹知性概念,那么这些直观就被称之为图型。如果人们甚至要求理性概念、即理念的客观实在性也为了达到对理念的理论知识而得到显示,那么人们就是在欲求某种不可能的东西,因为绝对不可能与这些理念相适合地给出任何直观。

一切作为感性化的生动描绘(演示,subiectio sub adspectum①)都是双重的:要么是图型式的,这时知性所把握的一个概念被给予了相应的先天直观;要么是象征性的,这时一个只有理性才能想到而没有任何感性直观能与之相适合的概念就被配以这样一种直观,借助于它,判断力的处理方式与它在图型化中所观察到的东西就仅仅是类似的,亦即与这种东西仅仅按照这种处理方式的规则而不是按照直观本身,因而只是按照反思的形式而不是按照内容而达成一致。

---

　　① 拉丁文:付诸直观。——译者

当人们把象征的这个词与直觉的表象方式对立起来时,这就是近代的逻辑学家们虽然接受下来、但却是意义倒置了的对这个词的不正确的运用;因为象征的表象方式只是直觉的表象方式的一种。就是说,后者(直觉的表象方式)可以被分为图型式的和象征式的表象方式。这两者都是生动描绘,即演示(exhibitiones①);不只是表征,即通过伴随而来的感性符号来表示概念,这些感性符号不包含任何属于客体直观的东西,而只是按照想象力的联想律、因而在主观的意图中用作那些概念的再生手段;这类东西要么是语词,要么是可见的(代数的甚至表情的)符号,作为对于概念的单纯表达。②   212

所以,一切我们给先天概念所配备的直观,要么是图型物,要么是象征物,其中,前者包含对概念的直接演示,后者包含对概念的间接演示。前者是演证地做这件事,后者是借助于某种(我们把经验性的直观也应用于其上的)类比,在这种类比中判断力完成了双重的任务,一是把概念应用到一个感性直观的对象上,二是接着就把对那个直观的反思的单纯规则应用到一个完全另外的对象上,前一个对象只是这个对象的象征。所以一个君主制的国家如果它按照内部的公民立法来统治的话,它就通过一个赋有灵魂的身体来表现,但如果它由一个单一的绝对意志来统治的话,它就只是通过一个机械(例如一个手推磨)来表现,但在两种情况下都只是象征式地表现。因为在一个专制国家和一个手推磨之间虽然没有任何类似之处,但在对两者及其原因性作反思的规则之间却的确有类似之处。这一任务至今还很少被人分析过,尽管它也是值得作更深入的研究的;不过在这里不是我们要停留的地方。我们的语言充满着这样一类间接的按照某种类比的演示,因此表达所包含的就不是对于概念的真正的图型,而只是对于反思的一个象征。所以这些词如根据(支撑、基础)、依赖(由上面扶持)、从什么中流出(而不说导致)、实体(如洛克所表达的:偶性的承担者),以及无数其他的词,都不是图型式的、而是象征式的生动描绘,而且是不借助于直接的直观,而只按照和直观的类比,即按照对一个直   213
观对象的反思向一个完全另外的、也许根本没有一个直观能与之相应的概念

---

① 拉丁文:展示。——译者

② 认识中的直觉必定是和推理(而不是和象征的东西)相对立的。于是前者要么通过演证而是图型式的;要么作为按照某种单纯类比的表象而是象征式的。——康德

的转换,而对概念所作的表达。如果就连一个单纯的表象方式也可以称之为知识的话(如果这表象方式是一个并非对于对象就它本身是什么作理论规定的原则,而是对于有关对象的理念对于我们和对于这理念的合目的运用来说应当是什么作实践规定的原则,则这样称谓是完全允许的):那么我们一切关于上帝的知识都只是象征的,而谁借助于知性、意志等等这些只有在尘世的存在者身上才表明其客观实在性的东西的特点而把这些知识看作图型式的,就会陷入拟人主义,正如当他离开了直觉就会陷入理神论一样,这样一来就在任何地方、哪怕在实践的意图上也不会认识任何东西了。

　　于是我说:美是德性—善的象征;并且也只有在这种考虑中(在一种对每个人都很自然的且每个人都作为义务向别人要求着的关系中),美才伴随着对每个别人都来赞同的要求而使人喜欢,这时内心同时意识到自己的某种高贵化和对感官印象的愉快的单纯感受性的超升,并对别人也按照他们判断力的类似准则来估量其价值。这就是前面那一节①所指出的鉴赏力所展望的理知的东西,我们的高级认识能力正是为此而协调一致着,没有它,在这些能力的本性之间当和鉴赏所提出的要求相比较时就会净产生一些矛盾了。在这个能力中,判断力并不认为自己像在别处经验性的评判中那样服从经验法则的他律:它是就一种如此纯粹的愉悦的对象而言自己为自己提供法则,正如同理性就欲求能力而言所做的那样;并且认为自己既由于主体的这种内在可能性、又由于一个与此协和一致的自然的外在可能性,而和主体自身中的及主体之外的某种既非自然、亦非自由、但却与自由的根据即超感性之物相联的东西有关系,在这超感性之物中理论能力与实践能力就以共同的和未知的方式结合成为统一体。我们想列举这一类比的几个要点,同时也不忽视它们的差异。

　　1.美直接地令人喜欢(但只是在反思性的直观中,而不是像德性那样在概念中)。2.它没有任何利害而令人喜欢(德性—善虽然必然与某种兴趣[利害]结合着,但不是与那种先行于有关愉悦的判断的兴趣,而是与那种通过这判断才被引起的兴趣结合着)。3.想象力的(因而我们能力的感性的)自由在对美的评判中被表现为与知性的合规律性是一致的(在道德判断中意志的自由被设想为意志按照普遍的理性法则而与自身相协调)。4.美的评判的主观原则被表现为普

_____

　　①　参看§57。——译者

遍有效、即对每个人都有效的,但却不是通过任何普遍概念而看出的(道德的客观原则也被解释为普遍的,即对一切主体、同时也对同一主体的一切行动都是普遍的,但却是通过一个普遍概念而看出的)。因此,道德判断不仅能够是确定的构成性原则,而且只有通过把准则建立在这些原则及其普遍性之上才有可能。

对这一类比的考虑甚至对于知性来说也是常事,我们经常用一些像是以道德评判为基础的名称来称呼自然或艺术的美的对象。我们把大厦或树木称之为庄严的和雄伟的,或把原野称之为欢笑的和快活的;甚至颜色也被称为贞洁的、谦虚的、温柔的,因为它们激起的那些感觉包含有某种类似于对由道德判断所引起的心情的意识的东西。鉴赏仿佛使从感性魅力到习惯性的道德兴趣的过渡无须一个太猛烈的飞跃而成为可能,因为它把想象力即使在其自由中也表现为可以为了知性而作合目的性的规定的,甚至教人在感官对象上也无须感官魅力而感到自由的愉悦。

§ 60.附录　　鉴赏的方法论

在科学之前先把一种批判划分为要素论和方法论,这不能够应用在鉴赏力的批判上,因为没有、也不可能有关于美的科学,而且鉴赏的判断是不能通过原则来规定的。至于任何艺术中的科学性的东西,即针对着在表现艺术客体时的真实性的东西,那么它虽然是美的艺术的不可回避的条件(conditio sine qua non①),但不是美的艺术本身。所以对于美的艺术来说只有风格(modus②),而没有教学法(methodus③)。大师必须示范学生应当作什么和应当如何做;而他最后使他的处理方式所服从的那些普遍规则,与其说可以用来把这种处理的主要因素颁布给学生,倒不如说只能用来附带地把这些因素纳入记忆之中。然而在这里必须加以考虑的是某种理想,它是艺术必须紧紧盯着的,尽管艺术在自己的进行过程中永远也不能完全达到它。只有通过唤起学生的想象力去适合某种给予的概念,通过觉察到由于理念是审美的、是概念本身所达不

———————

① 拉丁文:不可缺少的条件。——译者
② 拉丁文:模式。——译者
③ 拉丁文:方法。——译者

到的,因而表达对它是不充分的,并且通过尖锐的批判,才有可能防止那些摆在学生面前的榜样马上就被他当作原型、当作决不服从任何更高的规范而是服从于他自己的评判的模仿范本,因而使天才、但与天才一起也使想象力本身在其合规律性中的自由遭到窒息,而没有这种自由就没有美的艺术,甚至就连一个正确地对美的艺术作评判的自己的鉴赏力也都是不可能的。

216

一切美的艺术的入门,就其着眼于美的艺术的最高程度的完满性而言,似乎并不在于规范,而在于使内心能力通过人们称之为 humaniora① 的预备知识而得到陶冶:大概因为人道一方面意味着普遍的同情感,另方面意味着使自己最内心的东西能够普遍传达的能力;这些特点结合在一起就构成了与人性相适合的社交性,通过这种社交性,人类就把自己和动物的局限性区别开来。在有些时代和民族中,一个民族由以构成一个持久的共同体的那种趋于合乎法则的社交性的热烈冲动,在与环绕着将自由(因而也将平等)与强制(更多的是出于义务的敬重和服从,而不是恐惧)结合起来这一艰难任务的那些巨大困难搏斗:这样一个时代和这样一个民族首先就必须发明出将最有教养的部分的理念与较粗野的部分相互传达的艺术,找到前一部分人的博雅和精致与后一部分人的自然纯朴及独创性的协调,并以这种方式找到更高的教养和知足的天性之间的那样一种媒介,这种媒介即使对于作为普遍的人性意识的鉴赏来说也构成了准确的、不能依照任何普遍规则来指示的尺度。

一个未来的时代将很难使那种典范成为多余的;因为它将会越来越不接近自然,并且最终如果不具有典范的持久的榜样,它就几乎不可能做到使自己获得这样一个概念,即幸运地把最高教养的合乎法则的强制性与感到这种教养的固有价值的自由本性的力量和正确性结合在这同一个民族中。

217

但由于鉴赏根本上说是一种对道德理念的感性化(借助于对这两者作反思的某种类比)的评判能力,又由于从它里面、也从必须建立在它之上的对出于道德理念的情感(它叫作道德情感)的更大的感受性中,引出了那种被鉴赏宣称为对一般人类都有效、而不只是对于任何一种私人情感有效的愉快:所以很明显,对于建立鉴赏的真正入门就是发展道德理念和培养道德情感,因为只有当感性与道德情感达到一致时,真正的鉴赏才能具有某种确定不变的形式。

---

① 拉丁文:人文学科(特别指古希腊拉丁语言文学)。——译者

第二部分

目的论判断力批判

§61.自然界的客观合目的性

221

依据先验原则,我们有充分的根据把自然的主观合目的性在其特殊规律中假定为对于人的判断力是可把握的、并有可能将特殊经验联结在一个经验系统之中;这样一来,在自然的诸多产品中也就有可能指望这样一些产品,它们好像本来就完全是适合着我们的判断力而设置的那样,包含与判断力相适合的这样一些特别的形式,这些形式通过其多样性和统一性仿佛有利于加强和维持诸内心力量(这些内心力量是在这个判断力的运用中做着游戏),因而我们赋予这些形式以美的形式的称号。

但是,我们在自然界作为感官对象的总和的这个普遍理念中,完全没有任何根据认为自然物是相互充当达到目的的手段、而它们的可能性是只有通过这种类型的原因性才能充分理解的。因为在上述场合下,物的表象由于是在我们心中的某种东西,就完全也可以被先天地设想为与我们认识能力的内在合目的的情调相合相宜的;但那些既不是我们的、也不能归之于自然界(我们并不把自然界设定为理智的存在者)的目的,为什么倒是可以或应当构成一种特殊的原因性类型,至少是构成一种自然界完全特有的合规律性,这一点是根本没有丝毫根据能先天地加以推测的。但更有甚者,就连经验也不能向我们证明这些目的的现实性;除非一定有某种推想在先发生,只是把目的的概念带进物的本性中起作用,却不是从客体和对它们的经验知识取来这种概念,因 222
而更多的是用它来按照与我们心中诸表象联结的主观根据的类比而使自然成为可理解的,而不是从客观根据中来认识自然。

此外,客观合目的性作为自然物的可能性原则,远离了与自然概念的必然关联,以至于客观合目的性毋宁正是人们主要援引来由以证明它(自然)的及它的形式的偶然性的东西。因为当我们例如说引证一只鸟的构造,它的骨头中的空腔,它的双翼在运动时的状况和它的尾巴在掌握方向时的状况,如此等等,这时我们就说,这一切单是按照自然中的 nexus effectivus[①] 而不借某种特

_____

① 拉丁文:起作用的联系。——译者

殊种类的原因性、即目的原因性(nexus finalis①)之助,将会是在最高程度上的偶然性的;这就是说,作为单纯的机械作用来看的自然,本来是能够以上千倍的另外的方式来构成自己的,而不会恰好碰上按照这样一条原则的这个统一体,所以我们只可以在自然的概念之外、而不是在它之中,才有希望找到在这方面最起码的先天根据。

　　虽然目的论的评判至少是有理由悬拟地引入到自然的研究上来的;但这只是为了按照和以目的为根据的原因性的类比而将它纳入到观察和研究的诸原则之下,而不自以为能据此来解释它。所以它属于反思性的而不是规定性的判断力。关于自然按照目的而结合和形成的概念,在按照自然的单纯机械作用的因果律不够用的地方,倒是至少多了一条原则来把自然现象纳入到规则之中。因为我们在引证一个目的论的根据时,我们就好像这根据存在于自然中(而不是存在于我们心中)那样,把客体方面的原因性赋予一个客体概念,或不如说,我们是按照与这样一种原因性(这类原因性我们是在自己心中发现的)作类比来想象这对象的可能性的,因而是把自然思考为通过自己的能力而具有技巧的;与此相反,如果我们不把这样一种作用方式赋予自然,则自然的原因性就不得不被表象为盲目的机械作用。反之,假如我们把有意起作用的原因加诸自然,因而充当这个目的论的基础的不光是一条调节性的原则,这原则只是为了评判自然按其特殊规律有可能被设想为从属于其下的那些现象的,而且也是一条构成性的原则,它是从自然的原因中推导出它的产品来的原则:那么一个自然目的的概念就将不再是属于反思的判断力,而是属于规定性的判断力了;但那样一来,它事实上就根本不是(像美的概念作为形式的主观合目的性那样)属于判断力所特有的,而是作为理性概念把自然科学中的一种新的原因性引进来了,但这种原因性我们却只是从我们自己那里借来而赋予别的存在者的,虽然并不想把这些存在者看作是和我们同样性质的。

---

　　①　拉丁文:目的联系。——译者

第一章　目的论判断力的分析论

§62.与质料上的客观合目的性不同的
单纯形式上的客观合目的性

　　按照一条原则画出的一切几何图形,本身都显示出某种多样化的、常常是令人惊叹的客观合目的性,也就是按照唯一原则来解决许多问题、并且也许还以无限种不同的方式来解决这些问题中的每一个问题的那种适应性。合目的性在这里显然是客观的和智性的,而并不单是主观的和感性[审美]的。因为它表达了这图形对于产生许多想要达到的形状的适合性,并且被理性所认识。不过这种合目的性却并不使对象本身的概念成为可能,就是说,对象并不只是考虑到这种运用而被看作可能的。

　　在一个像圆这样简单的图形中包含着解决一大串问题的根据,这些问题中的每一个自身都被要求有各种各样的准备材料,而一种准备材料作为这个图形的无限多的突出特点之一就仿佛是由自己产生出来的。例如,如果所要求的是已知底边和它的对角而作一个三角形,那么这题目是不确定的,即它可以用无限多样的方式来解答。不过圆却把它们全都包括在内,作为一切符合这个条件的三角形的几何轨迹。又如两条线段要这样相交,使得从一线段的两部分所产生的矩形与另一线段的两部分所产生的矩形相等,那么这个问题的解答看起来是具有许多困难的。但一切在圆的内部相交并各自都受到圆周限制的两条线段都是自行按这个比例来划分的。其他的曲线又提供出另外的合目的性的解答,这种解答是在形成这些曲线的构造的那个规则中根本没有想到的。一切圆锥曲线单独来说和在相互的比较中,在解决一大串可能问题的原则方面都是富有成果的,不论规定这些曲线的概念的界说是多么简单。——真的使人快活的是看到古代几何学家们探究这类线段的属性的那股热情,他们没有让自己被受限制的头脑所提出的"这种知识究竟有什么用"的问题弄糊涂;例如对抛物线的知识,而并不知道地球上的重力的规律,这种规律本来会给他们提供出这知识在有重量的物体的抛掷路线上的应用(这些物

224

体的重力方向在其运动中可以被看作平行的）；又如对椭圆的知识，而并未预
见到即使在天体上也能发现某种重力，并且不知道重力在距引力点不同距离
时的规律，这规律使得这些天体描画出了这种自由运动的路线。当他们自己
都没有意识到地在其中为后代而工作时，他们陶醉于包含在事物的本质中、但
他们却完全能够先天地在其必然性中表现出来的某种合目的性。柏拉图本人
225　就是这门科学的大师，他曾为了事物的这样一种我们可以撇开一切经验来发
现的原始性状，以及内心可以从存在物的超感性原则中获得这些存在物的和
谐这样一种能力（归于此列的还有内心在音乐中与之游戏的那些数的属性），
而受到鼓舞，这种鼓舞使他超越经验概念而提升到理念，而这些理念在他看来
似乎只能由于某种与一切存在物的起源的共同的智性关系来解释。毫不奇
怪，他曾把不懂几何学的人从他的学园中赶出去，因为他想把阿那克萨哥拉从
经验对象及其目的关系中推论出来的东西由寓于人类精神内部的纯粹直观中
推导出来。因为，具有合目的性的东西，以及具有仿佛是有意为我们的运用而
设立、但仍然显得是应本源地归于物的本质而并不在乎我们的运用这样一种
性状的东西，它的必然性就正好是对自然的巨大惊叹的根据所在，这根据与其
说是在我们外部，不如说是在我们自己的理性中；在这方面如果这种惊叹由于
误会而可能一步步上升到狂热，这倒是可以原谅的。

　　但这种智性的合目的性虽然是客观的（而不像审美的合目的性那样是主
观的），按照其可能性却仍然很可以理解为、但却只能普遍地被理解为单纯形
式的（而非实在的）合目的性，即：理解为合目的性，却并不需要一个为它奠定
基础的目的，因而并不需要在这方面的目的论。圆形是一种按照原则而被知
性所规定的直观：我所任意假定并当作概念来奠基的这一原则的统一性，当其
应用于同样只是作为表象而且是先天地在我里面发现的某种直观形式（空
间）之上时，就使得许多从那个概念的建构中产生出来的、在许多可能的意图
中是合目的的规则的统一性被理解了，而无需为这个合目的性配置一个目的
或它的任何别的根据。在这里，情况并不同于当我在我之外的物的一个包括
226　在某个界限之内的总和中，例如在一个花园中发现树木、花坛、小径等等的秩
序和合规则性那样，这些东西我并不能希望先天地从我按照一条随意的规则
所做的对一个空间的划界中推导出来；因为这是一些实存性的物，它们为了能
够被认识就必须经验性地被给予出来，而不只是我心中某个按照一条先天原

则来规定的表象。所以后一种（经验性的）合目的性作为实在的合目的性是依赖于一个目的概念的。

　　但即使是对一种虽然是在物的本质中（就这些物的概念能被建构起来而言）被知觉到的合目的性的惊叹，其根据也是可以很好地看出来的，亦即看作合法的。激起这种惊叹的是多样性规则的（出自一个原则的）统一性，这些多样性规则全都是综合性的，并且不是从一个客体概念中、例如圆的概念中得出来的，而是需要有这个客体在直观中被给予出来。但这种统一性由此也就获得这样一种外表，就好像它经验性地具有一个与我们的表象能力不同的外部的规则根据一样，因此就好像这客体与知性所固有的对规则的要求的协和一致本身是偶然地、因而只是通过一个明确针对这种一致的目的才是可能的一样。现在，虽然正是这种和谐一致，由于它尽管是这样一种合目的性，但却不是经验性地、而是先天地被认识的，它就应当由自身把我们引向这一点，即客体唯有通过空间（借助于想象力而与一个概念相符合）的规定才是可能的，这空间不是我们之外的物的性状，而只是我们心中的表象方式，因而我在我适合着一个概念而画出的图形中，也就是在我自己的有关一个在我之外被给予的不论本身会是什么的东西的表象方式中，带入了那种合目的性，而不是从这个东西中经验性地习得了合目的性，所以为了那种合目的性，我不需要任何我之外的客体上的特殊目的。但由于这种思考已经要求对理性作一种批判的运用，因而不可能是马上就一起被包括在按照对象的属性对它所作的评判中的：所以这种评判直接提供给我的无非是那些异质规则在一个原则中的结合（甚至是依照这些规则本身所具有的不同质的东西而结合），这个原则此时并不要求一个先天地处于我的概念和一般地说处于我的表象之外的特殊根据，但却是先天地被我认作是真实的。现在，惊异是内心对于一个表象及由它所给予的规则与那些已经植根于内心中的原则的不可结合性的一种抵触，所以这种抵触带来一种对于我们是否看准了或是否判断得正确的怀疑；但惊叹则是一种哪怕这种怀疑消失了却仍然反复出现的惊异。所以后者是在诸物（作为现象）的本质中那个被观赏的合目的性的一种完全自然的作用，这种作用在这方面也完全没有什么可指责的，因为感性直观的那个形式（称之为空间）与概念能力（知性）的可结合性不仅仅由于它恰好是这一种而不是任何别样的，而对我们是不可解释的，而且它对内心来说还是扩展性的，仿佛对超出那些感

227

性表象之外的东西还会有某种预见,似乎在其中虽然我们不知道,却可能找到那种一致的最后根据一样。虽然这种根据,如果只涉及到我们表象的先天形式合目的性的话,我们也没有必要去认识;但只要不能不对之加以展望,那就会同时引起对那个迫使我们这样做的对象的惊叹。

　　人们习惯于把几何形状以及数目的上述属性,由于从其建构的单纯性中所没有预期到的它们对各种各样的知识运用先天具有的某种合目的性,而称之为美,例如谈论圆的这种或那种美的属性,这样的属性会以这种或那种方式被发现出来。只是这绝不是我们由以发现这属性是合乎目的的那种审美的[感性的]评判,不是在我们诸认识能力的自由游戏中使某种单纯主观的合目的性变得明显的那种无概念的评判;而是一种按照概念的智性的评判,它让人清晰地认识到某种客观合目的性、即对各种各样的(以至于无限多样的)目的的适应性。我们与其把它称之为一种数学图形的美,不如称之为一种相对的完善性。一种智性的美这个称呼一般说来也不能够有正当的理由得到同意:因为否则美这个词就不能不丧失一切确定的含义,或智性的愉悦就不能不丧失对感性的愉悦的一切优越性了。我们还不如把对这样一些属性的演证称之为美的,因为通过这种演证,作为概念能力的知性和作为先天地表现这些概念的能力的想象力感到自己被加强了(这一点再加上理性所带来的精确性,就被称之为演证的优美);因为在这里,这种愉悦虽然在概念中有其根据,但至少还是主观的,而完善所带来的是一种客观的愉悦。

§63.自然的相对合目的性区别于自然的内在合目的性

　　经验把我们的判断力引向一个客观质料的合目的性概念、即引向一个自然目的的概念①,这只是在必须对原因和结果的关系作出评判的时候,而这种因果关系又只是由于我们把结果的理念作为给它的原因的原因性本身奠定基础

---

　　① 因为在纯粹数学中不涉及实存,而只涉及物的可能性,也就是某种与物的概念相应的直观的可能性,因而也根本不涉及原因和结果,这样一来,所有在那里被看出的合目的性都必须只被看作形式上的,而永远不能被看作自然目的。——康德

的、使这种原因性成为可能的条件而加于其原因的原因性上,我们才觉得有可能看出它是合乎规律的。但这可能以两种方式发生:要么我们把这个结果直接看作艺术品,要么只是看作别的可能的自然存在者的艺术的材料,因而,要么看作目的,要么看作其他原因的合目的的运用的手段。后面这种合目的性(对人类而言)就叫作有用性,或者(对任何其他被造物而言)也叫作促成作用,只是相对的合目的性;而前一种合目的性则是自然存在物的内在的合目的性。

例如,河流带来了各种各样有利于植物生长的土壤,它们有时把这些土壤沉积在陆地中部,常常也沉积于河口上。涨潮在一些海岸边把这些沉积物带着漫过陆地,或是把它们淤积在陆地的岸边;而尤其当人们对此加以辅助以免退潮将它们又带走的时候,这就增加了肥沃的土壤,而在从前鱼群和甲壳类动物曾有过栖身之所的地方,植物界就赢得了地盘。以这种方式来扩展陆地,这大部分完全是由自然界本身完成的,并且它现在还在进行,虽然很缓慢。——于是就要问:这是否由于它对人类说来包含着某种有用性,就必须评判为自然界的一种目的;因为对植物界本身来说,由于与此相反,从海洋生物那里被夺去的东西和给陆地所增加的好处是同样的多,所以这种有用性是不能考虑在内的。

或者,要举出某些自然物作为手段对另一些生物(如果我们把它们预设为目的的话)有促成作用的例子,那么,没有任何土壤比沙土更有益于云杉的生长的了。于是,古代的海洋,在它从陆地退走以前,在我们的北方各地留下了如此之多的沙滩,以至于在这种对于任何耕种本来是毫无用处的土壤上有可能生发出广阔的云杉林来,我们经常由于对它们的乱砍滥伐而责怪我们的祖先;而这时我们就可以问,是否这种远古的沙层沉积曾有一个为了在此之上可能有云杉林的自然目的呢? 有一点是清楚的,如果我们假定这种云杉林是一个自然目的,那么我们就必须承认那沙滩也是自然目的,但只是相对的目的,对它来说那个古代的海滨及其退走又曾是手段;因为在一个目的关系相互隶属的诸环节的系列中,每一个中介环节都必须被看作目的(尽管就是不被看作终极目的),离它最近的那个原因对它来说就是手段。同样,一旦世界上要有牛、羊、马等等,那么地上也就必须长出草来,但如果骆驼要繁衍起来,沙漠上也就必须有耐盐植物生长,或者,这些和其他一些食草动物也必须能大量

229

230

地找得到,如果应该有狮子、老虎和狼的话。因此,建立在促成作用上的这种客观合目的性不是自在之物本身的客观合目的性,就好像沙子单独作为从它的原因即海洋而来的结果,若不把一个目的加之于海洋,并把这结果即沙看作艺术品,就不能得到理解似的。这结果只是一个相对的、对它被赋予的那个物自身而言只是偶然的合目的性;并且在上述例子中,虽然草类自身就必须作为自然的有机产物、因而作为高度艺术性的来评判,但它们在和以之为生的动物的关系中却毕竟只被看作原材料。

　　但此外,当人通过自己的原因性的自由,而发现自然物有利于自己常常是愚蠢的意图(用五彩的羽毛来装饰他的衣服,用有颜色的土或树汁来涂抹自己),有时也是出于合理的意图,发现马有利于乘骑,发现牛、甚至在梅诺卡①发现驴和猪有利于耕地时:那么我们在这里就连(在这种用途上的)某种相对的自然目的也不能假定了。因为他的理性懂得给这些自然物赋予某种与他的任意的突发奇想的协和一致性,他本人作这种突发奇想是就连自然也未曾注定的。只要我们假定人类本来就应该在地球上生活,那么那些他们一旦失去就不能作为动物、甚至作为理性的动物(不论是在如何低级的程度上)而存在
231 的手段,就至少也是不可缺少的;但这样一来,为了这一点而不可或缺的这样一些自然物也就会必须被视为自然目的了。

　　由此很容易看出,外部的合目的性(一物对另一物的促成作用)只有在下述条件下才能被看作一个外部自然目的,即它所或近或远地对之有促成作用的那个物的实存本身要是一个自然目的。但由于那种事从来也不是能够由单纯的自然考察来决定的,这就得出:相对的合目的性尽管它对自然目的的给出了假设性的指示,却并未使人有权作出任何绝对的目的论判断。

　　雪在寒带地区保护种子不被冻坏;它还使人类的交往(通过雪橇而)变得便利;拉普兰人②在那里发现了促进这种交往的动物(驯鹿),它们靠必须由它们自己从雪底下刨出来的干枯的苔藓就感到足以为生了,却仍然轻易地让人驯服,并甘愿让人夺去它们本来完全能够很好地维持生活的自由。在这个北

―――――――――――

　　①　Minorka,地中海西岸岛名,属西班牙。——译者
　　②　拉普兰(Lappland)为瑞典北部省份,与挪威、芬兰接壤,本地居民亦称拉普人。——译者

极地带的另一些民族,海洋为他们保有丰富的动物资源,这些动物除了它们所提供的食物和衣服,以及海上漂来仿佛是给他们筑居的木料之外,还为他们提供了烧热他们的小屋的燃料。于是在这里就有如此之多的自然关系在一个目的上的令人惊叹的汇集;而这个目的就是格陵兰人,拉普人,萨莫耶德人①,雅库特人②等等。但我们看不出来,究竟为什么人类必须生活在那种地方。所以,如果说之所以空气中的水蒸气以雪的形式降落下来,大海有洋流把温带生长起来的树木冲到这里,以及在此有巨型的富含油脂的海洋动物,是由于提供这一切自然产物的原因的根据就在于对某种可怜的生物有好处这个理念,这将会是一个极其冒险而任意的判断。因为即使这一切自然的有用性都不存在,我们也丝毫不会觉得自然的原因对于这种性状就失去了充分性;相反,哪怕只是要求有这样一种安排并强求自然有这样一种目的,这本身对我们来说就会是狂妄的并似乎是欠考虑的了(因为不言而喻,只有人类的极其互不相容才可能使他们逃散到了如此荒凉的地区)。

232

§64.作为自然目的之物的特有性质

为了能够看出一物只有作为目的才是可能的,也就是看出它的起源的原因性必须不到自然的机械作用中,而是到一个由概念规定其发生作用的能力的原因中去寻找,那就要求:这物的形式不是按照单纯的自然规律就是可能的,亦即不是按照仅仅由知性在应用于感官对象上时就能被我们认识到的那些自然规律而可能的;相反,哪怕这形式就其原因和结果而言的经验性的知识,也是以理性的概念为前提的。由于理性哪怕只是要看出与一个自然产物的产生相联结的条件,也必须在这产物的每一个形式上认识其必然性,但却仍然不能在那个给予的形式上假定这种必然性,所以物的形式不顾任何经验性的自然规律而与理性发生关系的这种偶然性,本身就是假定自然产物的这样一种原因性的根据,就好像这种原因性正因为如此便只有通过理性才是可能的一样;但这样一来,这种原因性就是按照目的来行动的那种能力(即一个意

---

① Samojede,又写作 Samoyede,居住在西伯利亚地区的民族。——译者
② Jakute,又写作 Yakute,亦称萨哈人,西伯利亚地区的主要民族。——译者

志);而被表象为只有由这意志才可能的那个客体,就只有作为目的才会被表
象为可能的了。

如果有人在一个在他看来像是无人居住的地方看见一个画在沙滩上的几
何图形,例如一个规则的六角形,那么他的反思活动在对这图形形成一个概念
时,就会借助于理性而哪怕是模糊地意识到产生这六角形的原则的统一性,并
且按照理性而不会把他所知道的这沙滩、这邻近的海、风乃至动物的足迹,或
者任何别的非理性的原因,评判为这样一个形状的可能性的根据;因为在他看
来,与这样一个只有在理性中才可能的概念发生巧合的偶然性将会显得如此
地无限大,以至于情况就正好像在这里完全没有什么自然规律一样,因而也没
有任何在单纯机械地起作用的自然中的原因,而只有关于这样一个客体的概
念,即一个只有理性才能提供出来并且能将该对象与之相比较的概念,才有可
能也包含着导致这样一种结果的原因性,于是这一原因性就能被绝对地看作
目的,但不是自然目的,就是说,它可以被看作艺术的作品(vestigium hominis
video①)。

但是,为了把我们认作是自然产物的东西终归还是评判为目的、因而评判
为自然目的,假如其中不存在任何矛盾的话,那么这本身就要求有更多的东
西。我暂时会这样说:如果一物自己是自己的原因和结果(即使是在双重意
义上),它就是作为自然目的而实存的;因为这里有一种原因性,这类原因性
若不给它加上一个目的,是不可能与一个自然的单纯概念结合起来的,但这样
一来它虽然也能被无矛盾地设想,但却是不能理解的。在我们把对自然目的
的这个理念的规定彻底加以分析之前,我们想先通过一个例子来对它进行说明。

首先,一棵树按照已知的自然规律生出另外一棵树。但它生的这棵树是
属于同一个类的;所以按照类来说它是自己产生出自己,在类中它一方面作为
结果,另方面作为原因,而不断地自己被自己生产出来,同样又经常性地自己
生产着自己,这样作为类而持久地保持着自己。

其次,一棵树甚至作为个体也自己产生着自己。这种作用我们虽然只称
之为生长;但这种生长必须在这种意义上来理解,即它是与所有其他的按照机
械规律的量的增加完全不同的,并且必须被看作与生殖是相同的,虽然名称不

─────────

① 拉丁文:看到了人的痕迹。——译者

同。树给自己添加上去的那些物质是经这植物预先加工成专门特有的质的，234
这种质是在它之外的自然机械作用所不能提供的，而且它是借助于一种就其
配制过程而言是它自己的产物的材料来进一步自己形成自己的。因为这种材
料虽然就其从外在于它的自然界中获得的成分而言，必须被看作只是离析出
来的东西，但在这种原材料的分离和重新再组合中，却可以发现这类自然存在
物的挑选能力和形成能力的这样一种独创性，以至于任何艺术离它都还是无
限地遥远，如果这种艺术试图从它分解这些自然存在物而获得的那些要素中、
甚至从自然提供给它们作养料的材料中重新制造出植物界的那些产物来
的话。

　　第三，这个生物的一部分也是这样自己产生自己的，以至于某一部分的保
持交互地依赖于另外那些部分的保持。将一种树叶上的芽眼插接到另一种树
叶的细枝上，就会在一个异种的砧木上产生一个属于这芽眼本身种类的植株，
嫁接在另一棵树干上的树枝的情况也是如此。因此，我们也可以把同一株树
上每个枝条和每片树叶都看作只是被嫁接或芽接到这棵树上来的，因而看作
是独立存在的一棵树，它只是附着和寄生于另一棵树上。同时，这些树叶虽然
都是这棵树的产物，但却反过来也维持着这棵树；因为反复地落叶将会使树死
去，而树的生长是依赖于树叶对树干的作用的。至于在这些生物当中当它们受
到伤害时的自我保护的本性，即当维持相邻部分所需要的某一部分缺乏时由
其他部分来补足的本性，以及在生长中那些畸变和畸形，即某些部分因出现缺
乏或受阻现象而以全新的方式形成自身，以便维持住现有的东西而产生出不
正常的生物来：这些我在这里只想顺便提及，尽管它们被归于有机生物那些最
神奇的属性之下。

§65.作为自然目的之物就是有机物 235

　　按照上一节所引述的特征，一个应当作为自然产品、但同时又只是作为自
然目的才可能被认识的物，必须自己与自己处于交互作为原因和结果的关系
中，这是一种不太真切的和不确定的表达方式，它需要从一个确定的概念中进
行某种推导。

　　因果联系就其只是通过知性被思维而言，是一种构成（原因和结果的）一

个不断下降的系列的联结；而那些作为结果的物是以另外一些作为原因的物为前提的，本身不能反过来同时又是另外这些物的原因。这种因果联系我们称之为作用因（nexus effectivus①）的因果联系。但与此相反，也有一种因果联系却是可以按照某种理性概念（目的概念）来思考的，这种因果联系当我们把它看作一个系列时，将既具有一种下降的依赖关系，又具有一种上溯的依赖关系，在其中，一度被表明是结果的物却在上溯中理应得到它成为其结果的那个物的原因的称号。在实践中（也就是在技艺中）我们很容易发现这一类的联结，例如房子虽然是房租所收入的钱的原因，但反过来，这一可能的收入的表象却也曾是建这所房子的原因。这样一种因果联系就被称之为目的因（nexus finalis②）的因果联系。我们也许可以把前者更恰当地称之为实在原因的联结，把后者称为理想原因的联结，因为在这样命名时同时也就领会到，不可能有多于这两种类型的原因性了。

于是，对一个作为自然目的之物首先要求的是，各部分（按其存有和形式）只有通过其与整体的关系才是可能的。因为该物本身是一个目的，因而是在某个概念或理念之下被把握的，这理念必须先天地规定应在该物中包含的一切东西。但如果一物只是以这种方式被设想为可能的，它就仅仅是一个艺术品［人工制品］，也就是一个与它的质料（各部分）有别的理性原因的产品，这个理性原因的原因性（在获取和结合各部分时）是被一个关于由此而可能的整体的理念（因而不是被外在于该物的自然）所规定的。

但如果一物作为自然产品在自身中及在其内在的可能性中仍然要包含有对目的的某种关系，亦即要仅仅作为自然目的而没有外在于它的理性存在者的概念的原因性就是可能的：那么对此就有第二个要求：它的各部分是由于相互交替地作为自己形式的原因和结果，而结合为一个整体的统一体的。因为只有以这种方式，整体的理念反过来（交替地）又规定一切部分的形式和关联才是可能的：不是作为原因——因为那将会是一个艺术品——，而是作为这个作评判的人对包含在给予质料中的一切杂多东西的形式和关联的系统统一进行认识的根据。

---

① 拉丁文：起作用的联系。——译者
② 拉丁文：目的联系。——译者

所以,对一个应当就自身及按其内在可能性被评判为自然目的的物体来说,就要求其各个部分既按照其形式又按照其关联而全都相互交替地产生出来,并这样从自己的原因性中产生出一个整体,这整体的概念反过来(在一个根据概念而具有与这样一种产品相适合的原因性的存在物中)又根据一条原则而成为该物体的原因,这样,作用因的联结同时又可以被评判为由目的因所导致的结果了。

在这样一个自然产品中,每一个部分,正如它只有通过其他一切部分才存有那样,它也被设想成为了其他部分及整体而实存着的,也就是被设想成工具(器官):但这是不够的(因为它也可以是技艺①的工具,因而可以只是作为一般可能的目的被设想);而是作为一个把其他各部分(因而每一部分都交替地把别的部分)产生出来的器官,这类器官决不可能是技艺的工具,而只能是为工具(甚至为技艺的工具)提供一切材料的自然的工具:而只有这样,也只是因为这,一个这样的产品作为有组织的和自组织的存在者,才能被称之为自然目的。 237

在一只表里,一个部分是使另一部分运动的工具,但并不是说一个轮子就是产生出另一个轮子的作用原因;一个部分虽然是为了另一个部分的,但并不是通过另一个部分而存有的。因此产生该部分及其形式的原因也不包含在自然(这个质料)中,而是包含在外在于自然的一个存在者中,这个存在者能够按照一个通过他的原因性而可能的整体的理念来起作用。因此这个表中的一个轮子也并不产生另一个轮子,一个表更不会产生出另一个表、以至于它为此而利用别的材料(把它们组织起来);因此它也不会自动补上从它那里偷走的部分,或是由其他部分的加入来补足它在最初构成时的缺陷,或是当它陷入无序时例如说自己修复自己:相反,这一切我们都可以指望那有机的自然。——所以,一个有机物不只是机器:因为机器只有运动力;而有机物则在自身中具有形成力,而且这样一种力有机物把它传给不具有它的那些质料(把它们组织起来):所以这是一种能传播②的形成力,它单凭运动能力(机械作用)是不能解释的。

---

① 即艺术,德文为 Kunst,除了包含"美的艺术"外,还包含工艺、技术在内。——译者
② 德文 fortpflanzend 兼有"传播"和"繁殖"两义。——译者

　　如果我们把有机产物中的这种能力称之为艺术的类似物,那么我们对自然及其有机产物中的能力所说的就太少了;因为这时我们所想到的就是在自然以外的一个艺术家(一个有理性的存在者)。但自然毋宁说是自组织的,并且是在它的有机产物的每个物种中自组织的,虽然整体上是按照同样的范本,但也还是有些适当的偏离,这是在某些情况下自我保存所要求的。如果我们把它称之为生命的类似物,也许就更切近于这种难以解释的属性;但这时我们要么就不得不把某种与物质的本质相冲突的属性赋予作为单纯质料的物质(物活论);要么就必须把某种与它处于协同性中的异质原则(一个灵魂)加到它里面去:但在这里,如果一个这样的产物应当是一个自然产物的话,我们就已经要么把有机物质预设为那个灵魂的工具了,因而丝毫也没有使那个有机物质得到更多的了解,要么就必须使灵魂成为这个构造物的艺术家,于是就不得不把这种产物从自然中(从有形自然中)取消掉。所以严格说来自然的有机体并不具有与我们所知的任何一种原因性相类似的东西①。自然的美由于它只有在与关于对象之外部直观的反思的关系中、因而只是因为表面的形式才被赋予了对象,它就可以正当地被称之为艺术的一个类似物。但自然的内在完善性,如同那些只是作为自然目的才可能、因而叫作有机物的东西所具有的那样,却是不能按照与我们所知道的任何物理的、也就是自然的能力的类比来思考和解释的,甚至由于我们自己在最宽泛的理解中也是自然的一部分,所以就连通过与人类艺术的一种严格适合的类比也不能思考和解释它。

　　所以,一个本身是自然目的之物的概念并不是知性或理性的任何构成性的概念,但对于反思的判断力却能够是一个调节性的概念,它按照与我们一般依据目的的原因性的某种远距离的类比来指导对这一类对象的研究并反思其最高根据;这样做虽然不是为了认识自然或是自然的那个原始根据,却毋宁说是为了认识我们心中的那个实践理性,我们正是凭借它而在类比中观察那个

①　反过来,我们可以通过与上述直接的自然目的的一个类比来理解某种与其说在现实中不如说在理念中也被见到的联结。所以我们在近代从事一种彻底的改造、即把一个伟大的民族改造成一个国家时,就很恰当地频繁使用了有机体这个词来建立市政机构等等乃至于整个国体。因为在这样一个整体中每个成员当然都不应当仅仅是手段,而同时也是目的,并由于他参与了去促成这个整体的可能性,他又是按照他的地位和职能而由整体的理念所规定的。——康德

合目的性的原因的。

所以有机物是哪怕在我们单独看它们而不与别的东西发生关系时也必然只有作为自然的目的才能被设想的自然界唯一的存在物,所以它们首先给一个并非作为实践的、而是作为自然的目的的目的概念带来了客观实在性,并由此而为自然科学取得了某种目的论的根据,即按照一个特殊原则对自然科学的客体作某种方式的评判的根据,这类根据在其他情况下是绝对没有理由引入到自然科学中来的(因为我们根本不能先天地看出这样一类的原因性是可能的)。

§66.评判有机物中的内在合目的性的原则

它的这个原则、同时也是它的定义是说:一个有机的自然产物是这样的,在其中一切都是目的而交互地也是手段。在其中,没有任何东西是白费的,无目的的,或是要归之于某种盲目的自然机械作用的。

这条原则虽然按照其起因可以从经验中得出来,也就是从按照一定方法来处理并被称作观察的经验中得出来;但由于它所表达的有关这样一种合目的性的普遍性和必然性,它就不仅仅是基于经验的基础上的,而必须把某一个先天的原则作为基础,哪怕只是调节性的原则,哪怕那些目的只是处于评判者的理念中、而不处在任何作用因中。因此我们可以把上述原则称之为有机物的内在合目的性的评判准则。

众所周知,植物和动物的解剖学家们为了研究它们的结构,为了能看出这样一些部分是为何并为了什么目的被给予它们的、各部分的这样一种位置和联结以及恰好是这种内部形式又是为何被给予它们的种种根据,而把那条准则、即"在这样一个生物中没有任何东西是白费的"这个准则假定为不可避免的必要的,并使之正是如同普遍自然学说的原理"没有任何事情是偶发的"那样起作用。事实上,他们也不可能宣布与这条目的论的原理脱离关系,正如不能宣布与普遍的物理学原理脱离关系一样,因为,如同放弃了物理学的原理就根本不会给我们留下任何一般经验一样,放弃了目的论的原理,也就不会给我们留下任何对我们一度以目的论的方式在自然目的概念之下思考过的某一类自然物进行观察的线索。

　　因为这个概念把理性引进了某种完全另外的物的秩序,不同于在这里不再能满足我们的单纯自然机械作用的秩序。某种理念应当作为这自然产物的可能性基础。但由于这个理念是表象的一种绝对统一性,反之,质料则是物的某种多数性,这种多数性不能够自己提供出复合物的任何确定的统一性:所以,如果理念的那种统一性甚至应当用作复合物的这样一种形式的原因性的某种自然律的先天规定根据的话,那么自然目的就必须涉及到在自然产物中所包含的一切东西。因为我们一旦使这样一种结果在整体上与一个超越于盲目的自然机械作用之上的超感性的规定根据相联系,我们也就必须完全按照这条原则来对它进行评判;而在此并没有任何将这样一物的形式还部分地看作是依赖于盲目机械作用的理由,因为那样一来就会由于混淆了不同性质的原则而完全没有任何可靠的评判规则留下来了。

　　固然,例如在动物的躯体中,有些部分作为固化物(如皮肤、骨头、毛发)是有可能按照单纯的机械律来理解的。然而为此弄到合适的材料、把它变形和塑造成这样并放在它们应处的位置上,这样做的原因却毕竟总是要从目的论上来评判的,以至于在这个躯体中的一切都必须被看作是有机的,而一切也都在与该物本身的某种关系中又是工具。

241

§67.把一般自然从目的论上评判为
目的系统的原则

　　我们前面关于自然物的外在合目的性曾说过:它不会提供任何充分的辩护理由,来既把自己作为自然目的而用作解释这些自然物的存有的根据,同时又把这些自然物的偶然合目的的结果在理念上按照目的因的原则用作它们的存有的根据。所以我们不能由于河流促进着各国内部各民族之间的联系,由于山脉蕴含着这些河流的水源并保有积雪以在无雨季节维持这些河流,以及同样地,由于陆地的斜坡让这些积水流走而使土地干燥,据此就立即把这些都看作自然目的:因为虽然地球表面的这种形态对于产生和维持植物界和动物界是极其必要的,但它本身却并不具有任何在其可能性上我们看出有必要假定某种目的原因性的东西。同样这也适用于人们用于生活必需和赏心悦目的植物;适用于那些动物,如骆驼,牛,马,狗等等,人们可以把它们有的用作自己的食物,有的用来供自己多方面的役使,而大部分是完全不可缺少的。这些事物中没有一样人们有理由将之独自看作目的,对于它们的这种外部关系只能在假设中被评判为合目的的。

由于一物的内部形式而将它评判为自然目的,这是完全不同于把该物的实存看作自然目的的。要作出后面这种断言我们需要的不只是关于某个可能的目的的概念,而且是自然的终极目的(scopus①)的知识,而这需要的是自然对某种超感性之物的关系,这种关系远远超出了我们的一切目的论的自然知识,因为自然本身实存的目的必须超出自然之外去寻求。单是一根草的内部形式就足以能证明它的起源对于我们人类的评判能力来说只有按照目的规则才是可能的。但如果我们撇开这一点而只着眼于别的自然物对它的利用,那么我们就放弃了对内部组织的考察而只着眼于外部的合目的性关系,如草对于牲畜来说,牲畜对于人来说都是作为后者的生存手段而必要的;而我们看不出人的生存究竟为什么是必要的(这个问题,如果我们所想到的是比如说新荷兰人②和火地岛人,那就有可能不是那么容易回答了):于是我们就达不到任何绝对的目的,相反,这一切合目的的关系都是建立在某个总是必须继续推出去的条件之上的,这条件作为无条件者(一个作为终极目的之物的存有)是完全处于自然目的论的世界考察之外的。但这样一来,一个这样的物也不是自然目的;因为它(或它的整个类都)不能被看作自然产物。

所以只有就物质是有机的而言,它才必然带有它作为一个自然目的的概念,因为它的这个特殊的形式同时又是自然的产物。但现在,这个概念必然会引向全部自然界作为一个按照目的规则的系统的理念,这个理念现在就是自然的一切机械作用按照理性诸原则(至少是为了在这上面对自然现象进行研究)所必须服从的。理性的这一原则只有作为主观的、即作为准则才被归于这个理念:世上一切都是对于某个东西是好的;世上没有任何东西是白费的;而我们凭借自然界在它的有机产物上所提供的例证,有理由、甚至有责任从自然及其规律中仅仅期待那在整体上合乎目的的东西。

①　希腊词:目的。——译者
②　新荷兰为美洲旧地名,即今天的纽约州。——译者

不言而喻,这不是一条对于规定性的判断力的原则,而只是一条对于反思性的判断力的原则,它是调节性的而不是构成性的,并且我们凭借它只是获得了一条线索,来对自然物在与一个已经被给予的规定根据的关系中、按照某种新的合规律的秩序而加以考察,并对自然知识按照另一条原则、即目的因的原则来加以扩展,却不损害自然原因性的机械作用。此外,我们凭借它也绝对没有断定任何一个我们根据这一原则来评判的某物是不是自然界的有意的目的:草是否为着牛或羊而存在,而牛或羊及其他自然物是否为着人而存在。妥当的做法是,哪怕我们所不喜欢和在特殊的关系中是违背目的的东西也从这一方面来考察。例如我们就可以这样说:在人们的衣服里、头发里或床上折磨他们的寄生虫,按照自然界明智的部署就会是对爱干净的一种督促,而爱干净自身已经是一种保持健康的重要手段了。或者,使美洲荒野的野蛮人如此难以忍受的蚊虫和其他叮人的昆虫,也许会给这些发展中的人类的能动性以如此多的激励,以便排引沼地,使密不透风的森林照进阳光,通过这种方式并通过扩展耕地,而使他们的居住地同时也变得更卫生。甚至在他们内部机体中看起来是违背自然的东西,如果以这种方式来考察的话,也提供了一种很有趣的、有时甚至是很有教益的对事物的目的论秩序的展望,没有这样一条原则而单凭物理的观察是不会把我们引到这种展望上去的。正如有些人把寄居于人或动物身上的绦虫判定为仿佛是对其生命器官的某种缺陷的补偿一样:我同样要问,做梦(没有它们就根本不会有睡眠,尽管人们很少回忆起它们来)是否也可以是大自然的一种合目的性的安排,因为它们用来在身体运动的一切力气都放松时,凭借想象力及其大量的活动(这活动在这种情况下大部分都会一直上升到激情)而最内在地激动起那些生命的器官;正如在吃得太多而越是迫切需要这种运动时,想象力通常也就在晚上睡觉时越是活泼地游戏;因此没有这种内在的动力和我们对于做梦所抱怨的令人疲惫的不安宁(实际上梦也许倒是恢复的手段),睡眠甚至在健康状态下或许都会是生命的完全死灭了。

一旦凭借有机物向我们提供出来的自然目的而对自然界所作的目的论评判使我们有理由提出自然的一个巨大目的系统的理念,则就连自然界的美、即自然界与我们对它的现象进行领会和评判的诸认识能力的自由游戏的协调一致,也能够以这种方式被看作自然界在其整体中、在人是其中的一员的这个系统中的客观合目的性了。我们可以看成自然界为了我们而拥有的一种恩惠①的是,它除了有用的东西之外还如此丰盛地施予美和魅力,因此我们才能够热爱大自然,而且能因为它的无限广大而以敬重来看待它,并在这种观赏中自己也感到自己高尚起来:就像自然界本来就完全是在这种意图中来搭建并装饰起自己壮丽的舞台一样。

我们在这一节中要说的无非是,一旦我们在自然身上发现了能够产生出那些只能按照目的因概念被我们设想的产物的能力,我们就进一步也仍然可以把那样一些产物评判为属于一个目的系统的,哪怕这些产物(或者它们的即使是合目的的关系)恰好使超出那些盲目的作用因的机械作用而为它们的可能性寻求另外一条原则成为不必要的;因为前面那个理念已经在它们的根据方面把我们引向了对感性世界的超出;因为这种超感性原则的统一性必须被看作不仅适用于自然物的某些物种,而且以同一种方式适用于作为系统的自然整体。

§68.目的论原则作为自然科学的内部原则

一门科学的原则要么是这门科学内部的,被称之为本土的原则(principia domestica②);要么是建立在只能于这门科学的地域之外找到的那些概念之上的,就是外来的原则(peregrina③)。含有后面这种原则的那些科学以外借的命题(Lemmata④)作为自己学说的基础;即它们从另外一门科学中借来某一个概念并与这概念同时借来一个作安排的根据。

任何一门科学自身都是一个系统;而且在这门科学中按照诸原则来建造因而作技术上的处理,这是不够的,相反,我们也必须把它当作一个独立的大

---

①　在审美的部分中我们曾说过:我们领受恩惠地观看美的自然界,因为我们从它的形式上感到了完全自由的(无利害的)愉悦。这是因为,在这个单纯的鉴赏判断中完全不加考虑的是,这种自然的美是为什么目的而实存着的:是为着引起我们的愉快,还是与我们作为目的没有任何关系。但在一个目的论的判断中我们也对这种关系给予了注意;而这时我们就可以把这件事看作大自然的恩惠,即:大自然本来是要通过展示如此多的美的形态来促进我们的文化。——康德

②　拉丁文:自家的原则。——译者

③　拉丁文:异乡的。——译者

④　拉丁文:辅助命题。——译者

厦按照建筑术来进行工作,不是像某种附属建筑和当作另一座大厦的一部分那样、而是当作一个独立的整体那样来对待它,尽管我们后来可以从这个大厦到那个大厦或在它们之间交互地建立起一种过渡。

所以,如果我们为了自然科学而在它的前后关联中引进来上帝的概念,以便使自然界中的合目的性得到解释,然后又使用这种合目的性去证明一个上帝存在:那么这两门科学[即自然科学和神学]中任何一门都将没有内在的坚固性;而一种欺骗性的循环论证就会使它们都变得不可靠,因为它们让自己的界限相互搅混了。

自然的目的这一表述已经足以预防这种混淆,而不至于把自然科学及它为了对自己的对象作目的论的评判而提供的理由与对上帝的考虑、因而与神学的推导混在一起;我们是否会把那个表述与自然秩序中某种神的目的的表述混为一谈,或者甚至也许把后一种表述冒充为更得体、更适合于一个虔敬的灵魂的,因为最终毕竟不能不从某个智慧的创世者那里把自然中的合目的性形式推导出来:对此我们必不可等闲视之;反之,我们必须小心谨慎地把自己限制在这个只表达出我们所知道的这么多的表述、即自然的目的这个表述上。因为还在我们追问自然本身的原因之前,我们就在自然和自然的产生过程中发现了这样一些产物,它们按照已知的经验规律而在自然中被产生出来,自然科学必须依据这些经验规律来评判自己的对象,因而也必须在自然本身中按照目的规则来寻求它们的原因性。所以自然科学必须不跳越自己的界限,去把一条根本不可能有任何经验与其概念相适合、而且只有在自然科学完成了以后才有资格大胆提出的原则,作为本土的原则纳入到自己本身中来。

可以先天地推演出来、因而按其可能性无须任何经验的加入就能从普遍原则中看出来的那些自然性状,尽管带有技术的合目的性,但却由于它们是绝对必然的,而完全不能被归入自然目的论,后者是一种隶属于物理学的解决物理学问题的方法。因此,算术的、几何学的类比,连同普遍的机械规律,不论在它们身上把各不相同的、外表看来互相完全独立的规则在一条原则中结合起来在我们看来是多么的奇怪和值得惊叹,它们却并不要求成为物理学中的目的论解释的根据;并且即使它们值得在一般自然物的合目的性的普遍理论中同时被考察,这种理论却毕竟将属于另外的地方,亦即属于形而上学,而不会构成自然科学的内部原则:当然,借助于有机物上的自然目的的经验性规律,不仅允许、而且也是不可避免地要将目的论的评判方式用作自然学说在其特别的一类对象方面的原则。

于是,物理学为了能严格坚持自己的界限,它就把自然目的是有意的还是无意的这个问题完全撇在一边;因为那将会是干涉一桩陌生的事务(也就是形而上学的事务)。存在着唯有且只是按照那些我们仅在作为原则的目的理念之下才能设想的自然规律才可解释的、且只有以这种方式才按其内部形式哪怕只是内在地可认识的诸对象,这就够了。所以,也是为了不带上丝毫僭妄的嫌疑,好像我们想把某种完全不属于物理学的东西、也就是某种超自然的原因混杂在我们的知识根据之中似的:则我们在目的论中虽然谈到自然界,仿佛在它里面的合目的性是有意的那样,但却同时这样来谈论,以至于是我们把这种意图赋予了自然界、亦即赋予了物质;借此我们(由于对此不可能有任何误解发生,因为没有人会把意图在这个词本来的含义中就自身而言已经赋予一个无生命的材料了)想要指明的是,这个词在这里只是意味着一条反思性的判断力的原则,而不是一条规定性的判断力的原则,因而不应当引入任何特殊的原因性根据,而只是在理性的运用上再加上一种不同于按照机械规律的探究方式,以便对这些机械规律本身在经验性地探寻自然界的一切特殊规律时的不充分性加以补充。因此我们在目的论中,就其被引入物理学而言,完全有权谈论自然的智慧、节约、远虑和仁慈,而不因此就使自然界成为某种有理智的存在者(因为那将会是荒谬的);但也不敢打算把另一个有理智的存在者作为一个建筑师置于自然之上,因为这将会是狂妄的①:而只是要借此按照与我们在理性的技术运用中的原因性的类比来描绘一种自然的原因性,以便把我们必须据以探究某些自然产物的规则牢记在心。

但为什么目的论毕竟通常并不构成理论自然科学的任何特别的部分,而只是作为入门或过渡而引向神学呢? 之所以如此,是为了使依据于自然机械作用的自然研究紧紧抓住我们能够使之接受我们的观察或实验、以至于我们

———

① 德语词狂妄的(vermessen)是一个很好的、含义丰富的词。当人们在一个判断中忘记估计其(知性的)力量的尺度时,这个判断有时就可能听起来很谦卑、但却提出了很高的要求而毕竟是十分狂妄的。这类判断中大多数都是人们借口用来赞扬上帝的智慧的,因为人们在那些进行创造和保存的工作中把各种意图赋予了这种智慧,而这些意图本来是应当为玄想者自己的智慧带来荣耀的。——康德

247

248

能够像自然那样至少是根据规律的相似性将其本身产生出来的那种东西;因为我们所完全看透的只是那些我们能够按照概念制造和实现出来的东西。但作为自然的内在目的的有机体是无限超出以艺术来作类似表达的一切能力的:至于外在的被视为合目的的那些自然安排(如风、雨等等之类),那么物理学倒是考察它们的机械作用的;但它们与目的的关系,就这种关系应当是某种必然属于原因的条件而言,则是物理学所完全不能表现的,因为联结的这种必然性完全是针对着我们的概念的结合,而不是针对着物的性状的。

第二章　目的论判断力的辩证论

§69.什么是判断力的二律背反

规定性的判断力单独并不具有任何作为客体概念之根据的原则。它绝不是自律;因为它只是在那些作为原则的给予的规律或概念之下进行归摄。正因为如此,它也从不遭受到它自己的二律背反的危险和它的诸原则的冲突。所以包含着在诸范畴之下进行归摄的那些条件的先验判断力,单独并不是立法性的;而只列举了使一个被给予的概念作为知性的规律能够被赋予实在性(赋予应用)的那些感性直观条件:在这点上规定的判断力永远也不会陷入与自身的不一致(至少按其原则来说)。 249

然而,反思性的判断力则应当在一个尚未给予、因而事实上只是对对象作反思的一条原则的规律之下来进行归摄,对于这些对象我们在客观上完全缺乏一条规律,或者缺乏一个足以充当现有种种情况的原则的客体概念。既然没有原则就不允许有知识能力的任何运用,所以反思性的判断力在这样一些情况下就必须作为它自己的原则:这条原则由于并不是客观的,也不能为此意图奠定任何认识客体的充分基础,所以只应当用作认识能力的合目的性运用的主观原则,也就是对某一类对象进行反思的主观原则。所以与这些情况相关反思性的判断力有自己的准则,也就是为了在经验中认识自然规律所必要的准则,以便借助于这些准则来达到概念,哪怕它们应当是些理性的概念;如果反思判断力仅仅为了根据自然的经验性规律来认识自然就绝对需要这些概念的话。——在反思判断力的这些必要的准则之间,现在就可能发生一个冲突,因而发生一个二律背反,在它之上便建立起一个辩证论,当两个相互冲突的准则每一个都在认识能力的本性中有自己的根据时,这种辩证论就可以称之为一个自然的辩证论和一种不可避免的幻相,我们必须在批判中揭开和化解这一幻相,以使它不能欺骗我们。

§70.这种二律背反的表现

只要理性与作为外感官对象的总和的自然界打交道,它所能依据的规律部分地就是知性本身先天地给自然界制定的规律,部分地是可以通过在经验250 中出现的经验性的诸规定而扩展到无边无际的规律。为了第一类规律、也就是一般物质自然的普遍规律的应用,判断力不需要任何特殊的反思原则;因为这时它是规定性的,因为由知性给予了它一个客观的原则。但涉及到那些我们只能通过经验而知道的特殊的规律,那么在它们之间可以有如此巨大的多样性和不同质性,以至于判断力必须把自身用作原则,以便哪怕只是在自然的现象中寻求某种规律并探查出这种规律,因为它需要这样一种规律作为引导线索,哪怕它应当希望的只是以自然界的某种普遍的合规律性为根据的相互关联的经验知识,即以经验性的规律为根据的自然界的统一性。在这种诸特殊规律的偶然的统一性那里,现在就可能发生这种事:判断力在其反思中从两个准则出发,其一是只有知性才先天地带给它的;但另一个则是通过特殊的经验而引起的,这些经验使理性活动起来,以便按照一条特殊原则来处理对有形自然及其规律的评判。于是接着就会发生这种事,即这双重的准则看上去似乎不能相互并存,因而某种辩证论就突现出来了,它使判断力在其反思的原则中迷失了方向。

这个反思的第一个准则就是命题:物质的东西及其形式的一切产生都必须被评判为按照单纯机械规律而可能的。

第二个准则就是反命题:物质自然的有些产物不能被评判为按照单纯机械规律而可能的(它们的评判要求一条完全不同的原因性规律,也就是目的因的规律)。

如果我们现在把对于研究的这些调节性的原理转变为客体本身的可能性的构成性的原理,那么它们就会被说成是:

251　命题:物质的东西的一切产生都是按照单纯机械规律而可能的。

反命题:它们的有些产生按照单纯机械的规律是不可能的。

在后面这种性质中,作为规定性的判断力的客观原则,这两个命题就会是相互矛盾的,因而两个命题中的一个就必然是假的;但这样一来,这虽然是一个二律背反,但却不是判断力的二律背反,而是在理性的立法中的某种冲突。
但理性在这两个原理中既不能证明这一个也不能证明那一个:因为我们对于
以自然的单纯经验性的规律为依据的那些物的可能性不可能拥有任何先天的
规定性原则。

　　反之,就反思判断力的最先陈述的那种准则而言,那么它实际上根本不包
含什么矛盾。因为如果我说:我对于物质自然中的一切事件、因而甚至对于作
为其产物的一切形式,在它们的可能性上必须按照单纯机械规律来进行评判,
那么我这里并没有说:它们只有按照这种方式才是可能的(而排除了任何其
他的原因性方式);而只是要表明:我任何时候都应当按照自然的单纯机械作
用的原则来对它们进行反思,因而根据这一原则来尽我所能地进行研究,因
为,没有这条原则作为研究的基础,就根本不可能有任何真正的自然知识。于
是这就并不妨碍那第二条准则在偶然的缘由、也就是在某些自然形式(并基
于这些形式的缘由甚至在整个自然界)的情况下,按照一条与根据自然界的
机械作用所作的解释完全不同的原则、也就是按照目的因的原则去进行探寻,
并对它加以反思。因为按照第一条准则的那个反思并没有因此而被取消,反
而需要我们尽可能地去遵循它;也并不因此就意味着那些形式按照自然的机
械作用就是不可能的了。所主张的只是,人类理性遵照这条准则并以这种方
式将永远不会找到关于构成自然目的的特殊性质的东西的丝毫根据,虽然能
够找到关于自然规律的别的知识;同时也并未确定,在自然本身的我们所不知
道的内部根据中,同一些物身上的物理—机械联系与目的联系是否能在一个   252
原则中关联起来:只是我们的理性不可能把它们结合在这样一个原则中,因而
判断力,作为(从一个主观根据而来的)反思性的判断力,而不是作为(按照物
本身的可能性的一条客观原则的)规定性的判断力,就必须为自然界的某些
形式而把另一条不同于自然机械作用的原则思考为它们的可能性的根据。

§71.解决上述二律背反的准备

　　我们决不可能由自然的单纯机械作用证明有机自然产物产生的不可能
性,因为对于那些在我们看来由于只被经验性地认识到因而是偶然的特殊自
然规律,我们不可能按照其最初的内部根据而看透其无限的多样性,因而也不

能完全达到自然的可能性的内部的、普遍充分的原则(这是处于超感官的东西中的)。所以,是否自然的生产能力即使对于我们评判为按照目的理念而形成或联结起来的东西,也正如同对于我们相信只需要自然的机械作用的东西一样,都是足够的;或者,事实上对于作为真正的自然目的之物来说(如同我们必须对它们必然地评判的那样),是否会有一种完全不同的本源的、根本不能被包含在物质自然或它的理知基底中的原因性亦即某种建筑术的(architektonisch)知性作基础:对此我们的理性完全不能够提供任何消息,它十分狭隘地被限制在那个应当被先天地详细开列出来的原因性概念上。——但是,对于我们的认识能力而言,自然的单纯机械作用对有机物的产生也不可

253　能提供任何说明的根据,这一点也同样是无可怀疑地确定的。所以,对于反思性的判断力来说一条完全正确的原理就是:必须为如此明显的按照目的因的物的联结设想一个与机械作用不同的原因性,即一个按照目的来行动的(有理智的)世界原因的原因性;尽管这条原理对于规定性的判断力来说会是过于匆忙和无法证明的。在前一种情况下这个原理只是一条判断力的准则,这时那个原因性的概念只是一个理念,我们决不打算承认这个理念有实在性,而只是把它用作反思的引导,同时这种反思对于一切机械的解释根据永远保持着开放,而不与感官世界失去联系;在后一种情况下,这条原理就会是一条客观的原则,这条原则将是理性所制定的,并且将是判断力必须规定性地服从的,但这时理性就超出了感官世界而迷失于狂言高调之中,并有可能被引入歧途。

所以,在本来是物理学的(机械论的)解释方式与目的论的(技艺性的)解释方式之间的一切表面上的二律背反是建立在这一点上的:我们混淆了反思性的判断力的原理和规定性的判断力的原理,混淆了前一种判断力(它只是主观上对我们的理性在特殊的经验规律上的运用有效)的自律和后一种判断力的他律,这后一种判断力必须遵循由知性所给予的(普遍的或特殊的)规律。

§72.关于自然的合目的性的各种各样的系统

关于自然界的某些物(有机物)及其可能性必须按照目的因的概念来评

判,这条原理的正确性,甚至哪怕当我们只是为了通过观察来认出它们的性状而要求某种引导,而并不是竟敢去研究它们的最初的起源时,都从来还没有人怀疑过。所以疑问只在于:这条原理只是主观上有效的,亦即只是我们的判断力的准则,还是一条自然的客观原则,按照这条原则,在自然的(按照单纯的运动规律的)机械作用之外,属于自然的还应该有另外一种原因性,也就是目的因的原因性,那些运动规律(诸运动力)只是作为中间原因而从属于目的因的。

254

现在,我们对于这个在思辨方面的疑问或课题完全可以任其未作决断和不加解决:因为,如果我们满足于在单纯自然知识的内部进行思辨,则我们有了那些准则就足以在人的力量所及的范围内去研究自然界、并去追踪自然的最隐匿的秘密了。所以,这很可能是我们理性的某种预感,或者某种仿佛是自然给予我们的暗示,即:我们也许竟会有可能凭借那个目的因的概念而扩展到超出自然界之外,并把自然界本身与原因系列中的那个最高点联结起来,如果我们放弃对自然界的研究(虽然我们在这种研究中还并没有走很远),或至少在一段时间中将它搁置起来,而先来试着探查一下自然科学中的那个外来者、即自然目的的概念会引向何处的话。

然而在这种情况下,那条无可争执的准则就必然会转化为开辟了一个广阔的争执领域的课题了:在自然界中目的的联结是证明了对自然的一种特殊的原因性;还是这种联结要么就本身并按照客观原则来看毋宁说是与自然的机械作用同样的,要么是建立在同一个基础之上的:只是由于这个基础对于我们在有些自然产物中的研究来说常常隐藏得太深了,我们就借某种主观的原则即艺术的原则、也就是根据理念的那种原因性的原则来做试验,以便按照类比把这种联结塞给自然;这样的应急手段在许多情况下也使我们获得成功,虽然在有些情况下看起来是失败的,但在一切情况下都并不使我们有权把一种特殊的、与按照自然的单纯机械作用的原因性本身不同的作用方式引进到自然科学中来。我们由于在自然产物中发现的这种目的类似物而把这种自然的运作方式(自然原因性)称之为技艺,因而我们将把这种技艺分为有意的技艺(technica intentionalis①)和无意的技艺(technica naturalis②)。前者所要表明

---

① 拉丁文:意向性的技艺。——译者
② 拉丁文:自然性的技艺。——译者

255　的是:自然界按照目的因的生产能力必须被看作一种特殊的原因性;后者所要
表明的是:这种原因性与自然界的机械作用从根本上说完全是一样的,而这种
与我们的艺术概念及其规则的偶然的巧合,作为对这种原因性进行评判的单
纯主观的条件,被错误地解释成了自然生产的一种特殊方式。

　　现在,如果我们谈到从目的因方面来作自然解释的那些系统,那么我们必
须高度注意的是,这些系统全都是独断的,亦即关于诸物的可能性的客观原
则、不论这是由于有意起作用的原因还是由于纯粹无意起作用的原因,都是相
互争执着的,但却决不去争执那些只是判断这样一些合目的性产物的原因的
主观准则:在后一种情况下那些各不相同的原则倒还有可能结合起来,而在前
一种情况下那些相互矛盾对立的原则却可能相互取消而不能并存。

　　在自然的技艺、即自然按照目的规则的生产能力方面的这些系统是双重
的:自然目的的观念论的系统,或者自然目的的实在论的系统。前者主张:自
然的一切合目的性都是无意的;后者主张:自然的有些合目的性(在有机物中
的)是有意的;从这里面也就有可能引出那被作为假设而建立起来的结论,即
自然的技艺、哪怕是涉及到与自然整体有关的一切别的自然产物,也都是有意
的,亦即也都是目的。

　　1)于是,合目的性(我在这里一直指的是客观合目的性)的观念论要么是
在自然产物的合目的性形式中作自然规定的原因性的观念论,要么是这种自
然规定的宿命的观念论。前一种原则涉及到质料与它的形式的物理根据的关
系,也就是涉及到运动规律;后者涉及到这些规律及整个自然界的超物理的根
据。这种被加之于伊壁鸠鲁和德谟克利特的原因性系统从字面上看是如此明
显地荒谬,以至于我们用不着在这上面停留;相反,宿命的系统(人们把斯宾
诺莎看作是它的始作俑者,尽管从一切迹象来看它要更古老得多)立足于某
种超感性的东西,因而是我们的洞见所达不到的,这就不是那么容易地可以反
驳的了:这是因为,它的有关原始存在者的概念是根本不能理解的。但有一点
256　是清楚的:必须把世界中的目的联系在这个系统中假定为无意的(因为这种
联系导源于一个原始存在者,但不是导源于他的知性,因而不是导源于他的任
何意图,而是由他的本性的必然性及发源于此的世界统一性中推导出来的),
因此合目的性的宿命论就是合目的性的观念论。

　　2)自然的合目的性的实在论也是要么是物理的,要么是超物理的。前者

把自然中的目的建立在某种按照意图来行动的能力的类似物之上,建立在物质的生命(在物质中的,或者是由于某种灌注生气的内在原则、某种世界灵魂而来的)之上,它称之为物活论。后者把这些目的从宇宙的原始根据中、即从某种有意图地创造着的(具有本源生命力的)有理智的存在者中引出来,而这就是一神论。①

§73.上述系统没有一个做到了它所预定的事

什么是那一切系统所要做的呢? 它们想要解释我们关于自然的目的论判断,并想要这样来着手工作,即有一部分人否定这些判断的真理性,于是把它们解释为自然的观念论(表现为艺术);另一部分人承认它们是真实的,并许诺要阐明某种根据目的因的理念而来的自然的可能性。

1)于是,维护自然中的目的因的观念论的那些系统,一方面虽然容许目的因的原则中有某种按照运动规律的原因性(自然物通过这种原因性而合目的地实存);但它们否认这种原因性有意向性,也就是否认它对于自然物的这种合目的的产生是有意地规定的,换言之,否认一个目的是原因。这就是伊壁鸠鲁的解释方式,按照这种解释方式,自然的技艺与单纯机械作用的区别完全被抹杀了,不仅对于生产出来的产物与我们的目的的概念的协和一致、因而对于技艺,甚至对于这个产生的诸原因按照运动规律的规定、因而对于这种规定的机械作用,都假定了盲目的偶然情况作为解释的根据,所以什么也没有得到解释,甚至就连我们的目的论判断中的幻相也未得到解释,因而这判断中的所谓的观念论也未得到任何阐明。

另一方面,斯宾诺莎想要使我们免除对自然目的之可能性根据的一切探求,并且剥夺这个理念的一切实在性,办法是,他根本不允许自然目的被看作

---

① 我们从中看出:在纯粹理性的大多数思辨之物中,在涉及到那些独断的主张时,哲学上的各学派通常都尝试过了对某个问题所可能的一切解决方式。这样,人们为此之故对于自然的合目的性所尝试过的时而是无生命的物质,或者是无生命的上帝,时而是有生命的物质,或者又是一个有生命的上帝。对于我们来说毫无别的余地,只有当迫不得已时脱离这一切客观的主张,并只在与我们的认识能力的关系中批判地考虑我们的判断,以便为认识能力的原则取得一条准则的有效性,这种有效性不是独断的,但对于理性的可靠运用是足够的。——康德

什么产物,而只允许它被看作依存于某个原始存在者的偶性,对于这个作为那些自然物的基底的原始存在者,他并不将这些自然物的原因性赋予它,而只是将它们的自存性赋予它,并且(由于这原始存在者连同那一切作为依存于它的偶性的自然物的无条件的必然性)虽然为这些自然形式保证了一切合目的性所要求的根据统一性,同时却夺去了这些自然形式的偶然性,而没有这种偶然性,任何目的统一性都是不可设想的,并且与这种偶然性同时,他还取消了一切有意图的东西,同样也从自然物的原始根据身上取消了一切知性。

但斯宾诺莎主义并没有做到他想做的事。他想为自然物的目的关联(这是他并不否认的)提供一个解释根据,并只举出了这一切自然物所依存的那个主体的统一性。但即使我们承认这个主体为了世间存在者而有这样一种实存方式,但那种本体论的统一性毕竟还并不因此立刻就是目的统一性,也根本没有使目的统一性得到理解。就是说,后者是一种完全特殊类型的统一性,它根本不是从某个主体(原始存在者)中的诸物(世间存在物)的联结中推出来的,而是完全自身带有与一个有理智的原因的关系,并且甚至当我们把这一切物都结合在一个简单的主体之中时,它也从来没有表现出一个目的关系:只要我们在这一切自然物中没有想到,第一,该实体作为一个原因的内部的结果,第二,同一个实体作为凭借其知性的原因的内部结果。没有这些形式上的条件,一切统一性都只不过是自然必然性,并且如果它仍然还被赋予那些被我们表现为相互外在的物的话,就只不过是盲目的必然性了。但是如果我们要把这一学派称之为诸物(在与其特有的本质的关系中)的先验完善性——按照这种完善性,一切物本身都具有为了是这一物而非另一物所需要的一切——的东西,称之为自然的合目的性的话:那么这就是小孩子的语词游戏,而不是概念了。因为,如果一切物都必须被设想为目的,因而有一物与有一目的是一样的,那么就根本没有任何值得被特别表现为目的的东西了。

由此看得很清楚:斯宾诺莎通过将我们关于自然界中合目的之物的概念归结为对我们自己在一个无所不包的(但同时又是单纯的)存在者中的意识,并只在这个存在者的统一性中寻求那种形式,就必然不会有意地主张自然的合目的性的实在论,而只会主张这种合目的性的观念论,但就连这一点他也没有能够作成,因为单是基底的统一性这个表象,就连一个哪怕只是无意的合目的性的理念也不能够产生出来。

2)那些不但主张自然目的的实在论、而且还以为对它作出了解释的人们,相信对某种特殊的原因性,也就是有意发生作用的原因,至少按照其可能性来说是可以看透的;否则他们就不会着手想要解释那种原因性了。因为,甚至为了有权作出最大胆的假设,也至少必须对我们假定为根据的东西的可能性有所肯定,并且必须能保证这个根据的概念有其客观的实在性。

但一个有生命的物质(其概念包含一个矛盾,因为无生命性、inertia① 构成物质的本质特征)的可能性就连设想一下都不可能;一种被灌注生气的物质和全体自然作为一个动物的可能性,只有当这种可能性在自然的有机体身上从小的方面在经验里向我们显示出来的范围内(为了在自然的大的方面对合目的性作一个假设),才以可怜的方式得到运用,但决不能先天地根据其可能性而被看出来。所以,如果人们想要从物质的生命中把有机物身上的自然的合目的性推导出来,而又把这种生命当作无非就是有机物中的生命来认识,没有这种经验就不能对这种合目的性的可能性形成任何概念,那么这就不能不犯循环解释的错误了。所以物活论并没有做到它所许诺的事情。

最后,一神论同样也不能独断地把自然目的的可能性建立为解开目的论的钥匙;尽管它比起一切目的论的解释根据来具有如下的优点,即它通过自己赋予原始存在者的某种知性而把自然的合目的性最妥善地从观念论那里拯救出来,并为这种合目的性的产生引入了一种有意的原因性。

这是因为,为了有权把目的统一性的根据放到超出自然界之上,首先就必须对规定性的判断力充分地证明,通过物质的单纯机械作用,物质中的目的统一性是不可能的。但我们所能得出的只不过是这个结论,即根据我们认识能力的性状和局限(因为我们看不到这个机械作用的最初的、内在的根据本身),必须不以任何方式到物质中去寻求确定的目的关系的原则,相反,对于物质产物作为自然目的的产生,除了通过作为世界原因的一个最高知性来评判之外,没有给我们留下任何别的评判方式。但这只是对于反思性的判断力、

———————————

① 拉丁文:惰性。——译者

259

而不是对于规定性的判断力的一个根据,是绝对不能有权作出任何客观的主张的。

§74.不能独断地处理自然技艺概念的原因是自然目的之不可解释性

260

　　一个概念,如果我们把它看作是包含在另一个构成一条理性原则的客体概念之下的,并按照这条原则来规定它的话,则我们对这个概念(即使它据说以经验性的东西为条件)的处理就是独断的。但如果我们只是在与我们的认识能力的关系中、因而在对它作思考的主观条件上来看待它,而不打算对它的客体有所区分,那么我们就只是在批判地处理这个概念。所以,独断地处理一个概念就是那种对于规定性的判断力是合规律性的处理,批判的处理则只是那种对于反思性的判断力而言的合规律性的处理。

　　现在,关于一个作为自然目的之物的概念就是一个把自然归摄到某种只有通过理性才能设想的原因性之下的概念,为的是按照这一原则对在经验中给予出来的有关客体的东西作出判断。但为了把这个概念在规定性的判断力方面作独断的运用,我们却必须预先在这一概念的客观实在性上得到了担保,因为否则我们就不能够把任何自然物归摄到它之下。但一个作为自然目的之物的概念虽然是一个以经验性为条件的概念,即只有在某种由经验给予的条件下才可能的概念,但毕竟不是能从经验中抽象出来的,而只是按照评判那对象的某种理性原则而可能的概念。所以,它作为这样一个原则,按其客观实在性来说(即一个客体按照它而可能)是根本不能被看透和独断地建立起来的;而我们并不知道它只是一个玄想的、客观上空虚的概念(conceptus ratiocinans①),还是一个理性的概念,一个给知识提供根据的、由理性得到证实的概念(conceptus ratiocinatus②)。所以这个概念不可能在规定性的判断力方面得到

261　独断的处理:也就是说,不仅不能决定作为自然目的来看的那些自然物对于其产生是否需要一个完全特殊类型的原因性(按照意图的原因性);而且甚至连

---

　　① 拉丁文:推想的概念。——译者
　　② 拉丁文:由推理提供基础的概念。——译者

提出这个问题都不可能,因为自然目的概念按照其客观实在性是根本不能通过理性来证明的(亦即它不是对于规定性的判断力具有构成性的,而只是对于反思性的判断力具有调节性的)。

这个概念不会是这样的,这由如下一点可以看出来,即因为它作为有关一个自然产物的概念,包含有自然必然性,但同时却又包含有在同一个作为目的之物上面的那个(与单纯自然规律相关的)客体的形式的偶然性;于是,如果其中不应当有什么矛盾的话,它就必须包含自然界中物的可能性的一个根据,但却也要包含这个自然本身及其与那并非可经验性地认识的自然(是超感性的)、因而是我们完全不可认识的某物的关系的可能性根据,以便当我们想要决定它的可能性时按照一种不同于自然机械作用类型的原因性来进行评判。所以,由于一个作为自然目的之物的概念对于规定性的判断力来说是唱高调,如果我们通过理性来考察这个客体(哪怕这概念对于反思性的判断力在那些经验对象上可以是内在的)、因而不能为规定性的判断而给这个概念取得客观实在性的话:那么由此就可以理解,为什么只要人们有可能为独断地处理自然目的概念和作为一个凭借目的因相互关联的整体的自然概念构想任何系统,这些系统就总是对任何某物都既不能从客观上作肯定的断言,也不能从客观上作否定的断言;因为,如果诸物被归摄于一个只是悬拟性的概念之下,则这概念的那些综合性的谓词(例如在这里就是:我们为诸物的产生而设想的那个自然目的,是有意的还是无意的)就必须提供出正是这样一些关于客体的(悬拟性的)判断,不论它们是肯定的还是否定的,因为我们不知道我们所判断的是某物还是无物。当然,由目的而来的(艺术的)原因性的概念是有客观实在性的,由自然的机械作用而来的原因性概念也是如此。但按照目的规则的自然的一个原因性的概念,更不用说一个完全不能在经验中给予我们的存在者、即一个作为自然的原始根据的存在者的概念,虽然能够无矛盾地设想,但却不能适合于作独断的规定:因为这个概念由于不能从经验中引出来、也不是经验的可能性所要求的,它的客观实在性就不能通过任何东西得到保障。但即使能够有保障,我们又怎么还能够把这些被确定地指定为神的艺术品的东西算作自然的产物? 自然按照其规律不能产生这类东西,正是自然的这种无能才使得援引一个与它不同的原因成为了必要。

262

§75.自然的客观合目的性概念是反思性
判断力的一条理性批判原则

但是我说:自然界某些物的产生、乃至于整个自然的产生,都只有通过某种按照意图来规定自己的行动的原因才是可能的;还是说:按照我的认识能力的特有的性状,我关于那些物的可能性及其产生不能作任何别的判断,只能是为此而设想出一个按照意图来起作用的原因,因而设想出一个按照与某种知性的原因性的类比来生产的存在者,那么这两种说法毕竟是完全不同的情况。在前一种情况下我想对客体断定某种东西,并有责任去阐明某个假定的概念的客观实在性;在后一种情况下,理性只是适合着我的认识能力的特点来规定这些认识能力的运用,并规定它们的范围及限度的根本条件。所以,第一条原则是对于规定性的判断力的一条客观的原理,第二条原则只不过是对于反思性的判断力的一条主观的原理,因而是反思性的判断力的一条由理性托付给它的准则。

263   因为,即使我们只是要通过连续不断的观察而在自然的有机产物中来研究自然,我们也必不可少地需要把一个意图的概念加之于自然;所以这个概念对于我们理性的经验运用来说已经是一个绝对必要的准则了。很明显:一旦这样一条研究自然的引线被接受并被认为得到证实了,我们也就必然会至少把这个所设想的判断力准则也在自然整体上尝试一下,因为按照同一个准则还可以发现一些自然规律,它们平常根据我们对自然的机械作用的内部加以洞见的局限性,将会是仍然对我们隐藏着的。但在后面这种运用中那个判断力准则虽然是有用的,却并非不可缺少的,因为作为(在如上所引用的最严格的词义上的)有机的整体自然并没有被给予我们。相反,就那些必须只评判为有意地如此形成而不是以别的方式形成的自然产物而言,哪怕只是为了获得自然内部性状的经验知识,那条反思判断力的准则本质上也是必要的:因为甚至把这些产物当作有机之物的那个观念,若没有与一种有意图的生产的观念与之相联结,也是不可能的。

现在,我们把一物的实存和形式在一个目的条件下想象为可能的,该物的概念就与该物的某种(按照自然规律的)偶然性的概念不可分割地结合起来了。因此那些我们只有作为目的才觉得是可能的自然物,也对世界整体的偶然性构成了最有力的证明,并且也是唯一一被普通知性同样也被哲学家所承认的证据,证明世界整体依赖于并起源于一个在世界之外实存着的、确切地说(为了那种合目的性形式的)有理智的存在者:所以,目的论只有在某种神学中才能找到它的那些探讨的完全的解释。

但现在,即使是最完备的目的论,最终又证明了什么呢?它证明了比如说,这样一个有理智的存在者是实在的吗?没有;它证明的无非是,按照我们认识能力的性状、因而在经验与那个最高理性原则的联结中,我们绝对不能给自己造成有关这样一个世界的可能性的任何概念,除非是这样的概念,即我们设想这个世界的一个有意起作用的至上原因。所以我们不能从客观上阐明这个命题:有一个有理智的原始存在者;而只能从主观上为了我们的判断力在其反思中关于自然中的目的的运用才能阐明它,这些目的不能按照任何另外的原则、而只能按照一个最高原因的有意的原因性这个原则来设想。

如果我们想独断地、从目的论的根据中来阐明这至上命题:那么我们就会被那些我们所无法摆脱出来的困难所缠住。因为那时这些推论就必须以这个命题作为基础:世上的有机物只有通过某种有意起作用的原因才有可能。但在这时我们就会不可避免地必然要去主张:由于我们只有在目的理念之下才能去追寻这些物的因果联系并按照这些物的合规律性来认识它们,我们也就会有权恰好把这一点也预设为对任何思维着和认识着的存在者的必然的、因而与客体而不只是与我们的主体相联系的条件。但我们以这样一种主张是对付不过去的。因为既然我们本来就不是把自然中的目的作为有意的来观察,而只是在关于自然的产物的反思中将这个概念作为一个判断力的引线来设想:则它们就不是通过客体给予我们的。甚至我们先天地就不可能说明这样一个概念按照其客观实在性是可接受的理由。所以留下来的完全是一个仅仅建立在主观条件之上、也就是建立在与我们的认识能力相适合的反思性的判断力之上的命题,这个命题如果我们把它表达为客观独断地有效的,那就会是:一个上帝是存在的;但现在对于我们人类来说只允许这个受限制的说法:对于那个本身必须给我们对许多自然物的内部可能性的知识奠定基础的合目的性,我们根本不能用别的方式来思考和理解,我们只能把这些自然物、并一般地说把这个世界想象为一个有理智的原因(一个上帝)的作品。

　　如果说,这个建立在我们判断力的不可回避的必然准则之上的命题,对于我们的理性在任何人类的意图中的一切思辨的和实践的运用都是完全令人满意的:那么我想清楚地知道的是,当我们不能在更高的存在者身上证明这种运用是有效的、即出于纯粹的客观根据(可惜这些根据超出了我们的能力)来证明它时,这对我们会有什么损失。因为有一点是完全确定的,即我们按照自然的单纯机械原则甚至连有机物及其内部可能性都不足以认识,更不用说解释它们了;而且这是如此确定,以致我们可以大胆地说:哪怕只是作出这样一种估计或只是希望,即有朝一日也许还会有一个牛顿出现,他按照不是任何意图所安排的自然规律来使哪怕只是一根草茎的产生得到理解,这对于人类来说也是荒谬的;相反,我们必须完全否认人类有这种洞察力。但这样一来就说,即使在自然中,假如我们能够在它的普遍的和我们已知的那些规律的详细说明中一直深入到它的原则,则有机物的可能性的一个充分的根据,无须把它们的产生置于一个意图之上(因而在它们的单纯机械作用中),也完全不可能隐匿起来,这种说法又会是我们所作的一个过于大胆的判断了;因为我们将从何处知道这一点呢? 在事情取决于纯粹理性的判断的地方,或然性于此就完全被取消了。——所以我们关于是否有一个根据意图而行动的、作为世界原因(因而作为原始创造者)的存在者为我们有权称之为自然目的的东西奠定基础这个命题,是根本不能从客观上、无论是肯定地还是否定地作出判断的;只有一点是确定的,即如果我们至少还是应当按照我们的本性(按照我们理性的条件和限度)允许我们看出的东西来下判断的话,我们就绝对不能把别的东西、而只能把一个有理智的存在者作为那个自然目的之可能性的基础:这是唯一地符合我们反思性的判断力的准则、因而符合某种主观的但却是紧密地与人类种族相联系的根据的。

§76.注　　释

　　这个很值得在先验哲学里不厌其烦地详加论述的考察在这里只能作为题外话插入进来进行说明(而不是对在此所陈述的东西加以证明)。

　　理性是一种原则的能力,并且它的最高要求是指向无条件的东西的;相反,知性则永远只是在某种必须被给予的条件之下为理性服务的。但没有知性的那些必须被赋予客观实在性的概念,理性就根本不能作出客观的(综合的)判断,而理性作为理论理性本身绝对不包含任何构成性的原则,而只包含调节性的原则。我们马上便发现,凡是在知性跟随不上的地方,理性就成为夸大其辞的,并且就以虽然是有根据的理念(作为调节性原则)、却不是客观有效的概念而出风头;但是,不能和理性同步的知性对于客体的有效性却是必要的,理性的那些理念的有效性则只限于主体,但毕竟是普遍地对我们这个类而言的一切主体,也就是限于这种条件:按照我们(人类的)知识能力的本性,乃至于总之按照我们关于一个有限的有理性的存在者的这种能力一般能够给自己造成的概念,可以和必须设想成这样而不是别样:但却并不主张一个这样的判断的根据存在于客体中。我们要举出一些虽然非常重要但也很难在这里将其作为已证明的原理马上强加于读者的例子,不过这些例子给读者提供了反思的材料,并能够用来说明我们在这里所特别探讨的事情。

　　人类的知性不可避免地必须在事物的可能性和现实性之间作出区别。其根据就在于人的诸认识能力的主体和本性中。因为假如这些认识能力的施行并不要求有两种完全异质的成分,即为了概念而要求知性,为了客体而要求与这些概念相应的感性直观的话,那就根本不会有这样一种(在可能的东西和现实的东西之间的)区别了。因为假如我们的知性是能直观的,那么它除了现实的东西就会没有任何对象了。概念(它们只是指向一个对象的可能性的)和感性直观(它们给予我们某物,但由此却并未让它作为对象被认识)两者就都会被取消了。但现在,我们对单纯可能的东西与现实的东西所作的一切区别都是基于,前者意味着一物的表象每次对于我们的概念、且一般说对于思维的能力所处的地位,后者却意味着对该物自在的本身(在这概念之外)所作的设定。所以,可能之物与现实之物的这种区别是这样一种区别,它只是主观上适合于人类知性的,因为即使某物不存在,我们总还是能够在观念中拥有它,或者即使我们对它还没有任何概念,我们也能把它想象为给予了的。所以,说事物可以是可能的而不是现实的,因而说从单纯的可能性中决不能推出现实性来,这些命题是完全正确地适合于人类理性的,由此却并不证明这一区别存在于事物本身中。因为这一点并不能从那里面推导出来,因而那些命题虽然就我们的把感性作为条件的认识能力也关注于感官的客体而言,也是适合于客体的,但不适合于一般的物:这一点由理性不断地要求把一个什么东西

267

268

（原始根据）假定为无条件地必然实存的，就可以明白了，在这个东西身上，可能性和现实性就完全不再应该有什么区别，对这种理念我们的知性是绝对没有任何概念的，也就是不能找到它应当如何去想象这样一个东西及它的性质的实存的方式。因为如果它思考这个东西（它可以思考这个东西，只要它愿意），那么这个东西就只是被设想为可能的。如果知性意识到这个东西是在直观中被给予的，那么它就是现实的，而不是在这里设想任何具有可能性的某物。因此，一个绝对必然的存在者的概念虽然是一个不可缺少的理性理念，但却是一个对于人类知性来说不可达到的悬拟的概念。但这个概念毕竟适合于我们的认识能力按照其特有的性状来运用，因而不是用于客体，也不是适合于任何认识着的存在者，因为我不能在任何认识着的存在者那里都假定思维和直观是施行其认识能力的两种各不相同的条件，因而是事物的可能性和现实性的条件。对于某种没有这一区别加入进来的知性而言，事情就会是这样：一切我所知道的客体都存在（实存）；而那些毕竟还没有实存的东西的可能性，也就是如果它们实存的话它们的偶然性，因而甚至那必须与此相区别的必然性，就将完全不能够进入这样一个存在者的表象之中了。但使我们的知性对于要在这里用它的概念做和理性同样的事感到如此困难的原因，只不过是就它作为人类知性而言那种事是夸大其辞的（也就是按照其认识的主观条件来说是不可能的），但理性却把它作为属于客体的东西当作了原则。——于是在这里永远有效的就是这条准则，即当客体的知识超出知性的能力时，我们就按照我们的（亦即人类的）本性在实行其能力时必然与这本性相关联的那些主观条件来思考一切客体；并且如果以这种方式作出的判断（即使就那些夸大其辞的概念而言也不能不如此）不可能是构成性的原则、即把客体如同它所具有的那种性状来作规定的原则，那么它们毕竟还是一些调节性的、内在于那种实行中并且是可靠的、与人的意图相适合的原则。

正如理性在对自然的理论性的考察中必须设定自然的原始根据的某种无条件的必然性这个理念一样，它在实践性的考察中也预设了它自己的（就其本性而言的）无条件的原因性，即自由，因为它意识到了自己的道德命令。但既然在这里，行动的客观必然性作为义务，是与这行动作为事件当其根据在自然中而不是在自由中（即在理性的原因性中）时将会具有的那种必然性相对立的，而道德上绝对必然的行动在物理学上则完全被看作是偶然的（即那必

然应当发生的事却常常并不发生),那么很清楚,下述情况只是源于我们的实
践能力的主观性状,即道德法则必须被表象为命令(而与这些法则相符合的
行动则被表象为义务),理性不是通过存在(即发生的事)、而是通过应当存在
来表达这种必然性的;这种情况如果理性离开感性(即理性运用于自然对象
上的主观条件)而被按照其原因性、因而被作为某种与道德法则完全协和一
致的理知世界里的原因来考察的话,是不会发生的,在这里,在应当和做之间,
在由我们才成为可能的事情的实践法则和由我们才成为现实的事情的理论法
则之间,就会没有任何区别了。但是,即使说,一个理知世界中任何东西都单
纯只是由于它(作为某种善的东西)是可能的就会是现实的,这理知世界、甚
至作为它的形式条件的自由本身对于我们是一个夸大其辞的概念,它不适合
于成为一条构成性的原则去规定一个客体及其客观实在性,然而,自由按照我
们的(部分是感性的)本性和能力,对于我们和一切有理性的、受到感性世界
束缚的存在者而言,只要我们能够根据我们理性的性状去设想它,毕竟也可以
用作一条普遍的调节性的原则,这条原则不是从客观上把自由的性状规定为
原因性的形式,而是按照那个理念使这种行动规则变成了对每个人的命令,其
效力并不比假如作出那种客观规定要少。

270

　　同样,涉及到我们现在所讨论的情况,我们也可以承认:假如我们的知
性不具有这样的性质,即它必须从普遍进到特殊,因而判断力在特殊这方面
若不具有它可以把特殊归摄其下的普遍法则就不可能认识合目的性、因而
不可能作出任何规定性的判断,那么,我们也就不会在自然机械作用和自然
的技艺、即自然中的目的关系之间发现任何区别了。但既然特殊作为特殊,
就普遍的东西而言包含有某种偶然的东西,而理性却仍然要求在自然的这
些特殊法则的结合中也有统一性,因而有合规律性(这种偶然东西的合规
律性就叫作合目的性),把这些特殊法则就那种偶然东西自身所包含的内
容而言先天地通过对客体概念的规定而从普遍法则中推导出来又是不可能
的:所以,在自然产物中的自然合目的性的概念就将是一个对于人在自然方
面的判断力来说是必要的概念,但并不是关系到对客体本身进行规定的概
念,因而它是理性对于判断力的一条主观原则,它作为一条调节性的(而非
构成性的)原则对于我们人类的判断力同样是必然有效的,就好像它是一
条客观原则那样。

§77. 使自然目的概念对我们成为可能的
那种人类知性特点

我们在上面的注释中提出了我们的（甚至是高级的）认识能力的特点，我们很容易被诱惑着去把这些特点作为客观的谓词转用于事物本身；但它们涉及的是理念，没有任何经验中的对象能适合于这些理念而被给予，于是这些理念只可能用作在对经验进行追踪时的调节性原则。虽然自然目的概念所处的情况与那涉及到这样一个谓词的可能性原因的东西一样，而这原因只能包含在这理念中；但与这原因相适应的后果（这产物本身）却毕竟是在自然中被给出的，而自然的某种因果性的概念，作为一个按照目的而行动的存在者的概念，似乎就把自然目的的理念变成了它的一条构成性原则，而这理念就在其中具有了和其他一切理念的某种区别。

但这一区别就在于：上述理念并不是对知性的一条理性原则，而是对判断力的一条理性原则，因而只是一般知性在可能的经验对象上的应用；也就是在于：判断在此不能是规定性的，而只能是反思性的，因而对象虽然是在经验中给出的，但按照理念就连对它作出确定的（更不用说完全合适的）判断都不可能，只能对它进行反思。

所以这就涉及到我们的（人类的）知性在判断力方面、在判断力对自然物的反思中的一个特点。但如果是这样，那么在这里就必须有另一个不同于人类知性的可能的知性的理念作基础（正如我们在《纯粹理性批判》中曾必须思考另一种可能的直观，如果我们的直观应当被看作一种特殊的直观，也就是对象对它说来只被视为现象的那种直观的话），借此我们就可以说：某些自然产物必须按照我们知性的特殊性状，就其可能性而言被我们看作是有意的、并且是作为目的产生出来的，但却并不因此而要求现实地有一个特殊原因来把一个目的表象当作它们的规定根据，因而也并不否定说，没有另一个不同于人类知性的（更高的）知性，它甚至在自然的机械作用中、亦即在一种并不排除对之假定某个知性作原因的因果联系的机械作用中，也能找到这样一些自然产物的可能性根据。

所以在此问题就取决于我们的知性对于判断力的关系，即我们在其中寻

271

272

找我们知性的性状的某种偶然性,以便看出这种性状是我们的知性区别于其他可能的知性的特点。

这种偶然性完全自然地发生于判断力应当将其纳入知性概念的共相之下的那个特殊的东西之中;因为通过我们的(人类的)知性的共相,那特殊的东西并未得到确定;各种不同的、但却在一个共同特征上相一致的事物能够以怎样多种多样的方式出现于我们的知觉面前,这是偶然的。我们的知性是一种概念的能力,即一种推论性的知性,然而对它说来,在自然中提供给它并能够被纳入它的概念之下来的那个特殊的东西可能是哪些以及如何各不相同,这却必须是偶然的。但由于属于认识的毕竟也有直观,而一种直观的完全自发性的能力就会是一种与感性区别开来并完全不依赖于感性的认识能力,因而就会是在最普遍含义上的知性:所以我们也可以思维一种直觉的知性(用否定的说法,就是只作为非推论性的知性),这种知性不是(通过概念)从普遍进向特殊并这样达到个别,对它来说自然在其产物中按照特殊的规律而与知性协调一致的那种偶然性是不会遇到的,这种偶然性使我们的知性极其难于把自然产物的多样性纳入到知识的统一中来;这是一件我们的知性只有通过自然特征与我们的概念能力的非常偶然的协和一致才能完成的工作,但一种直观的知性就不需要这样做。

所以我们的知性在判断力方面有其特别之点,即在认识中特殊凭借知性并未为共相所规定,因而特殊不能单从共相中推导出来;但这种在自然多样性中的特殊却还是应当(通过概念和法则)与普遍的东西协调一致,以便能被归摄于其下,而这种协调一致在这种情况下必然是极其偶然的,并且对判断力而言必然是没有确定的原则的。

然而,为了至少能够思维自然物与判断力的这样一种协调一致(我们把它设想为偶然的、因而只是通过指向这一点的某个目的才设想为可能的),我们必须同时也思维另一种知性,在与这种知性的关系中,确切地说首先在与被附加给它的那个目的的关系中,我们可以把自然规律与我们的判断力的那种协调一致设想为必然的,这种协调一致对于我们的知性来说只有通过目的这个结合手段才是可思维的。

因为我们的知性有这样的属性,它在自己对例如说一个产物的原因的认识中必须从分析的普遍(从概念)进向(被给予的经验性直观的)特殊;因而在

273

此它对这特殊之物的多样性不作任何规定,而必须期待那把经验性的直观
(如果这对象是一个自然产物的话)归摄于概念之下的判断力来作这种规定。
但现在我们也可以思维一种知性,它由于不像我们的知性那样是推论性的,而
是直觉的,它就从综合的普遍(对一个整体本身的直观的普遍)进向特殊,也
就是从整体进向部分;所以它和它的整体表象并不包含各部分结合的偶然性,
为的是使我们的知性所需要的某个确定的整体形式成为可能,而我们的知性
是必须从作为被普遍思考的那些根据的各部分出发,而前进到各种能被作为
后果而归摄于那些根据之下的可能的形式的。反之,按照我们知性的这一性
状,自然的一个实在整体只能被看作是各部分竞争的推动力造成的结果。所
274　以,如果我们不想把整体的可能性设想为依赖于各部分的,就像按照我们的推
论的知性所发生的那样,而是按照直觉的(原型的)知性把各部分的可能性
(按照其性状和关联)设想为依赖于整体的:那么这件事按照我们知性的同一
个特点就不能够这样进行,即整体包含着各部分联结的可能性根据(这在推
论性的知识中将会是自相矛盾的),而只能这样进行,即一个整体的表象包含
有这整体的形式的、及隶属于这形式之下各部分之联结的可能性根据。但在
这种情况下,既然整体将是一个结果(产物),它的表象被看作它的可能性的
原因,而一个原因,其规定根据只不过是其结果的表象,它的产物就叫作目的:
那么由此就推出,这产物只是出自我们知性的特殊性状的一个结果,如果我们
把自然的产物按照不同于物质的自然规律因果性的另一种因果性、也就是仅
仅按照目的和目的因的因果性而设想为可能的话,还推出,这一原则并不涉及
到就这种产生方式而言这样一些物本身(哪怕作为现相来看)的可能性,而只
涉及到对它们所作的在我们的知性看来是可能的评判。我们在此同时看出,
为什么我们在自然知识中早就不满足于通过目的因果性来解释自然产物了,
因为我们在这种解释中所要求的是对自然的产生过程仅仅适合着我们对之进
行评判的能力、即适合着反思性的判断力来进行评判,而不是适合着这些物本
身、为了规定性的判断力来作出评判。在此甚至完全不必要去证明这样一种
intellectus archetypus① 是可能的,而只须证明,我们在把我们的推论性的、需

---

① 拉丁文:原型的智性。——译者

要形象的知性(intellectus ectypus①)和一个这样的性状的偶然性相对照时,就被引向了那个也不包含任何矛盾的理念(一个 intellectus archetypus)。

　　既然我们把一个物质整体按照其形式看作是一个各部分及其力量和自我结合的能力的产物(附带考虑其他那些与它们相通互济的物质),那么我们就是在设想这整体的一个机械的产生方式。但以这种方式得不出任何有关一个作为目的的整体的概念,这目的的内部可能性绝对要以整体理念为前提,这整体理念本身是各部分的性状和作用方式所依赖的,但却是如同我们对于一个有机体所必须设想的那样。但正如刚才所指出的,从中所推出的并非一个这样的有机体的机械产生是不可能的;因为这将会意味着说:对任何知性来说,设想这样一个多样性联结的统一性都将是不可能的(即自相矛盾的),如果这统一性的理念不同时又是这统一性产生的原因,也就是如果没有有意图的生产的话。但事实上,假如我们有权把物质的存在物看作是自在之物本身的话,这种结论仍然会被推出来。因为那样一来,构成诸自然形态的可能性根据的那种统一性将只是空间的统一性,但空间不是那些产生的实在根据,而只是它们的形式条件;虽然空间与我们所要寻求的实在根据在这一点上有些类似,即在其中没有任何部分是可以不在与整体的关系中得到规定的(因而整体的表象为各部分的可能性提供了根据)。但由于至少有可能把物质世界当作单纯的现象来考察,而把作为自在之物本身的(不是现象的)某物当作基底来思维,但却为这个基底配以相应的智性直观(即使它不是我们的直观):那么就会有一种尽管我们无法认识的超感性的实在根据为我们本身也同属于其中的自然界产生出来,因而我们在自然界中将会把在它里面作为感官对象是必然的东西按照机械法则来看待,但却把它里面作为理性对象(甚至作为系统的自然整体)的东西,即各种特殊法则及据此而来的诸形式的、我们在自然方面必须评判为偶然的那种协和一致性和统一性,同时也按照目的论法则来看待,并把它们按照两种不同的原则来评判,而并不用目的论的解释方式排除机械的解释方式,好像它们相互矛盾似的。

　　由此也可以看出我们平时虽然很容易猜到、但却很难肯定地主张和证明的事,即虽然对于合目的性的自然产物来说一个机械论的指导原则可以和目

---

　　① 拉丁文:模仿的智性。——译者

的论的原则相并列,但它决不可能使后一原则成为多余的:就是说,我们虽然可以在一个我们必须作为自然目的来评判的事物(一个有机物)上探索出机械产生过程的一切已知的和还可以发现的规律,也可以希望借此取得良好的进展,但却永远也不能停止为这样一种产物的可能性去援引一个与此完全不同的产生根据,即目的因果性,并且绝对没有任何人类的理性(也没有任何与我们的理性在性质上相似、但在程度上更高超得多的有限的理性),能够希望从单纯机械的原因来理解哪怕是一株小草的产生。因为如果为了这样一个对象的可能性而把原因和结果作目的论的联结对于判断力来说是完全不可缺少的,哪怕只是为了依照经验的线索来研究这种可能性;如果对于作为现象的外部对象而言一个关系到目的的充足理由根本不可能找到,相反,这个充足理由哪怕是在自然中,却必须只在自然的超感性的基底中去寻求,但对这个基底我们一切可能的洞见都被切断了:那么,对我们来说就绝对不可能替目的关系取得从自然本身中拿来的解释根据,而按照人类认识能力的性状,就有必要在某种作为世界原因的原始知性中去为此寻求至上的根据。

§78.物质的普遍机械作用原则与自然技术中的目的论原则的结合

理性无限重视的一点就是不放弃自然在其产生过程中的机械作用,而且在解释自然时也不忽略这种作用,因为没有这种机械作用就决不可能做到洞见诸事物的自然本性。即使我们承认有一位最高的建筑师把自然的形式如同它们向来存在着的那样直接创造了出来,或者预先决定了那些在自然进程中按照同一种典范连续形成起来的形式:然而,我们的自然知识由此却丝毫也没有得到促进,因为我们根本不可能知道那位存在者的行动方式,以及他那些应当包含有自然存在物的可能性原则的理念,也不可能由他那里从上至下地(先天地)解释自然界。但如果我们因为相信在经验对象的形式中找到了合目的性,于是为了解释这种合目的性,就想要从这些形式中,因而从下至上地(后天地)援引某种按照目的而发生作用的原因:那么我们就会在解释中陷入同语反复,用言词来欺骗理性,更不用说当我们以这种解释方式迷失在我们的自然知识所不能追随的那种夸大其辞中时,理性就被诱入了诗意的狂热,而防止狂热正是理性最主要的使命。

另一方面,理性的一个同样必要的准则就是不要忽略在自然产物上的目的原则,因为这种原则即使并不使我们更加理解自然的产生方式,但毕竟是研究自然的特殊规律的一条启发性的原则;就算假定我们不愿意对这条原则作任何运用、以按照它来解释自然本身,因为哪怕这些产物明显地呈现出有意的目的统一性,在此期间我们仍然只是把这些产物称之为自然目的,也就是我们不超出自然之外去寻求它们的可能性根据。但由于毕竟最终必定会遇到自然产物的可能性问题,所以为这种可能性思考一种特殊方式的、并不在自然之中的因果性,这也是同样必要的,正如自然原因的机械性也有自己的因果性那样,因为要接受许多个与按照机械性的物质所能产生的不同的形式,就必须还加进某种原因(因而这种原因不可能是物质)的自发性,没有这种自发性就不可能提供出任何关于那些形式的根据来。虽然理性在它走出这一步之前必须小心从事,不可试图把自然的每种技巧、即自然的那样一种为着我们的单纯领会能力本身而显示出形状的合目的性(如在正多面体那里)的生产能力,解释为目的论的,而是始终将之视为仅仅机械地可能的;不过,在这方面想要完全排除目的论原则,并且,当合目的性在对各种自然形式的可能性通过它们的原因所作的理性研究看来,完全无可否认地显示为与另一种因果性相关的地方,却还总想单纯遵循机械作用,这同样也必将使理性耽于幻想,并在关于自然能力的那些完全不能被思维的幻影之下踟蹰徘徊,正如一种根本不照顾到自然机械作用的单纯目的论的解释方式也会使理性变得狂热一样。

在同一个自然物身上,这两条原则不可能作为一条由另一条来解释(来演绎)的原理而相联结,就是说,不可能为了规定性的判断力而作为自然洞见的独断的和构成性的原则结合在一起。例如当我把蛆假定为它应当被视为物质的单纯机械作用的产物(即物质当它的各要素由于腐烂而被释放出来时单凭自身而完成的新的形态的产物)时,我现在就不能把同一个物质当作按照目的来行动的原因性而从中推出上述产物来。反过来,当我把同一个产物假定为自然目的时,我也就不能指望它有一种机械的产生方式,并把这种产生方式假定为按其可能性来评判这产物的构成性原则,从而把这两条原则结合在一起。因为一种解释方式是排斥另一种解释方式的;哪怕假定一个这样的产物的可能性的两个根据客观上是基于一个唯一的根据上、但我们却没有顾及

278

279 到它也罢。应当使这两种解释方式在按照它们来评判自然时的相互结合成为可能的那条原则,必须被置于那处在这两种解释方式之外(因而也是处在可能的经验性的自然表象之外)但却包含着这自然表象的根据的东西中,就是说,必须被置于超感性的东西中,而这两种解释方式的任何一种都必须与之相关。既然我们对这超感性的东西只能有某个根据的不确定的概念,这根据使得按照经验性法则对自然作评判成为可能,但除此之外我们不能用任何谓词来更切近地规定它:那么结果就是,这两条原则的结合不能建立在为着规定性的判断力而按照给予的法则来对一个产物的可能性加以解释(说明)的基础上,而只能建立在为着反思性的判断力而对这种可能性加以讨论(揭示)的基础上。——因为解释就意味着从一条原则出发进行推导,因而这条原则我们必定是清楚认识到并能清楚指出的。现在,虽然在同一个自然产物身上,自然的机械作用原则和自然按照目的的因果性原则必须在一个唯一的更高原则中相互关联,并共同地从中引出来,因为否则它们在自然考察中就不可能相互并存。但如果这一客观—共同的、因而也能使那些依赖于它的自然研究准则有理由协同一致的原则具有这样一种性质,即它虽然能够被指明,但永远不能确定地被认识,不能为了在出现情况时加以运用而清楚地被陈述出来:那么从这样一种原则中就不可能对按照那两条异质原则而可能的一个自然产物的可能性引出任何解释、即任何清楚确定的推导。但现在,这个一方面是机械性推导的、另方面是目的论推导的共同原则是我们必须给作为现象的自然所配置的超感性的东西。但对于这个超感性的东西我们不能出于理论的意图给自己造成丝毫被肯定地规定了的概念。所以,为什么按照这条超感性的东西的原则,

280 自然界(根据其特殊的规律)对我们来说构成一个系统,这系统可以既按照物理规律的产生原则又按照目的因的原则而被认作是可能的:这是绝对不能解释的,而只能在那些没有目的论原理的支持就不能被我们按照机械作用原则(这原则任何时候都有权对自然存在物提出要求)来思考其可能性的自然对象出现的场合发生时,预先假定我们只可以依照这两个原则对自然规律作充满信心的探究(由于自然产物的可能性对知性来说是可以从这个那个原则来认识的),而不介意在评判这产物的诸原则之间所冒出来的那种表面的冲突,因为至少这种可能性是肯定的,即这两者甚至在客观上也是有可能在一条原则中相一致的(因为它们涉及到以某种超感性的根据为前提的现象)。

所以,尽管自然的不论是机械作用还是目的论的(有意的)技艺,就同一个产物及其可能性而言都可能服从于按照特殊规律的自然界的一条共同的更高原则;然而这样一来,由于这条原则是超验的,我们根据我们知性的局限性却不能把这两条原则在对同一个自然产生过程的解释中结合起来,即使这一产物的内部可能性只有通过某种目的因果性才被理解(正如有机物质所具有的那种性质)。所以在上述目的论原理那里仍然保持着的是:按照人类知性的性状,对自然界中有机物的可能性只能假定一个有意起作用的原因,而单纯自然机械作用在解释这种自然产物的可能性上有可能是根本不充分的,但却并不是要由此而在这些物本身的可能性方面通过那条目的论原理作出决断。

由于这条原理只是一条反思性的判断力的准则,而不是规定性的判断力的准则,因而只是对我们主观上有效,而不是客观上对这类物本身的可能性有效(那样的话这两种不同的产生方式就有可能在同一个根据中关联起来了);此外还由于,不给这种按目的论来思考的产生方式添加任何有关一个可与此同时发现的自然机械作用的概念,则这一类的产生就会根本不可能被作为自然产物来评判;所以,上述准则同时就具有把这两条原则在评判作为自然目的的事物时结合在一起的必然性,但却不是为了用一方整个地或在某些方面取代另一方。因为那被(至少是被我们)设想为只有按照目的才可能的东西是不能被任何机械作用所取代的,而那种按照机械作用被认作是必然的东西也决不能被需要一个目的用作规定根据的偶然性所取代,而只能是使一方(机械作用)隶属于另一方(有意的技艺),这种情况按照自然合目的性的先验原则倒是完全允许发生的。

因为,凡是目的被作为某些事物的可能性的根据来思考的地方,我们在那里也就假定了手段,它们的作用规律自身并不需要任何预设一个目的的东西,因而是机械性的,但毕竟可以是一个从属于有意作用之下的原因。因此,甚至在自然的有机产物中,但更多的是当自然界的无限的规模促使我们把那个在自然原因按照特殊规律的结合中的有意图的东西,现在也(至少是通过可以允许的假设)假定为反思判断力对自然整体(世界)的普遍原则时,也可以设想在自然的诸产生过程中机械规律与目的论规律的某种巨大的乃至于普遍的结合,而不把对自然的产生过程的各种评判原则相混淆,也不用一种原则取代另一种原则;因为在目的论的评判中,哪怕质料[物质]所接受的形式只是被

281

评判为按照意图而可能的,质料按其本性却可以遵照机械规律而从属于那个
所设想的目的充当手段:即使由于这种结合的根据在于那种既不是这个也不
是那个(既不是机械作用也不是目的关系)、而是自然中我们根本不认识的超
感性基底的东西,这些客体的可能性的两种表象方式对于我们的(人类的)理
性来说也都是不能融合的,相反,我们只能把它们评判为按照目的因的联结而
以一个最高知性为根据的,所以目的论的解释方式一点也没有因此而失去
什么。

　　但是,既然自然的机械作用作为手段对自然中每个目的意图发生了多大
的效用,这是完全不确定、且对我们的理性来说也永远不能确定的,并且,既然
由于一般自然的可能性的上述理知性原则,我们完全可以假定自然界到处都
是按照这两类普遍协调一致的规律(物理规律和目的因的规律)而可能的,即
使我们根本不能看透这是如何进行的:那么,我们也就不知道对于我们是可能
的这种机械的解释方式会走多远,我们所知道的只是:仅就我们尽可能达到的
范围而言,这种解释方式对于我们一度承认为自然目的的事物来说每次总还
是不充分的,因此我们按照我们知性的性状必须使那些根据全都隶属于一个
目的论的原则之下。

　　于是在这之上就建立起了这种权力,并且由于按照机械作用原则而作的
自然研究对于我们理性的理论运用所具有的重要性,也建立起了这种职责:把
自然的一切产物和事件、哪怕最具有合目的性的,都永远在我们能力所及的范
围内(它的局限我们在这种研究方式内部是不可能指出来的)加以机械的解
释,但同时却永远也不放过的是,对于我们甚至也只有唯一地在目的概念之下
才能提交给理性来研究的那些自然产物和事件,我们必须依照我们理性的本
质性状,不顾那些机械的原因,最终还是把它们隶属于按照目的的因果性
之下。

附录^①　目的论判断力的方法论

§79.是否必须把目的论当作属于自然学说的来讨论

每一门科学都必须在一切科学的百科大全中有自己确定的位置。如果它是一门哲学科学,那么就必须给它在这百科大全中的理论部分或者是实践部分指出自己的位置,而如果它在理论部分中有自己的席位,那就要么当它所考虑的是能够作为经验对象(因而是物质学说、心灵学说和普遍世界知识的对象)的东西时,就必须在自然学说中指出它的位置,要么就必须在神学(关于作为一切经验对象之总和的世界的原始根据的学说)中指出它的位置。

现在问题是:应该给予目的论什么位置? 它是属于自然科学呢还是属于神学? 它必须是双方中的一方;这是由于没有任何科学能够属于从一方向另一方的过渡,因为这种过渡只不过意味着该体系的结合部或机制,而不是这体系中的任何席位。

不言自明的是,这门科学并不作为神学的一部分而归属于神学,尽管在神学中它可以得到极其重要的运用。因为它把自然的诸产生过程及其原因作为自己的对象;并且即使它指向那个原因,即指向一个预定在自然之外和之上的根据(神圣的创造者),但它在考察自然时这样做却并不是为了规定性的判断力,而只是为了反思性的判断力(为的只是凭借这样一个与人类知性相适合的理念作为调节性原则而引导对世界上的事物的评判)。

但这门科学似乎同样也不属于自然科学,后者为了从自然后果中指出客观根据,所需要的是规定性的原则,而不单纯是反思性的原则。事实上,对于自然理论或对诸现相通过其起作用的原因所作的机械性解释来说,人们通过对这些现相按照相互的目的关系来进行考察也没有获得过任何好处。就自然的诸产品按照目的概念构成某种系统而言来列出这些产品上的自然的目的,这本来就只属于根据某种特殊的线索拟定的对自然的描绘:这时理性虽然完

① 在第 1 版中没有把这一部分标明为"附录"。——德文编者

成了一件辉煌的、富有教益的、在实践上有多方面的合目的性的工作,但对于这些形式的产生和内部可能性却没有提供出任何解释,而这却是理论自然科学真正要关心的。

所以,作为科学的目的论根本不属于任何学理,而只属于批判,而且是属于一种特殊的认识能力即判断力的批判。但就其包含有先天原则而言,它能够而且必须拿出一种该如何按照目的因原则来判断自然界的方法;这样,它的方法论就对理论自然科学的处理方式至少具有消极性的影响,甚至对于理论自然科学在形而上学中作为神学的入门对神学所可能有的那种关系也具有这种影响。

§80.在将一物解释为自然目的时机械论原则
必须从属于目的论原则

旨在对一切自然产物仅作机械论方式的解释的那种权限,本身是完全不受限制的;但仅仅以此来得过且过的那种能力,根据我们的知性就其与作为自然目的的事物打交道而言的性状,却不仅是极其受限制的,而且也是有明确界限的;因为这样一来,按照某种判断力的原则仅仅通过前一种处理方式就会根本不可能在解释后面这些事物时有任何收获了,因而对这些产物的评判任何时候都必须由我们使之同时隶属于一条目的论原则之下。

因此,合理的、甚至值得鼓励的是,为了对自然产物作出解释而紧紧追随自然机械论,直到有可能或许会发生这种事,即甚至要放弃这种尝试,不是因为在这条道路上与自然的合目的性的切合本身是不可能的,而只是因为这对于作为人类的我们来说是不可能的;因为,为了这种切合就会要求有某种不同于感性直观的直观,及某种对自然的理知性基底的确定认识,从其中甚至可能对那些按照特殊规律的现象的机械作用指出根据,而这是完全超出我们的一切能力的。

所以,自然科学家为了在工作时不白费精力,那么他就必须在评判那些其概念无疑是作为自然目的建立起来的事物(有机物)时,总是把某一个原始的有机体作为基础,这个有机体本身利用那种机械作用,以便产生另一些有机形式,或者是把它自己的形式发展为新的形态。(但这些形态永远是从那个目

285

的中并与之相符合地产生出来的）

　　值得称赞的是,借助于某种比较解剖学来对有机自然的这种伟大创造探查一番,看看在其中是否存在有某种与一个系统类似、确切地说是按照生产原则而类似的东西;我们没有必要停留在单纯的评判原则那里(这原则对于洞见有机自然的生产没有提供任何解释),也没有必要绝望地放弃对于在这个领域中作出自然洞见的一切要求。如此之多的动物种类以某种共同图型而相互一致,这种图型不仅仅在它们的骨骼结构中,而且在其他部分的安排中,也显得是基础,在这里,这一值得惊叹的简单构架通过压缩一部分而延长另一部分,发展这一部分而展开那一部分,已经能够产生出物种的如此巨大的多样性了,动物种类的这种相互一致就让一缕虽然很微弱的希望的光线照进了心田,即希望在这里用自然的机械作用原则也许可以取得某种成效,没有这个原则就根本不可能有任何自然科学。这些形式的类似性,就它们尽管有一切差异却显得是按照一个共同的原型生产出来的而言,就加强了它们在由一个共同的原始母体生产出来时有现实的亲缘关系的猜测,所凭借的是一个动物种类到另一个种类的渐进式的接近,即从目的性原则在其中显得最为可靠的动物种类即人类开始,直到水螅,从水螅乃至于直到苔藓和地衣,最后达到对我们显得是最低级的自然阶段,即粗糙的物质;从这种粗糙物质及其力中,按照机械性的规律(正如它在结晶体产生时据以起作用的规律一样),我们在有机体中如此难以理解、以至于我们相信需要为此设想另一种原则的那全部自然技巧,似乎都有了源头。

　　　于是在这里,就可以听自然的考古学家之便,从自然的最古老的革命所余留下来的痕迹中,按照自然界一切他所已知的和猜测的机械作用,而让那个各种生物的巨大家族生发出来(因为如果上述完全相关联的亲缘关系应当有一个根据的话,我们就必须这样来设想这些生物)。他可以让大地在刚刚走出其混沌状态时(仿佛一头巨大的动物),最初从它的母体中生出具有较少合目的性形式的生物来,这些生物又生出另外一些与其繁衍场所和相互关系更相适合地形成起来的生物;直到这个母体本身凝固下来,僵化起来,把自己的生育局限在了那些确定的、今后不再越轨的物种上,并保留了如同在那个富有成果的形成力运作的终局所沉淀下来的那样一种多样性。——不过,他最终仍然必须把某种被合目的地加之于这一切生物身上的有机组织赋予这个普遍的

286

母亲,否则动物界和植物界的这些产物的目的形式按照其可能性就是根本不可设想的①但这样一来,他就只不过是把解释的根据继续推延,而不能自以为已经使那两界②的产生摆脱了目的因这个条件。

287

甚至说到有机种类的某些个体所偶然经受到的那种变化,如果我们发现它们的如此被改变了的性质成为可遗传的并被吸收到生殖力中来,那么这变化就只能确切地评判为在物种中所原始固有的、并对该种类的自我保存是合目的的某种素质的偶尔展现:因为同类的生殖在一个有机物的彻底的内在合目的性方面,非常紧密地结合有这样一个条件,即不将任何不是也在这样一个目的系统中属于某种未展现的原始素质之一的东西吸收到生殖力中来。因为如果我们离开了这一原则,那么我们就不能可靠地知道,目前在一个物种那里找得到的那个形式的好些个部分是否同样会是偶然地、无目的地发源的;而在一个有机物中对任何在其繁殖中维持下来的东西都不评判为无目的的这个目的论原则,也就必然会因此而在应用中变得非常不可信赖了,而只是对于那原始祖先才有效(但我们对它并无更多认识)。

有人认为有必要为了一切这样的自然目的而假定一种目的论的评判原

288　则,即一个艺匠式的知性,休谟针对这些人提出了反驳:我们可以有同样的权利问,一个这样的知性又是如何可能的,即是说,构成一种同时具有实行力量的知性的可能性的那些各种各样的能力和属性,原先又是如何能合目的地聚集在一个存在物中的。只不过这种反驳是无效的。因为环绕着一个自身包含有目的并唯有通过这些目的才被理解的事物的最初产生这个问题的全部困

----

① 这样一种假设可以称之为理性的一个大胆的冒险;这是甚至在那些最敏锐的自然科学家中也可能很少有人会不曾偶尔想到过这一点的。因为这样做的荒谬并不是像 generatio

287　aequivoca[双重生殖]那样,后者的意思是一个有机体凭借粗糙的无机物质的机械作用而产生出来。有机物的产生仍然还会是在最广泛的词义上的 generatio univoca[单一生殖],只要某种有机的东西是从另一个有机的东西中产生出来的,虽然在这一类存在物中它与后者又有特殊的区别;例如某些水生动物逐渐地演变成沼泽动物,并且在好些代的生育之后又由沼泽动物演变为陆生动物。这并不是在单纯理性的判断中先天地自相矛盾的。只不过经验并没有为此显示出任何实例;毋宁说,按照经验,我们所知的一切生育都是 generatio homonyma[同名生殖],它不仅仅是和从无机材料中的生育相对立的 univoca[单一的],而且也产生出一个在有机体本身中与生产者同质的产物,而 generatio heteronyma[异名生殖]就我们的自然知识所达到的范围来说是从来没有遇到过的。——康德

② 指动物界和植物界。——译者

难,是基于要探讨这个产物中把相互外在的杂多之物结合起来的那个根据的统一性;因为,如果这个根据被置于某种作为简单实体的创造性原因的知性之中,则那个问题就其是目的论的问题而言,就得到了充分的回答,但如果那个原因只是在作为许多相互外在的实体的一个集合的物质中去寻找,则对于这物质的形成的内在合目的性形式来说就完全缺乏原则的统一性;而物质在那些只能被我们的知性作为一些目的来理解的产生过程中的专制就是一个没有意义的字眼。

由此就导致了,那些为物质的客观合目的性形式寻找其可能性的一个至上根据的人们,恰好不去赋予这根据一个知性,却喜欢把世界整体变成一个唯一的无所不包的实体(泛神论),或是(这只不过是对前者的一个更确定的解释)变成依存于一个唯一的简单实体的许多规定的一个总和(斯宾诺莎主义),仅仅是为了弄清一切合目的性的那个条件,即那个根据的统一性;在此他们虽然凭借某种简单实体的单纯本体论的概念而考虑到了这个课题的一个条件,即目的关联中的统一性,但对于另一个条件他们却毫不提及,这就是实体对其作为目的的后果的关系,由于这种关系,对于这问题的那个本体论的根据应当得到更切近的规定,因而,他们绝对没有回答这整个的问题。甚至如果我们不把事物的那个原始根据设想为简单实体,如果对于这简单实体来说不把它的在那些以之为根据的自然形式的特殊性状方面、也就是在目的统一性方面的属性,设想为某种理智实体的属性,但又(由于我们在一切只可能思考为目的的事物上所发现的那种偶然性之故而)不把这个理智实体与那些自然形式的关系设想为一种因果性的关系的话,那么,该问题也仍然完全没有(对于我们的理性来说)得到解答。

289

§81.在解释一个作为自然产物的自然目的时
机械论对目的论原则的参与

正如根据上节,自然的机械论单独地并不能够足以用来思考一个有机物的可能性,而是(至少按照我们认识能力的性状)必须本源地从属于某种有意起作用的原因一样:一个有机物的单纯目的论的根据,如果没有自然产物的机械论参与到这根据中来的话,同样也不足以把这有机物同时作为一个自然产物来考察和评判。机械论仿佛是一个有意起作用的原因的工具,自然在其机械性规律中仍然被隶属于有意起作用的原因的目的。这两个完全不同种类的因果性的这样一种结合,即自然在其普遍的合规律性中,与一个把自然限制在某种自然本身对之毫无任何根据的特殊形式上的理念相结合,其可能性我们的理性并不理解;它处于自然的超感性的基底中,对此我们不能够肯定地确定任何东西,就像它是自在的存在物那样,我们只知道它的现象。但那条原则,即"所有我们视为属于自然(phaenomenon①)并看作自然的产物的东西,也必须按照与自然相联结的机械性规律来思考"的原则,却仍然丝毫也不减少它的力量,因为没有这种因果性,作为自然目的的有机物毕竟不会是任何自然的产物。

既然产生这种存在物的目的论原则被接受下来(因为不可能有别的情况),那么我们就可能或者是用偶因论、或者是用预定论来为这些存在物的内在合目的性形式的原因奠定基础。根据前者,至上的世界原因按照其理念就会乘每次两性交合的机会而给在交合中混合起来的物质直接提供有机的形态;根据后者,他就会在他自己的这种智慧的最初产品中只放进这种素质,凭借这种素质,一个有机物就产生同类东西,而这个物种便持久地保持着自己,同样诸个体由于自己同时造成自己的破坏的本性而带来的死亡也就持续地得到了补偿。如果我们接受有机物产生的偶因论,那么在这里的一切自然连同对这样一类产物的可能性下判断的一切理性运用都将完全失去;因此我们可以假定不会有任何对哲学有兴趣的人接受这一学说。

现在,预定论也可以有两种不同的处理方式。就是说,它把每个由同类的东西产生出来的有机物要么看作离析出来的东西(Edukt),要么看作产生出来的东西(Produkt)。作为单纯离析出来的东西而生殖的这个学说叫作个体的预成学说,或者也叫先成论②;作为产生出来的东西而生殖的学说被称之为新生论③学说。后者也可以称之为种类的预成学说,因为生殖者的产生能力毕竟是根据它们的种族所分有的那些内在的合目的性素质而预先形成了的,

---

①　拉丁文:现相。——译者

②　Evolutionstheorie,通常译作"进化论",但此处与后来达尔文进化论的意思不同。——译者

③　Epigenesis,又译作"后成论",当时是与上述"先成论"相对立的学说。——译者

因而那特种的形式是 virtualiter① 预先形成了的。与此相应地,我们甚至也许可以把相对立的个体预成理论更确切地称之为退行论②(或套入理论③)。

先成论的捍卫者把每个个体都排除在自然的形成力之外,以便让它直接出自创造者之手,因而他们毕竟不想冒险让个体根据偶因论的假设而发生,而使得两性交合将只不过是某个至上的有理智的世界原因决定每次都直接插手形成一个胚胎的一道手续,留给母体做的则只是释放和养育这个胚胎而已。他们宣扬预成论;就好像让这样一些形式超自然地在世界的开端或者在其进程中产生出来会有什么不同似的,而不是宁可通过随机的创造而节省一大堆超自然的部署,这些部署是那在世界的开端就形成了的胚胎要在直到它发展起来的一个长时期内都不遭受自然力的破坏而完好无损地保持下来所要求的,而与此同时,这也会使得比本应在某个时候得到发展的要多到无法计数的这种预先形成的存在物,连同一样多的创造活动,都成为不必要的和无目的的了。不过他们仍然想在这里至少给自然留下点事情做,以免完全陷入纯粹的可以不要任何自然解释的超自然学。他们虽然还是坚持自己的超自然学,甚至在畸形怪胎(我们毕竟不可能把它们看作是自然的目的)上他们也会发现某种值得惊奇的合目的性,哪怕这种合目的性的目标只应当在于,一个解剖学家总有一天会对于这种作为某种无目的的合目的性的东西感到反感和一种黯然的惊奇。但他们绝对不可能使杂种的产生契合于预成论的学说,相反,既然他们承认雄性生物的精子没有任何别的作用,而只具有用作胚胎的最初营养的机械属性,他们就毕竟不得不还是又承认了它具有一种合目的性的形成力;但他们在考虑从同一种类的两个生物体中产生出来的这个产物时,却又不想把这种形成力给予两者中的任何一个。

相反,即使我们不知道新生论的辩护者就他证明自己理论的那些经验的理由而言对于前者所拥有的巨大优势:那么理性毕竟已经预先倾向于对他的解释方式给予了优惠,因为这种解释方式就我们只能够在起源上按照目的因果性而设想为可能的那些事物方面,至少在涉及到繁殖时,毕竟把自然看作是

291

292

自我产生的,而不单纯看作是展开着的,因而毕竟是花了尽可能少的超自然的东西就把从第一开端以来的一切相随之物都留给了自然(但关于这个第一开端却并没有确定什么,它是物理学不论想用一种什么样的因果链条来尝试总会在上面栽跟头的)。

就这个新生论而言,没有任何人比枢密官布鲁门巴赫先生①在证明这个理论以及部分通过限制它的太大胆的运用而建立其应用的真正原则方面,有更多的成就的了。他提升了对有机物质的这种形成所作的一切形式的自然解释。因为他有理由宣称,说粗糙的物质是按照机械规律而原始地自我形成起来的,说生命本来就能够从无生命之物的本性中产生出来,而且物质本来就能够自发地把自己安排进自我维持的合目的性的形式中去,这些说法都是违背理性的;但他同时又在某种原始有机体的这种我们无法探究的原则之下为自然机械作用留下了一个不可确定的、但却也是不会弄错的份额,为此,在一个有机体中物质的能力(与物质的普遍蕴含的单纯机械的形成力不同而)被他称之为某种(仿佛是从属于对前一种形成力所作的更高的引导和指令的)形成驱力。

293

§82.在有机物的外在关系中的目的论体系

我把外在的合目的性理解为这样一种合目的性,在那里一个自然物充当了另一个自然物达到其目的的手段。现在,那些不具有内在合目的性之物,或不以内在合目的性为其可能性的前提之物,如土、空气、水等等,仍然可以是外在地、即在与其他存在物的外在关系中很合目的性的;但这些其他存在物必须任何时候都是有机的存在物,即自然目的,因为否则的话那些东西也就不能被作为手段来评判了。这样,水、空气和土并不能被看作大山堆积起来的手段,因为大山本身根本不包含任何要求它的可能性有一个按照目的的根据的东西,所以大山的原因永远也不能在与目的的关系中放在(用于目的的)某个手段的诸谓词之下来表现。

①　Blumenbach,Johann Friedrich(1752—1840),德国生理学家和比较解剖学家,体质人类学之父。——译者

外在合目的性是一个完全不同于内在合目的性概念的概念,后者是与一个对象的可能性结合着的,而不论这个对象的现实性本身是不是目的。对一个有机物我们还可以问:它是为什么而存在的? 但对于那些我们在其中只看见自然的机械作用的结果的东西,我们就不好这样问了。因为在前者中,我们已经为它们的内在可能性设想了一个依据目的的原因性,一个创造性的知性,并把这种主动能力与它的规定根据、与那个意图联系起来。只有一个唯一的外在合目的性,是与有机组织的内在合目的性相关联的,并且不可以问这样一个如此组织起来的存在物本来正好是为了什么目的而必须实存、但却仍然是在一个手段的外在关系中充当目的的。这就是两性为了繁殖其种类而在相互关系中的组织;因为在这里我们总还是可以正如同在一个个体那里一样问道:这一对配偶是为了什么而必须实存的呢? 回答是:这一对在这里第一次构成了一个组织起来的整体,虽然不是一个在个别身体中被组织起来的整体。

现在如果我们问一物为什么而存有,那么回答要么是:它的存有和它的产生根本不和一个按照意图起作用的原因发生关系,而这样一来我们就总是从自然的机械作用中来理解它的起源的;要么就是:它的存有(作为一个偶然的自然存在物)是有某种有意的根据的,而这个观念我们是很难与一个有机物的概念分开的:因为,既然我们一旦有必要用一个目的因的原因性及一个作为它的基础的理念来解释有机物的内在可能性,我们也就只能把这个产物的实存思考为目的。因为被表象的结果,如果它的表象同时又是有理智的起作用的原因在产生这个结果时的规定根据,就叫作目的。所以在这种情况下,我们要么就可以说:一个这样的自然存在物的实存的目的就在它自身中,就是说,它不仅是一个目的,而且也是一个终极目的;要么就可以说:它实存的目的在它外面的另一个自然存在物中,就是说,它不是作为一个终极目的、而是必须同时作为一个手段而合目的地实存。

但如果我们通观整个自然界,那么我们在这个作为自然的自然中就找不到任何能够要求优先成为创造的终极目的的存在物;我们甚至可以先天地证明:那种也许还有可能成为自然的最后目的(ein letzter Zweck)的东西,按照一切我们想给它配备的想得出来的规定和属性来说,毕竟是作为自然物而永远不会是一个终极目的(ein Endzweck)。

如果我们看看植物界,那么我们一开始就可能通过它借以扩展到几乎一

294

切土壤上的那种无法估量的丰产性,而想到把它看作只是自然在矿物的形成过程中表现出的那种自然机械作用的产物。但对其中那无法描绘的智慧的有机组织有了进一步的认识,就使我们不拘泥于这种想法,而是引起了这样的问题:这些被造物是为了什么而存在的? 如果我们回答说:是为了以它们为生并借此能够以多种多样的种类扩展到了地球上的那个动物界,那么又会产生这个问题:这些食草动物又是为了什么而存在的呢? 回答也许会是:为的是那些只能以具有性命的东西为生的食肉动物。最终的问题是:这些动物连同上面各种自然界是对什么有利的呢? 是为了人类的多种多样的利用,对所有那些被造物作这种利用是人的知性教给他的;人就是这个地球上的创造的最后目的,因为他是地球上唯一能够给自己造成一个目的的概念、并能从一大堆合乎目的地形成起来的东西中通过自己的理性造成一个目的系统的存在者。

　　我们也可以跟随林奈爵士①走一条表面看来相反的路并说:食草动物的存在是为了抑制植物界的过度生长,这种过度生长会窒息许多的植物种类;食肉动物是为了给食草动物的贪吃建立限制;最后,人通过他追捕和减少食肉动物而造成在自然的生产能力和毁灭能力之间的某种平衡。所以,人不管他如何可以在某种关系中值得作为目的而存在,但在另外的关系中他又可能只具有一个手段的地位。

　　如果我们把在地球生物的种类多样性及其作为合目的的建构物的相互外在关系之中的某种客观合目的性当作原则,那么在这种关系中又按照目的因来设想某个有机组织和一切自然各界的一个系统,这是符合理性的。但在这里,经验看来是与这条理性准则公然相矛盾的,尤其当涉及到自然的一个最后目的时是如此,这个最后目的毕竟是这样一个系统的可能性所要求的,并且我们也只能把它设定在人身上:因为就人作为许多动物种类中的一种而言,自然界倒是无论是在毁灭性的力量方面还是在生产性的力量方面都没有给过他丝毫的例外,而是使一切都服从于自然的无目的的机械作用。

　　为了地球上自然存在物的一个合目的性的整体而必须在一个安排中有意地建立起来的第一件事,也许就是这些自然存在物的居住地即土壤和环境,它们要在其上和其中使自己繁衍起来。不过,对一切有机生产的这一基础的性

---

　　① Linné Carl von (1707—1778),瑞典植物学家,是植物分类法的创始人。——译者

状的更确切的知识并不会指示别的,只会指示出完全是无意起作用的、甚至与
其说是有利于生产、秩序和目的的倒不如说是毁灭性的那些原因。陆地和海
洋不仅包含有它们及一切在它们之上和之中的生物遭受到古代猛烈摧毁的遗
迹,而且它们的整个结构形式,陆地的地层和海洋的边界,都完全具有一个在
混乱状态中劳作的自然界的狂暴而万能的力量的产物的外观。现在,陆地的
形态、结构形式和坡度无论显得是如何被安排成对于接受空中降下的雨水,对
于各种各样性质的地层之间的水源充沛(对于各种物产)以及对于江河的流
淌是合目的性的:但对它们的一个更进一步的研究却会证明,它们有的是作为
火山爆发的结果,有的是作为洪水爆发乃至于海啸的结果而造成的;不但是这
种地形的最初产生,而且尤其是它后来的改造连同它那些最初的有机产物的
灭亡,都是如此。① 既然这一切生物的居住地,土壤(陆地的)和奥区(大海
的),只不过提供了其产生的某种完全无意的机械作用的指示:我们又如何能
够并有什么权利要求和主张后面这些产物有一个另外的起源呢? 即使如同对
那些自然毁灭的遗迹所作的最精细的考查(按照坎培尔②的判断)似乎证明的
那样,人类并没有一同处于这些变革之中:但人类毕竟如此地依赖于那些剩下
的地球生物,以至于一旦承认了自然有一种普遍支配其他这些地球生物的机
械作用,则人类也就必须被视为是共处于其中的;哪怕人类的知性已有能力把
他们(至少是大部分)从这些自然灾变中拯救出来。

　　但是,这一论证似乎证明了比当初提出它来的意图所包含的更多的东西:
也就是不仅证明人类不可能是自然的最后目的,由于同一理由,地球上的有机
自然物之聚合也不可能是一个目的系统;而且还证明,甚至以往被看作是自然
目的的自然产物,除了自然的机械作用以外,也没有任何别的起源。

　　不过,在对有机自然物的机械论的和目的论的产生方式的诸原则的二律

297

────────────

　　① 如果一度被接受的自然史这个名称应当为自然的描述而保留的话,那么我们就可以
把这个名称字面上所表明的东西、也就是对地球上过去的古代状况——对于这种古代状况我
们即使不能指望有任何确定性,却有很好的理由作大胆的推测——的展现称之为自然的考古
学,以和艺术的考古学相对。那些化石将属于前者,正如那些雕刻过的石头等等属于后者一
样。因为,既然我们哪怕是多么笨拙和缓慢,但毕竟现实地(以地球理论的名义)持久从事着
这样一种研究,所以这个名称正好不会是给予某种只是想象出来的自然研究,而是给予大自
然本身在邀请和要求着我们去从事的这样一种自然研究的。——康德

　　② 见§43的译者注。——译者

背反的上述解决中,我们已经看到:由于这些原则对于按照有机自然物的特殊规律(我们缺乏打开它们的系统关联的钥匙)而形成的自然界来说只是些反思判断力的原则,亦即它们并没有自在地规定这些自然物的起源,而只是说我们按照我们知性和理性的性状只能根据目的因来思考这类存在物的起源,所以在尝试对它们作机械的解释方面作最大的努力甚至冒险就不仅是允许的,而且我们也被理性召唤着去做这件事,尽管我们知道,由于我们知性的特殊性质和限制的种种主观理由(而绝不是由于这种产生的机械作用与按照目的的起源本身有什么矛盾),我们这样做是永远不够的;并且最终,在(不论是我们之外还是我们之内的)自然的超感性原则中也许根本就不可能有这两种表象自然可能性的方式的一致,因为按照目的因的那种表象方式只是我们的理性运用的一个主观条件,如果它不只是想要懂得对作为现象的对象进行评判,而且要求把这些现象甚至连同其诸原则都联系到那超感官的基底上去,以便能找到使它们统一的某条规律的话,而这条规律只有通过目的(在这方面理性也拥有这样一些超感性的目的)才能使这种统一表现出来。

§83.作为一个目的论系统的自然的最后目的

我们在前面指出过,我们有充分的理由把人类不仅是像一切有机物那样作为自然目的,而且在这个地球上也作为一切其他自然物都与之相关地构成一个目的系统的那个自然最后目的,而按照理性的原理来加以评判,虽然不是为了规定性的判断力,却毕竟是为了反思性的判断力。既然那种通过人类与自然的联结应当作为目的而得到促进的东西必须在人本身中发现:那么这种目的或者必须具有这种方式,即人本身可以通过大自然的仁慈而得到满足;或者这就是对能够被人利用(外在的和内在的)自然来达到的各种各样目的的适应性和熟巧。前一种自然目的将会是幸福,后一种目的则将是人类的文化。

幸福的概念并不是这样一种概念,例如说人从他的本能中抽象出来、并从他自己身上的动物性中拿来的概念;而只是对某种状态的理念,他想要使该状态在单纯经验性的条件之下与这理念相符合(而这是不可能的)。他自己为自己构想出这个理念,也就是以如此各不相同的方式通过他的与想象力和感

官知觉缠绕着的知性构想出这个理念;他甚至如此经常地改变这一概念,以至 299
于就算自然完全屈从于他的任意,自然却还是根本不能为了与这种动摇不定
的概念及每个人以任意的方式给自己设置的目的协和一致,而表现出任何确
定的、普遍的和固定的规律。然而,即使我们想把这个概念要么贬低到我们的
种类完全与自己协和一致的那种现实的自然需要上,要么在另一方面想把它
进一步提高到达到想象目的的熟巧这样的高度;但毕竟,人类所理解的幸福及
事实上成为他特有的最后自然目的(而非自由目的)的东西却永远不会被他
达到;因为他的本性不具有在任何地方停止并满足于占有和享受的性质。另
一方面,自然界远不是把他当作自己特殊的宠儿来接受并善待他胜过一切动
物的,毋宁说自然界正如对待一切其他动物一样,并没有使他免于自然的破坏
作用的伤害,如瘟疫、饥饿、水患、冻伤、其他大小动物的侵袭,如此等等;更有
甚者,人身上的自然素质的矛盾性还把他置于自造的磨难中,又把和他自己同
类的另外的人通过统治的压迫和战争的残暴等等投入绝境,而正如在他身上
发生的那样,他自己也进行着毁灭他自己的同类的工作,以至于即使在我们之
外是最仁慈的自然,如果这个自然的目的是针对我们这个物种的幸福提出来
的话,也是不会在地球上的一个自然系统中实现出来的,因为我们内部的自然
是很难受到这个外部自然的感动的。所以人永远只是自然目的链条上的一个
环节:他虽然就某些目的而言是原则,这原则似乎是自然在自己的设计中通过
他自己向自己提出而给他规定了的;但他毕竟也是在其他环节的机械作用中
维持合目的性的手段。他作为地球上唯一的具有知性、因而具有自己给自己
建立任意目的的能力的存在者,虽然号称自然的主人,并且如果把自然看作一
个目的论系统的话,他按照其使命来说是自然的最后目的;但永远只是在这个 300
条件下,即他理解到这一点,并具有给自然和他自己提供出这样一个目的关系
来的意志,这种目的关系将能独立于自然界而本身自足,因而能够是一个终极
目的,但这个终极目的是根本不必到自然中去寻找的。

　　但是要发现我们至少可以在人的什么地方放置自然的那个最后目的,我
们就必须找出自然为了使他准备去做他为了成为终极目的所必须做的事而能
够提供的东西,并将它与那一切以只能期待于自然的条件为根据才有可能的
目的区别开来。后一种目的是地上的幸福,它被理解为人的一切通过在人外
面和内面的自然而可能的目的的总和;这是人在地上的一切目的的质料,这种

质料,如果他使之成为他全部的目的,就使他不能够为他自己的实存建立一个
终极目的并与之协调一致。所以,人在自然中的一切目的里面就只剩下形式
上的主观条件,即这种适应性的主观条件:一般来说能为自己建立目的并(在
他规定目的时不依赖于自然)适合着他的一般自由目的的准则而把自然用作
手段,这是自然关于外在于它的终极目的所能够做到的,因而这件事就能被看
作自然的最后目的。一个有理性的存在者一般地(因而以其自由)对随便什
么目的的这种适应性的产生过程,就是文化。所以只有文化才可以是我们有
理由考虑到人类而归之于自然的最后目的(而不是他所特有的在地上的幸
福,也根本不只是在外在于他的无理性的自然中建立秩序与一致性的最重要
的工具)。

　　但并不是任何文化都足以成为自然的这个最后目的。熟巧这种文化当然
是对促进一般目的的适应性的最重要的主观条件;但却还不足以促进在规定
301　和选择其目的时的意志,这种规定和选择本质上却是对目的的某种适应性的
全部范围所要求的。适应性的后面这个条件我们可以称之为管教(训练)的
文化,它是否定性的,它在于把意志从欲望的专制中解放出来,由于这种专
制,我们依附于某些自然物,而使我们没有自己作选择的能力,因为我们让
本能冲动充当了我们的枷锁,大自然赋予我们这些冲动只是充当指导线索,
为使我们中的动物性的规定不被忽视乃至于受到伤害,然而我们毕竟有充
分的自由,由于理性的目的的要求,而使这种动物性绷紧或是放松,延伸或
是压缩。

　　熟巧只有借助于人们的不平等才能在人类中大大发展起来:由于绝大多
数人仿佛是机械地、无需特殊技艺地为别人的舒适和方便提供生活必需品,其
他人则从事着不太急需的文化、科学和艺术部门的工作,由于他们,绝大多数
人保持在受压制、辛苦劳累而很少享受的状态中,但上层阶级的文化有一些终
究逐渐地扩散到了这些等级中去。但随着文化的进步(它的顶点称之为奢
侈,如果对非必需之物的偏好已经开始造成对必需之物的损害的话),磨难也
在两个方面以同样的强度增长着,一方面是由于外来的暴行,另一方面是由于
内心的不满足;但这种引人注目的苦难却是与人类身上的自然素质的发展结
合着的,而自然本身的目的,虽然不是我们的目的,却在这里得到了实现。这
种唯有在其之下自然才能实现自己这个终极意图的形式条件,就是人们相互

之间的关系中的法制状态,在其中,交互冲突的自由所造成的损害是由一个被叫作公民社会的整体中的合法的强制力来对付的;因为只有在这种状态中,自然素质的最大发展才可能进行。不过,为了这种发展,即使人类有足够的聪明去发现这一法制状态、并有足够的明智自愿地服从它的强制,却还需要一种世界公民的整体,即所有那些处于产生相互侵害作用的危险中的国家的一个系统。没有这个系统,由于荣誉欲、统治欲、占有欲,尤其是在手中有暴力的人那里,对哪怕这样一个系统的可能性所造成的阻力,则战争(在其中要么一些国家分裂并解体为一些更小的国家,要么一个国家使另一个更小的国家与自己合并而力求构成一个更大的整体)就是不可避免的:尽管战争是人类的一种(由于不受约束的情欲的激发)无意的尝试,但却是深深隐藏着的、也许是无上智慧有意的尝试,即借助于各个国家的自由,即使不是造成了、但毕竟是准备了各国的一个建立在道德之上的系统的合法性、因而准备了它的统一性,并且尽管有战争加在人类种族身上的那些极为恐怖的劫难,以及在和平时期长期备战压在人们身上的也许还是更大的磨难,但战争更多的却是一种动机(尽管离对人民幸福的安居乐业的希望越来越远),要把服务于文化的一切才能发展到最高的程度。

　　至于对那些爱好,即我们作为一个动物种类的规定上的自然的素质完全与之相适合、但却使人类的发展步履维艰的那些爱好进行训练;那么在对文化的这第二个要求上自然毕竟也表现出对某种教化的合目的性的努力,这种教化使我们能接受比自然本身所能提供的更高的目的。凭借科学,对趣味的文雅化直到理想化甚至奢侈作为虚荣的食粮,通过由此产生的一大堆不能满足的爱好而把那种祸害倾倒在我们头上,这种祸害的占优势已是无可争辩的了:与之相反,自然的目的也是一目了然的,这就是让那些更多属于我们身上的动物性而与我们更高使命的教养极端对立的爱好(对享受的爱好)的粗野性和狂暴性越来越多地败北,而为人性的发展扫清道路。美的艺术和科学通过某种可以普遍传达的愉快,通过在社交方面的调教和文雅化,即使没有使人类有道德上的改进,但却使他们有礼貌,从而对感官偏好的专制高奏凯旋,并由此使人类对一个只有理性才应当有权力施行的统治作好了准备:然而那些有的是自然使我们遭受到的、有的是人类的不能相容的自私所带给我们的祸害,同时也就召唤着、提升着、坚定着灵魂的力量,使之不被这些祸害所战胜,并让我们感到在我们心中隐藏有对那些更高目的的适应性。①

§84. 一个世界的存有的终极目的即创造
本身的终极目的

终极目的是这样一种目的，它不需要任何别的东西作为它的可能性的条件。

如果把自然的单纯机械作用看作自然合目的性的解释根据，那么我们就

304 不能够问：世界上的事物是为什么而存有的；因为这样一来，按照这种观念论的系统所谈的只是事物的物理可能性（我们把这种可能性设想为目的只会是无客体的玄想）；现在，我们尽可以在偶然性或盲目的必然性上来解释事物的这种形式，在这两种情况下那个问题都会落空。但如果我们把世界中的目的关系看作实在的，并为之假定一种特殊的原因性，即某种有意起作用的原因，那么我们就不能停留在这个问题上：世界的那些事物（有机物）为什么具有这种那种形式、被自然置于与他物的这种那种关系中；相反，一旦想到某种知性必须被看作像在事物身上被现实地发现的这样一些形式的可能性的原因，那么也就必须在这个知性中询问其客观的根据了，这个根据能够规定这一生产性的知性去得出这种类型的结果，它才是这类事物之所以存有的终极目的。

我在上面说过：这个终极目的不会是自然界足以造成、并按其理念产生出来的目的，因为它是无条件的。这是因为，在自然（作为感性存在物）中没有任何东西，它在自然本身中的规定根据不会永远又是有条件的；而这不仅适用于外在于我们的自然（物质的自然），而且也适用于我们之中的自然（思维的自然）：可以理解为，我在我之中只考察那本身是自然的东西。但一物由于其客观性状而应当作为一个有理智的原因的终极目的的必然实存，它就必须具有如

①　如果一种价值只是按照人们享受什么（按照一切爱好的总量这一自然目的、即幸福）来估量，那么生活对于我们有怎样一种价值就是很容易断言了的。这种价值将跌落到零度以下；因为谁会愿意再次过那种在同样一些条件之下的生活，哪怕按照新的、由自己设计好的（但毕竟是按照自然进程的）计划，但也只是立足于享受之上的计划？按照那种根据自然与我们共有的目的来渡过的生活所包含的东西以及按照以人们做什么（不只是享受什么）为内容的东西来生活，即使我们仍然还只是达到某个不确定的终极目的的手段，这样的生活有怎样的价值，这在上面已经指出过了。那么现在在所剩下的就只有这样一种价值，即我们自己通过不仅是我们做什么、而且也是不依赖于自然而合乎目的地做什么，乃至于连自然的实存本身也只有在这个条件下才能成为目的，这样来赋予我们的生活的价值。——康德

下性质,即它在目的秩序中不依赖于任何别方面的条件、而只依赖于它的理念。

现在,我们在这个世界中只有唯一的一种存在者,它们的原因性是目的论的,亦即指向目的的,但同时却又具有这种性状,即它们必须依据着来为自己规定目的的那个规律,是被它们自己表象为无条件的、独立于那些自然条件的,但本身又被表象为必然的。这种类型的存在者就是人,但却是作为本体看的人;这是唯一这样的自然存在者,我们在它身上从其特有的性状方面却能认识到某种超感官的能力(即自由),甚至能认识到那原因性的规律,连同这种原因性的那个可以把自己预设为最高目的(这世界中最高的善)的客体。 305

现在,对于作为一个道德的存在者的人(同样,对于世上任何有理性的存在者),我们就不再能问:他是为了什么(quem in finem①)而实存的。他的存有本身中就具有最高目的,他能够尽其所能地使全部自然界都从属于这个最高目的,至少,他可以坚持不违背这个目的而屈从于任何自然的影响。——既然这个世界的事物作为按照其实存来说都是依赖性的存在物,需要一个根据目的来行动的至上原因,所以人对于创造来说就是终极目的;因为没有这个终极目的,相互从属的目的链条就不会完整地建立起来;而只有在人之中,但也是在这个仅仅作为道德主体的人之中,才能找到在目的上无条件的立法,因而只有这种立法才使人有能力成为终极目的,全部自然都是在目的论上从属于这个终极目的的。②

---

① 拉丁文:目的为何。——译者

② 如果世界上的有理性的存在者的幸福是自然的一个目的是有可能的,那么幸福也就会是自然的最后目的了。至少我们不能先天地看出,为什么自然界不应当是这样安排的,因为通过它的机械作用这种结果至少就我们所看出的而言是完全有可能的。但道德和从属于它之下的按照目的的原因性却是通过自然的原因绝对不可能的;因为道德对行动进行规定的原则是超感官的,因而是在目的秩序中唯一可能的东西,它对自然而言完全是无条件的,因而它的主体唯一有资格成为全部自然都从属于其下的创造的终极目的。——相反,幸福正如前一节根据经验的证据已指明的那样,就具有胜过其他生物的优越性的人而言,连自然目的的也不是:说它应当是创造的终极目的就大错特错了。人尽可以把它作成自己最后的主观目的。但如果我按照创造的终极目的来提问:人本来是必然为什么而实存的呢?那么这就是在谈论一个客观的至上目的,正如最高理性对它的创造会要求有一个至上目的的那样。如果我们现在回答:为的是那些存在者实存、而那个至上原因能够对之行善,那么我们就和人的理性甚至使他的最内在的幸福愿望所服从的条件(也就是与他自己内在的道德立法一致)相矛盾了。这就证明:幸福只能是有条件的目的,因而只有作为道德存在者的人才能是创造的终极目的;但说到人的状态,幸福只是作为按照那种协和一致而来的后果,而与那个作为人的存有的目的的终极目的相联系的。——康德

306

§85. 自然神学

自然神学是理性要从自然目的（它们只能经验性地被认识）中推论出自然的至上原因及其属性的尝试。某种**道德神学**（伦理学神学）则将是从自然中的有理性的存在者的道德目的（它可以先天地被认识）中推论出那个至上原因及其属性的尝试。

当然，前者是先行于后者的。因为如果我们要从这个世界的事物依照目的论推论出一个世界原因，那么这些自然目的就必须首先被给予出来，然后我们才能为它们寻求一个终极目的，接下来再为这终极目的寻求这一至上原因的因果性原则。

有许多自然科学的研究都能够和必须按照目的论原则进行，我们却并没有理由去问及我们在自然的各种不同的产物上所遇到的那种合目的地起作用的可能性的根据。但如果现在我们要对这种根据也获得一个概念，那么我们对此完全不具有任何进一步的洞见，而只有反思性的判断力的准则：即哪怕只要给了我们自然界的一个唯一的有机产物，我们就能够依照我们认识能力的性状为它思考并非任何别样的根据，而只是自然本身的一个原因的根据（它可以是整个自然，也可以只是它的一部分），这个原因通过知性而包含有对该产物的因果作用；这样一条评判原则，我们在解释自然物及其起源时虽然并不因它而走得更远，但它毕竟超越于自然之上而给我们展示了一些前景，以便或许可以对某种原始存在者的本来是如此毫无成效的概念作出更切近的规定。

于是我说：自然神学无论它可能被推进到多么远，却并不能向我们展示有关创造的一个终极目的的任何东西；因为它甚至都没有达到提出这终极目的的问题的地步。所以它虽然可以为一个有理智的世界原因的概念，作为一个主观上与我们认识能力的性状唯一相适合的概念，即关于那些我们根据目的才能理解的事物的可能性的概念，进行辩护，但却既不能在神学意图上也不能在实践的意图上对这一概念作出进一步的规定；而它的尝试没有达到自己建立一种神学的意图，相反，它仍然还只是一种自然的目的论，因为它里面的目的关系仍然还只是被看作并且必须被看作以自然为条件的，因而这种目的关系就连把自然本身为之实存的（即必须为之寻找自然之外的根据的）那个目的引入到问题之中来都根本不可能,但那个目的的确定概念对于那个至上的有理智的世界原因的概念、因而对于一种神学的可能性来说仍然是决定性的。

世间之物相互有什么用? 一物中的杂多对于该物本身有什么好处? 我们甚至如何有理由来假定世上没有任何东西是白费的,而是一切东西在某些事物应当(作为目的)实存这个条件下就会在自然中有某种好处? 因而,凭什么我们的理性对于判断力在其不可避免地要对之作目的论评判的那个客体的可能性上,自己并不能拥有别的原则,而只有使自然的机械作用从属于一个有理智的创世者的艺匠这条原则? 所有这一切问题都使目的论的世界考察显得极为壮丽和极其令人惊叹。但由于对理智的世界原因(作为最高艺术家)的那样一个概念进行规定的那些材料,因而那些原则,都只是经验性的,所以它们除了经验在它们的作用上向我们显示出来的以外,不允许进一步推论出任何属性;而由于经验永远不可能把全部自然作为一个系统来把握,它常常不得不遇到一些(从迹象上看)与那个概念相冲突及相互冲突的证据,但即使我们有能力甚至对这整个系统就仅涉及到自然而言作经验性的概观,经验也永远不能使我们超出自然而提升到自然的实存本身的目的,并因此提升到那个至上理智的确定概念。

如果我们把自然神学所着意要解决的课题降低下来,那么这课题的解决就显得容易了。因为如果我们把一个神的概念滥用到每个我们所想到的有理智的存在者之上,不管这存在者是一个还是好几个,它也许具有很多且很伟大的属性,但恰好不具有为了建立一个与那最大可能的目的相一致的自然所特别需要的一切属性;或者,如果我们认为在一种理论中用任意的添加去补充由证据所提供的东西的不足是无关紧要的,并且在我们只不过有理由去假定许多完善性的地方(对于我们来说什么才是多呢?),我们就认为自己有资格去预设一切可能的完善性的话:那么,自然神学就提出了一个重要的要求,即要求有奠定一门神学的基础的荣誉。但如果我们被要求指出:究竟是什么在驱动我们并且使我们有资格作出那种补充的,那么我们就将在理性的理论运用中白费力气地寻找我们的辩护的根据,这种运用绝对要求在解释一个经验客体时不能赋予该客体比经验性材料在其可能性上可以找到的更多的属性。在更仔细的审查中我们将会看到,真正说来一个基于完全不同的理性运用(实践的运用)之上的最高存在者的理念先天地在我们里面奠定着根基,它驱动着我们把一个自然目的论关于自然中诸目的的原始根据的有缺陷的表象补充为一个神的概念；而我们也将不会去错误地想象，凭借这个理念，通过理性在自然的世界知识上的理论运用，就完成了一种神学，更不用说就证明了这个理念的实在性了。

309　　当古代的人把他们的诸神设想成部分在其能力上、部分在其意图和意志的意向上是极其千差万别的，但却将其全部，哪怕其头领也不例外，仍然总要局限于人类的方式上来设想，这时我们不可苛责他们。因为当他们在观察自然中的事物的安排和进程时，他们虽然觉得有足够的根据来假定有比机械的东西更多的东西作为它们的原因，并猜测在这个世界的机械作用的后面有某些他们只能设想为超出人类之上的更高原因的意图；但由于他们在自然中所遇到的善和恶、合目的性的和违反目的性的，至少对于人的眼光来说都是极为混杂的，并且又不能为了一个最高完善的创造者的任意的理念而冒昧地假定，毕竟有些暗中作为基础的智慧的和仁慈的目的，而他们却看不见这些目的的证据：所以他们关于至上的世界原因的判断就很难以别的方式作出，就是说，如果他们是完全一贯地按照理性的单纯理论的运用来处理问题的话。另外一些想要做物理学家同时又要做神学家的人曾设想，使理性感到满意的是，他们借助于有关某个存在者的理念来操办理性所要求的自然物原则的绝对统一性，在这个作为唯一实体的存在者中，那些自然物将全都只是些依存性的规定；这个实体虽然不是通过知性而成为世界原因的，但它作为主体，世间存在者的一切知性都可以在其中找到；因此一个存在者虽然不是按照目的而产生出某物，但在它里面一切事物毕竟都将不能不由于它们仅仅作为其规定的那个主体的统一性，即使没有目的和意图也是必然地相互处于合目的性关系之中。这样一来，他们就引进了目的因的观念论，因为他们把对一大堆合目的地结合着的实体如此困难地取得的统一性从对一个实体的因果依赖关系转变成了在一个实体中的依存性的因果依赖关系；结果这种学说从依存性的世间存在者方面来看，即作为泛神论，和（然后）从独立自存性的身为原始存在者的主体方面来看，即作为斯宾诺莎主义，都既没有解决自然合目的性的最初根据

310　问题，反而把这一问题宣布为无意义的了，因为自然合目的性的概念在剥夺了它的一切实在性之后，就被变成对有关一般之物的某种普遍本体论概念的一种单纯误解了。

所以,按照理性运用的那些单纯理论原则(自然神学只以它们为根据)是永远得不出对于我们有关自然的目的论评判是充分的神的概念的。因为要么是,我们把一切目的论都宣布为只是判断力在评判事物的因果关联时的一种欺骗,而逃避到自然的单纯机械作用这个唯一的原则那里去,自然由于它只不过是作为规定实体的多种方式而似乎具有的实体统一性,才仅仅对我们显得像是包含着一个普遍的目的关系的;要么就是,如果我们想不再忠于目的因的观念论,而仍然忠于这一特种的因果性的实在论原理,那么我们就可能把许多有理智的原始存在者、或是只把一个唯一的有理智的原始存在者配置给那些自然目的:一旦我们在论证原始存在者的概念时手边所有的只不过是我们从世界中现实的目的关联中拿来的一些经验原则,那么我们一方面在对付自然在许多实例中就目的统一性而言所提供的不一致时就可能一筹莫展,另一方面,我们永远也不能从这些经验原则中为无论什么样一种(理论的或者是实践性的)可运用的神学而对一个唯一的理智原因的概念引出足够的规定,就如同我们由单纯经验的授权而得出它那样。

自然目的论虽然驱动我们去寻求一种神学;但不论我们通过经验来追踪自然到多么远,也不论我们通过理性的理念(它们在自然的课题上必然是理论性的)去支援在自然中揭发出来的目的关联到何种程度,这种神学都决不可能产生。如果人们正当地抱怨说:我们用一个伟大的、对我们来说不可测度的知性作为这一切安排的基础,并让这个知性根据意图来整理这个世界,那又有什么用呢? 如果自然对这个终极意图什么也没有说、并且任何时候都不能说什么,而没有这个终极意图我们却又不能获得这一切自然目的的任何一个共同的连结点,即任何一个这样的目的论原则,它一方面足以将这些目的全都放在一个系统中来认识,另方面足以给我们制定出一个有关至上知性作为这种自然的原因的概念,这个概念能用作我们对自然作目的论反思的判断力的准绳。这样一来,我虽然会对于各自分散的目的有一个艺术理解,但对于一个原本必然包含那种艺术理解的规定根据的终极目的却不会有任何智慧。只有纯粹理性才能先天地提供出一个终极目的(因为这个世界内的一切目的都是以经验性为条件的,并且只能包含为了这个那个的作为偶然意图的东西,而不包含绝对善的东西),而唯有这个终极目的才会告诉我,我为了将自然作为目的论的系统来评判,必须设想自然的至上原因的什么属性、什么程度和什么关

311

系:对于我的有关那个我可以建立在我可怜的世界知识上的原始知性、有关这个原始存在者把他的理念实现出来的威力、有关他这样做的意志等等的极受限制的概念,我如何可以、并且有什么权利在此随意地扩展它,并把它补足为全智的无限存在者的理念? 如果这种情况会在理论意义上发生的话,那就会在我自己心中预设了全知,以便在自然的整个关联中看出自然的目的,而且还能设想到除此之外一切其他的可能的计划,与这些计划相比,当前的计划就必定会有理由被评判为最好的计划。因为没有这个对于结果的完备的知识,我就不能推出有关至上原因的任何确定的概念(这概念只是在有关一个就一切方面看来都是无限的理智的概念、即神的概念中才能见到)并完成神学的奠基。

所以,不论自然目的论可能有怎样的扩展,我们按照上述原理都完全可以说:我们依照我们认识能力的性状和原则,在自然的已为我们所认识的合目的性安排中,我们只可能把自然设想为一个它所服从的知性的产物。但是这个知性是否借这个自然整体及其产生本来还会有一个终极意图(那样的话这个终极意图就不会处于感性世界的自然界中了),这是理论的自然研究永远不能向我们揭示出来的;相反,不论有多少自然知识都仍然无法断定,那个至上原因是否到处都在按照一个终极目的、而不是宁可通过某种为其本性的单纯必然性所规定要产生出某些形式来的知性(类似于我们在动物身上称之为艺术本能的东西),才成为自然的原始根源的;没有必要因此哪怕只把智慧归之于自然,更不用说把最高的、与一切为其产品有完善性所需要的其他属性结合着的智慧归之于自然了。

所以自然神学就是被误解了的自然目的论,它只有作为神学的准备(入门)才是有用的,并且只有通过添加进一条它所能依托的其他方面的原则,对于这个意图才是充分的,却并非就它本身而言,如同它的名称所想显示的那样。

§86.伦理学神学

有一个判断是哪怕最平凡的知性在它对世界上的事物的存有及世界本身的实存进行沉思时都不能放弃的,这就是:所有这些多种多样的创造物,不管它们有多么宏伟的艺术布局,也不管它们是如何多种多样地、相互合目的性地关联着,甚至就连它们的被我们不正确地称之为诸世界的如此众多体系的那个整体,如果在其中没有人(一般有理性的存在者)的话,就都会是无意义的;也就是说,没有人,这整个创造都将只是一片荒漠,是白费的和没有终极目的的。但甚至人的认识能力(理论理性)也不是那种在与其发生关系时世界上一切其他事物的存有才第一次获得自己的价值的东西,例如为了某一个能够观察世界的人的存在吧。因为,如果这种对世界的观察向他展示出来的无非是没有终极目的的事物,那么由世界的被认识也不能够为它的存有生发出任何价值来;而我们必定先已经预设了世界的一个终极目的,在与它的关系中对世界的观察才会有某种价值。甚至对愉快的情感和对愉快的总和的情感,也都不是那种我们据以把创造的终极目的思考为给予了的东西,就是说,福利,享受(不论是肉体享受还是精神享受),一句话,幸福,都不是我们据以评价那个绝对价值的东西。因为,如果人存在,他就使这些都成为他自己的终极意图,而这并没有提供任何一个概念,来理解他一般来说为什么才会存在,以及他自己然后才会拥有何种价值、以便使他的实存对他成为快适的。所以这个概念必须是已经作为创造的终极目的而被预设下来的,以便有一个理性的根据,来说明为什么自然当它被看作一个按照目的的原则的绝对整体时就必须与人的幸福相一致。——所以,只有欲求能力才是如此,但不是那种(通过感性的驱动而)使人依赖于自然的欲求能力,不是就它而言人的存有价值就基于人所感受和享受的东西上的那种欲求能力;相反,人唯一能够给予他他自己的那种价值,并且是在他所做的事中,在他不是作为自然的成员、而是以自己的欲求能力的自由怎样及根据什么原则来行动中的那种价值,也就是善良意志,才是人的存有唯一能借以具有某种绝对价值、而世界的存有能据以拥有某种终极目的的欲求能力。

　　哪怕人的健全理性的最平凡的判断都与之完全一致的就是:人只有作为道德的存在者才可能是创造的一个终极目的,如果我们把这个评判只引向这一问题并引起对此问题的尝试的话。当我们说,这个人具有如此多的才能,以至于他甚至因此而极有作为,借此他把某种有利的影响施加在公共事务上,因而既在自己的幸运方面又在对别人的好处上都有某种巨大的价值时,如果他丝毫不具有善良意志,那又有什么用呢? 当我们从他的内心来看他时,他就是一个可鄙的客体;而如果创造并不应当完全是无终极目的的,那么他哪怕作为人也属于创造,但却必定作为恶人而在一个处于道德律之下的世界中按照这

313

314

些道德律而丧失掉自己的主观目的（幸福）了，后者则是他的实存能够与终极目的共存的唯一条件。

　　现在，如果我们在世界上遇到一些目的秩序，并且如同理性不可避免地要求的，我们使这些仅仅是有条件的目的从属于一个无条件的至上目的，也就是一个终极目的：那么首先就很容易看出，这样一来所谈的就不是就自然的实存而言的自然目的（自然内部的目的），而是自然的实存连同它的一切安排的目的，因而是最后的创造目的，甚至真正说来，在其中所谈的也就是一个终极目的（即能产生世界存在物的某个最高知性的规定根据）唯一能够在其下发生的那个至上条件。

　　既然我们只把作为道德存在者的人承认为创造的目的，所以我们就初次有了一个根据，至少是主要的条件，来把世界看作一个按照目的关联着的整体和一个目的因的系统；但尤其是，对于自然目的按照我们理性的性状必然要使我们与一个有理智的世界原因发生的关系来说，我们就初次有了一条原则，来设想作为目的王国之至上根据的这个第一原因的本质和属性，从而规定它的概念：这是自然目的论所不可能做到的，后者只能引发那些不确定的、并正因此而对理论的运用和实践的运用都不适合的有关至上根据的概念。

　　从原始存在者的这一如此被规定的因果原则出发，我们将必须不仅仅把原始存在者设想为理智及为自然立法的，而且必须设想为在某种道德的目的国中的立法的首领。考虑到唯有在这首领的统治下才有可能的至善，也就是考虑到服从道德律的有理性的存在者的实存，我们将把这个原始存在者设想为全知的：以便甚至意向中最内在的东西（这构成有理性的世间存在者的行动的真正的道德价值）对他都不会隐藏；设想为全能的：以便有可能使整个自然都与这个最高目的相适合；设想为全善的同时又是公正的：因为这两种属性（结合着智慧）构成一个至上的世界原因作为在道德律下的至善的因果性之条件；同样，还有其他一切先验的、在与这样一种终极目的的关系中被预设的属性，如永恒性、全在性等等（因为善和公正性是道德的属性），我们也必须为这个原始存在者想到。——以这样一种方式，道德的目的论就补充了自然的目的论的不足并首次建立了一种神学，因为如果自然目的论不是暗中从道德目的论借贷，而是要贯彻到底的话，它自己单独所能建立的无非是一种不能形成任何确定的概念的鬼神学。

但是,世界由于在其中某些存在者的道德的目的规定而与一个作为神的至上原因发生关系的原则,却并不只是由于它补充了自然目的论的证据、因而有必要将这证据作为基础才这样做的;相反,它也是独立自足地这样做的,它促使人们注意到自然目的并去研究隐藏在自然目的形式后面的不可捉摸的伟大艺术,以便给纯粹实践理性所取得的那些理念在自然目的上提供附带的证实。因为在道德律下的世间存在者这一概念是人必须按照着来必然地评判自己的一条先天的原则。此外,如果到处都有一种有意地起作用的并针对某个目的的世界原因,则那个道德关系就正如同按照自然规律的关系一样(就是说,当那个有理智的原因也有一个终极目的时)必须是创造的可能性的必然条件:对这一点,理性也将之先天地视作一条为了从目的论上评判事物的实存而为理性所必要的原理。于是问题就取决于我们是否拥有任何一个对于理性(不论它是思辨理性还是实践理性)来说是充分的根据,来赋予那按照目的而行动的至上原因以一个终极目的。因为这样一来,按照我们理性的主观性状,甚至哪怕我们能够设想别的存在者的理性,这个终极目的就不可能是别的,而只能是从属于道德律的人:这一点就可以先天地被看作对于我们是确实的,因为与此相反,在自然秩序中的自然目的是根本不可能先天地被认识的,尤其是,一个自然没有这种自然目的就不能存在这一点是没有任何办法可以看出来的。

316

注 释

假设一个人正值他内心趋向于道德感情的心情中。如果他在自然美景的环绕中处身于对自己生活的宁静无忧的享受,那么他在心里就会感到一种要为此而感谢某个人的需要。或者另一次,如果在同样的内心情调中,他觉得受到他只要通过自愿的牺牲就能够并愿意遵守的那些义务的逼迫;那么他在心里就会感到一种需要,借此既执行了某种命令同时又服从了某位长上。或者,例如如果他由于不谨慎而违背了他的义务,而他却又并不因此而对人负有责任;那么毕竟,严厉的自责还是会在他心里发话,就好像那些自责是一位他必须为此事对之作出辩护的法官的声音一样。总而言之:为了对他生存的目的来说有一个按照这一目的而成为他和这个世界的原因的存在者,他就需要某个道德性的理智者。要在这些情感的后面人为地造作出动机来是没有用的;

因为这些情感直接地与最纯粹的道德意向相关联,因为感谢、顺从和谦恭(屈

317　从于应得的惩罚)都是内心趋向义务的特殊心情,而这个倾向于扩展自己的
道德意向的内心在此只是自愿地设想某个并不在这个世界上的对象,为的是
尽可能哪怕在这样一个对象面前也把自己的义务显示出来。所以,至少有可
能、并且在道德思维方式中对此也有基础的是,设想在纯粹道德上需要一个存
在者的实存,在他之下我们的德性要么增强了力量,要么甚至(至少就我们的
表象而言)扩大了范围、亦即获得了实行德性的一个新的对象,这也就是在世
界之外,毋须考虑一切理论的证明,更毋须考虑自私的利害,而是出自纯粹道
德的、摆脱了一切外来影响的(当然也只是主观的)理由,而仅仅在颂扬一个
自身独立立法的纯粹实践理性方面假定一个道德上立法的存在者。并且尽管
内心的那样一种心情是很少会出现的,或者出现了也是不会长久保持的,而是
转瞬即逝、没有持续作用的,甚至也不曾对表现在这样一种影像中的对象作一
些反思、没有努力把它纳入清晰的概念之下,就消失了;然而这一点的根据,即
我们身上的道德素质,作为在观察世界时不满足于其由自然原因而来的合目
的性、而要给这种观察配备一个至上的、按照道德原则来支配自然的原因这一
主观原则,这却是不会弄错的。——进一步说,我们感到自己由于道德律而迫
不得已地追求一个普遍的最高目的,但又感到自己以及整个自然都没有能力
达到那个目的;只有就我们追求那个目的而言,我们才可以判断为符合一个有
理智的世界原因(假如有这样一个世界原因的话)之终极目的的;这样,现在
就有了实践理性的一个纯粹的道德根据来把这个原因假定下来(因为这是可
能无矛盾地发生的),再没有别的根据了,但这却使我们免得冒把那种努力在
其效果上看作完全是无价值的、因而任其松懈下去的危险。

　　　　所有这一切在这里所想要说的只不过是:尽管恐惧最初能够产生出诸神

318　(神魔)来,但理性借助于它的道德原则才第一次产生了上帝的概念(哪怕人们
在自然目的论中如通常那样曾经极其无知,或者哪怕由于难以通过充分可靠的
原则来调和在这里相互矛盾的现象而曾经极其犹疑);而人的存有的内在的道
德目的使命就补充了在自然知识上所损失的东西,因为它指示人们在万物存有
的终极目的上——这上面的原则只有作为伦理的原则才是使理性满意的——
思考那带有各种属性的至上原因,这原因(也就是作为一个神)凭这些属性完全
有能力使自然界服从于那个唯一的意图(自然界只不过是这一意图的工具而已)。

§87.上帝存有的道德证明

有一种自然的目的论,它为我们的理论反思性的判断力提供着充分的证据,来假定某种有理智的世界原因的存有。但我们在自己心里,并且还更多地在一个有理性的、天赋有自由(自身原因性)的一般存在者的概念中,也发现了一种道德的目的论,但由于我们自身中的这种目的关系能够连同它的法则一起先天地得到规定,因而能够作为必然的来认识,这种道德目的论因此之故也就不会为了这种内在的合规律性而需要在我们之外的任何有理智的原因:这正如我们不可能在图形的几何属性中所发现的(对于各种可能的技术操作来说的)合目的性那里展望到一个把这种合目的性分配给那些图形的最高知性一样。但这种道德目的论毕竟涉及到我们这些世界存在者,因而涉及到与世界中其他的物结合在一起的存在者;正是同样一些道德法则对我们形成了规范,使我们针对这些存在者所作的评判要么把它们作为目的,要么作为一些对象,对它们而言我们自己才是终极目的。于是,这种道德目的论涉及到我们自己的原因性与目的的关系、甚至与我们在这个世界中不能不企求的终极目的的关系,同时也涉及到这个世界与那种道德目的及其实行出来的外部可能性的交互关系(对此没有任何自然的目的论能够给我们提供指导),从这样一种道德目的论中就引出了一个必然的问题:它是否会迫使我们的理性评判超出这个世界之外,去为自然界与我们心中的德性的那种关系寻求一个有理智的至上原则,以便把自然界甚至就道德的内在立法及其可能的实行而言也向我们表现为合目的性的。这样,当然就有了一种道德目的论,并且它是一方面与自由的立法学(Nomothetik)、另方面与自然的立法学必然地关联着的,这正如公民立法与我们应当到何处寻求行政权这个问题关联着一样,并且一般说来,凡是在理性应当指出某种合规律的、唯有按照理念才有可能的事物秩序的现实性原则的地方,都有这种关联。——我们将首先阐明理性从那个道德目的论及其与自然目的论的关系向神学的迈进,然后再着手考察这一推论方式的可能性和准确性。

如果我们把某些物(或者哪怕只是物的某些形式)的存有看作是偶然的,因而是只有通过某种别的作为原因的东西才是可能的:那么我们就可以在要么是

319

自然的秩序中、要么是目的论的秩序中(按照 nexu effectivo 或 finali①),去为这种
因果性寻求那至上的因果性,因而为这有条件者寻求无条件的根据。这就是说,我
们可以问:哪个是至上的产生原因,或什么是这原因的至上的(绝对无条件的)目
的,亦即它产生出这些产品或是一般地产生出它的一切产品的终极目的? 于是在
这方面的一个前提当然就是:这个原因能够产生一个目的表象,因而是一个有理
智的存在者,或至少必须被我们设想为按照一个这样的存在者的法则而行动的。

　　　现在,如果我们跟随神学的秩序,这就是一条甚至最平庸的人类理性也不
320 能不直接予以赞同的**原理**:如果在任何地方应当有一个理性必须先天指定的
终极目的,那么这个目的就只可能是服从道德律的人(即每一个有理性的世
321 间存在者)。② 因为(每个人都这样判断说)如果世界纯由无生命的存在物构
成,或虽然部分由有生命的、但无理性的存在物构成,那么一个这样的世界的
存有就会完全没有任何价值,因为在它里面将会没有任何具有起码的价值概
念的存在物生存。相反,即算存在着有理性的存在者,但如果他们的理性只能
够把物的存有价值建立在自然对他们的关系(即他们的福利)之中,却不能够本
源地(通过自由)自己为自己取得这样一种价值:那么虽然在这个世界中会有

---

　　① 拉丁文:起作用的关系或目的关系。——译者
　　② 我故意说:服从道德律。创造的终极目的不是按照道德律的人,即这样一种其行为
符合道德律的人。因为我们用后面这种表达方式将会比我们所知道的说得更多:即以为使人
在任何时候的行为都适合于道德律这件事处于创世者的控制力之内;这就预设了一个自由概
念和这个自然(我们只能对它设想一个外部的创造者)的概念,它将必须包含有对自然的超感
性基底及其与自由的原因性在世间所可能造成的东西的等同性的洞见,而这种洞见是远远超
出我们的理性的洞见之上的。只有对于服从道德律的人,我们才能够无须超出我们的洞见的
局限而说:他的存有构成了世界的终极目的。这也是与从道德上反思世界进程的人类理性的
判断完全相吻合的。我们相信,甚至在恶人身上,我们也察觉到某种明智的目的关系的痕迹,
只要我们看到那犯罪的恶棍在死前已受到了他自己罪行的罪有应得的惩罚。按照我们关于
自由的原因性的概念,善行或恶行都是基于我们自己;但我们把世界统治的最高智慧置于这
一点,即引起善行的原因及善恶两种行为的后果都是按照道德律来实行的。真正说来,上帝
的荣耀正在于这种后果,这种荣耀因此就被神学家们并非不恰当地称作创造的最后目
的。——还要注意一点,当我们使用创造这个词时,我们只能把它理解为在这里所说的那种
意思,即一个世界存有的原因,或一个世界中的物(实体)存有的原因;如同这也是由这个词的
本来的概念所带来的(actuatio substantiae est creatio)[拉丁文:实体的实现就是创造。——译
者]那样:所以这个词也并非已经带有了对一个自由发生作用的、因而是有理智的原因(其存
有正是我们首先要证明的)的预设。——康德

(相对的)目的,但不会有任何(绝对的)终极目的,因为这样一些有理性的存在者的存有终归总是会没有目的的。但道德律却具有一种特别的性状,即它把某物作为目的而无条件地、因而恰如一个终极目的概念所需要的那样向理性颁布出来;所以,唯有这样一个在目的关系中能够成为它自己的至上法则的理性的生存,换言之,唯有服从道德律的理性存在者的生存,才能够被设想为一个世界的存有的终极目的。反之,如果情况不是这样,那么这世界的存有要么在其原因中就根本没有什么目的,要么给它提供根据的那些目的中就没有终极目的。

　　道德律作为运用我们的自由的形式上的理性条件,单凭自身而不依赖于任何作为物质条件的目的来约束我们;但它毕竟也给我们规定、并且是先天地规定了一个终极目的,使得对它的追求成为我们的责任,而这个终极目的就是通过自由而得以可能的、这个世界中最高的善。

　　人(依照我们的一切概念也包括每个有理性的有限存在者)得以在上述法则之下树立一个终极目的的那个主观条件,就是幸福。因此,在这个世界中所可能的、并且就我们而言可以作为终极目的来促进的最高的自然的善,就是幸福,就是在人与德性法则相一致这个客观条件下、即在配得幸福的条件下成为幸福的。

　　但是,根据我们的一切理性能力,我们不可能把由道德律作为任务加给我们的终极目的的这样两个要求想象为只是通过单纯的自然原因而结合起来的,并与所说的那个终极目的的理念相适合的。所以,如果我们除了自然因果性之外不把任何其他(某种手段)的因果性结合到我们的自由上来的话,关于一个这样的目的通过我们能力的应用的实践必然性这个概念就不和实现这目的的物理可能性的理论概念协调一致了。

　　这样,我们就必须假定一个道德的世界原因(一个创世者),以便按照道德律来对我们预设一个终极目的,并且只要后者是必要的,则(在同样程度上并出于同一根据)前者也就是必然要假定的:因而这就会是一个上帝。①

322

────────────

　　①　这一道德的论证不是要对上帝的存有提供任何客观上有效的证明,不是要向怀疑的信徒证明有一个上帝;而是要证明,如果他想要在道德上一贯地思考,他就不得不把这个命题的假定接受进他的实践理性的准则中来。——这也并不是说:为了德性有必要假定一切有理性的存在者的幸福都是符合他们的道德性的,而是说:这种假定由于德性而是必要的。因而这是一个主观上对于道德的存在者来说是充分的证明。[这一注释是第 2 版加上去的。——德文编者]——康德

这种可以很容易使之合乎逻辑的精密性形式的证明并不是想要说:假定上帝的存有,正如承认道德律的有效性那样是同样地必要的;因而,谁要是不能使自己确信前者,他也就可以断言自己摆脱了遵守后者的责任。不! 只不过谁要是那样,就不得不放弃通过遵守道德律在世上实现终极目的这种意图(即对有理性的存在者的某种与遵守道德律和谐契合的幸福的意图,也就是对最高的世上至善的意图)。而每一个有理性者就都将不得不仍然还认为自己是严格地被束缚于道德规范之上的;因为这个道德的法则是形式上的,是无条件地命令的,而不考虑到目的(即意愿的质料)。但终极目的在实践理性把它颁布给世上存在者时的那一个要求,就是由他们的(作为有限存在者的)本

323 性置于他们心中的一个不可抗拒的目的,对于这种目的,理性想知道的只是使它把道德律作为不可侵犯的条件来服从,或甚至也按照道德律而成为普遍的,因而和德性一致地对幸福所作的促进就使这个目的成为了终极目的。于是,在我们的能力范围内(在涉及到幸福时)促进这一目的就是道德律向我们发出的命令;不管这一努力所具有的结果会是如何。这种义务的实现在于真正意志的形式,而不在于成功的那些中间原因。

因此,假定一个人部分是由于所有那些受到如此赞扬的思辨论证的脆弱性,部分是由于在自然和感官世界中向他显示出来的好些不合规则性,而促使自己被说服相信"没有上帝存在"这一命题,那么,如果他因此就打算把义务的法则看作不过是自负的、无效的和无约束力的,并决意毫不顾忌地违犯它们的话,他在自己眼中却毕竟是一个毫无价值的人。这样的一个人,就算他最终有可能相信他开始曾怀疑过的东西,在这种情况下他凭他那种思维方式却仍然还会是一个毫无价值的人,哪怕他从结果上说正如总会被要求的那样严格地完成了他的义务,但却是出于恐惧和贪求回报的意图,而没有尊重义务的意向。反之,如果他作为一个有信仰的人而根据自己的意识真诚地、毫无私心地遵守他的义务,然而他却经常试着设想这种情况:他一旦有可能相信没有什么上帝,马上就会以为自己摆脱了一切道德责任,那么,他心中的内在道德意向就必定仍然只会是一团糟。

所以,我们可以拿一个正直的人(例如斯宾诺莎)来说,他坚定地相信没

324 有上帝、并且(由于这在道德的客体方面将导致同一个结果)也没有来生;他将如何通过他实际上所尊重的道德律来评判他自己的内在目的使命呢? 他从

对道德律的遵守中不为自己要求任何好处,不论是此世还是来世的好处;他宁可无私地仅仅促成善,对此那个神圣的道德律给他的一切能力指出了方向。但他的努力是有限制的;从自然那里,他虽然能够指望有时与那目的有一种偶然的赞同,但永远也不能指望与之有一种合乎规律的和根据持久的规则(正如他的准则内在地所是和必然所是的那样)来印证的协调一致,而这目的却仍然是他感到自己有责任并被催促着去实现的。欺骗、强暴和妒忌将永远在他四周横行,尽管他自己是诚实、温和与善意的;而他除了自己以外所遇到的那些正直的人,不论他们多么配得幸福,但却会从毫不顾及这一点的自然界那里遭遇到一切穷困潦倒、疾病和意外死亡的灾祸,正如地球上的其他动物一样,而且,直到一座广大的坟墓来把他们全体(不管是正直还是不正直在这里都是一样的)吞没,并把这些可能相信过有创造的终极目的的人抛回到他们曾从那里超拔出来的物质的无目的的混沌深渊中去,情况也依然没有改变。——因此,这位意向善良的人对他在遵守道德律时所执著并且应当执著的那个目的,却不得不作为不可能的而加以放弃,或者,如果他即使这时也想要仍然忠实于他的内在道德使命的呼声,而不想让那直接引起他去遵从道德律的敬重由于唯一与这种敬重的高尚要求相适合的终极理想目的的虚无性而遭到削弱(这种事如果没有使道德意向遭到破坏是不可能发生的):那么,他就必须在实践的意图上,也就是为了至少对于那由道德颁定给他的终极目的的可能性形成一个概念,而假定一个道德上的创世者、即一个上帝的存有,这也是他完全可以做得到的,因为这样做起码是不自相矛盾的。

§88.这个道德证明的有效性的限制

纯粹理性作为实践的能力,亦即作为使我们的原因性的自由运用通过理念(纯粹的理性概念)而得到规定的能力,并不仅仅在道德律中包含有我们的行动的一个调节性原则,而且由此也同时在某种客体的概念中提供出一个主观构成性原则,这种客体是只有理性才能够思维,并且是应当通过我们的行动使之在世上按照道德律而成为现实的。因此,在按照道德律而运用自由时的一个终极目的的理念就具有主观实践的实在性。我们是先天地被理性规定了要尽一切力量来促进世上至善的,这种至善在于把有理性的世上存在者的最大的福祉与他们身上的善的最高条件、也就是把普遍幸福与最合乎法则的德性结合起来。在这一终极目的中,一个部分即幸福部分的可能性是以经验性的东西为条件的,亦即是依赖于自然的性状(即自然与这目的是否协和一致)的,且在理论的考虑中是悬拟着的;然而另一部分即德性的部分,就此而言我们是不依赖于自然的合作的,按照这部分的可能性它是先天地肯定并且独断地确定的。因此,要使有理性的世间存在者的终极目的的概念有理论上的客观实在性,就不仅仅要求我们具有一个为我们先天预设的终极目的,而且也要求造物、即世界本身按照其实存来说也有一个终极目的;这一点假如能够得到先天的证明的话,就将在终极目的的主观实在性上增添上客观的实在性。因为如果造物到处都有一个终极目的,那么我们就只能把这个终极目的设想成这样,即它必须是与道德的终极目的(唯有它才使一个目的的概念成为可能)协和一致的。但现在,我们虽然在世间发现一些目的,而自然目的论将它们表现得如此广泛,以至于当我们按照理性来判断时,我们最终有理由来假定这样一条研究自然的

326 原则:在自然中根本没有什么东西是无目的的;不过我们在自然本身中寻求自然的终极目的是徒劳的。所以正如关于终极目的的理念只存在于理性中一样,自然的终极目的甚至就其客观可能性而言也只能并且必须只在有理性的存在者中去寻找。但这种存在者的实践理性不仅指明了这一终极目的,而且也在使造物的一个终极目的唯一能被我们设想的那些条件方面规定了这一概念。

现在的问题就是:关于造物的一个终极目的的概念,其客观实在性是否对于纯粹理性的理论要求也能得到充分的阐释,尽管这对于规定性的判断力来说无可置疑地不可能,但对于理论上反思性的判断力的准则是否仍能得到充分的阐释。这是人们对于思辨哲学所能要求的最起码的东西,思辨哲学自告奋勇要借助于一个唯一目的的理念去把自然目的和道德目的结合起来;但即使这么少的一点也是远远多于它真正能够做到的。

按照理论上反思性的判断力的原则,我们会说:如果我们有理由为自然的这些合目的性的产物假定一个自然的至上原因,它的就自然的现实性而言的原因性(即创造活动)必须被设想为与自然的机械作用所要求的具有不同的方式,即被设想为某种知性的原因性;那么,我们就会有充分的根据也为这个原始存在者不仅在自然中到处考虑各种目的,而且也考虑一个终极目的,即使不是为了阐明这样一个存在者的存有,但至少是(如同在自然目的论那里所

发生的)为了使自己确信,我们能够使这样一个世界的可能性不仅按照目的,而且也只有通过我们使它的实存配备一个终极目的才得到理解。

不过,终极目的只是我们实践理性的一个概念,它不能从任何经验的材料中推导出对自然的理论评判,也不能与自然知识发生关系。除了对于按照道德律的实践理性之外,对这一概念的任何运用都是不可能的;而创造的终极目的就是世界的那样一种性状,即世界与我们唯有按照法则才能确定地指出的东西、也就是与我们的纯粹实践理性就世界在实践上所应当是的而言的终极目的是协和一致的。——于是,通过这个把终极目的托付给我们的道德律,我们就在实践的意图上、也就是为了把我们的力量用于实现终极目的,而有理由假定这个终极目的的可能性(可实现性),因而也(由于没有自然加入到不受我们的强力所支配的可能性条件中来,终极目的的实现就会是不可能的)假定事物的与之协和一致的本性。所以我们有一个道德上的理由,来为一个世界也考虑创造的某种终极目的。

于是这还并非从道德目的论到神学的推论,即推论出一个道德的创世者的存有,而只是推论出一个以这种方式被规定的创造的终极目的。现在,对于这种创造,即对于按照某种终极目的的事物的实存,首先必须假定一个有理智的存在者,但其次又不仅仅(如同对于我们曾不得不评判为目的的那些自然物的可能性那样)假定一个有理智的存在者,而且还必须假定一个同时作为创世者的道德的存在者,因而假定一个上帝:这就是第二个推论,它具有这样的性状,即人们发现,它仅仅是为了那以实践理性诸概念为根据的判断力而作出的,并且作为这样一种推论它是为了反思性的判断力、而不是为了规定性的判断力而作出的。因为我们不能自以为可以看出,虽然在我们这里道德上的实践理性和技术上的实践理性按其原则来说有本质的不同,而在一个至上的世界原因那里,如果它作为理智者来设想的话,也必定是同样的情况,并且会要求它的原因性对于终极目的比起对于单纯的自然目的来有一种特殊的和不同的形式;因而我们凭借我们的终极目的的有一个道德上的理由来不仅假定一个创造的(即作用上的)终极目的,而且也假定一个作为创造的原始根据的道德上的存在者。但我们也完全可以说:按照我们理性能力的性状,没有一个同时又是道德立法者的创世者和统治者,我们就根本不可能使一个如此与道德律及其客体相关的、存在于这种终极目的中的合目的性成为我们可理解的。

　　所以,一个最高道德立法的原始创造者的现实性只有对于我们理性的实践运用才是得到了充分阐明的,而无需对其存有从理论上有什么规定。因为理性为了使那本来也是通过理性自身的立法而交给我们的目的具有可能性,需要一个理念,借此把由于不可能按照世界的单纯自然概念来奉行这种立法而产生的障碍(为了反思性的判断力而充分地)清除干净;而这个理念由此也就获得了实践的实在性,哪怕它在思辨的知识方面完全缺少任何手段为自己取得这样一种以解释自然和规定至上原因为理论意图的实在性。对于理论上反思的判断力来说,自然目的论从自然界的目的中充分证明了一个有理智的世界原因;对于实践的反思判断力来说,这一结果是道德目的论通过一个终极目的的概念而造成的,而这个终极目的是道德目的论由于实践的意图而不能不赋予造物的。于是,作为道德的创世者的上帝这个理念的客观实在性虽然不能仅仅凭自然目的就得到阐明;但如果自然目的的知识与道德目的的知识结合起来,那些自然目的就由于纯粹理性的"尽可能做到遵循原则的统一"这条准则而有了巨大的意义,以便通过这理念在理论的意图上对判断力已经具有的那种实在性来辅助它在实践上的实在性。

　　于是在这里,为了防止一种很容易出现的误解而必须引起高度注意的是,
329 第一,最高存在者的这些属性我们只能按照类比来思维。因为对于他的本性,经验不能给我们显示出任何类似的东西,我们又如何能研究它呢? 第二,我们也只能通过这些属性来思维他、而不能据此来认识他和将它们比方说在理论上赋予他;因为这对于我们理性出于思辨的意图的规定性的判断力来说也许会是必要的,为的是洞见到那个至上的世界原因自身是什么。但在这里所涉及到的只是,我们必须根据我们认识能力的性状对他形成怎样一个概念,以及我们是否必须假定他的实存,以便为纯粹实践理性没有任何这种前提而先天地托付给我们尽全力去实现的一个目的取得同样只不过是实践上的实在性,即以便能把某种故意的结果思考为可能的。无论如何,那个概念对于思辨的理性来说可能是夸大其辞了;甚至那些属性,我们将它们赋予了通过它们而被思考的那个存在者,它们在客观的运用时也可能隐含有某种拟人主义;运用这些属性的意图也不是要借此来规定他的为我们所不及的本性,而只是要借此来规定我们自己和我们的意志。正如我们按照我们对结果所具有的概念来命名一个原因(但只是就这原因对这结果的关系而言),而并不因此就要通过那

些必须唯一地只由此类原因才为我们知悉和凭借经验才被给予我们的属性，来内在地规定这原因的内部性状；也正如我们例如说此外也把一种 vim locomotivam① 加给灵魂，是因为身体的运动现实地产生了，这些运动的原因就在灵魂的那些表象中，而并不因此就要把像我们知道（即通过引力、压力、斥力，因而通过任何时候都以一个广延的存在物为前提的运动而知道）那些运动的力时的这种唯一的方式赋予灵魂：——同样，我们也将不得不假定某种东西，它包含有一个必然的道德终极目的的可能性、实践的实在性亦即可实现性的根据；但我们可以按照期望于它的那个结果的性状而把它设想为一个智慧的、根据道德律来统治世界的存在者，并且必须按照我们认识能力的性状把它设想为事物的不同于自然的原因，这只是为了表达出这个超越于我们的一切认识能力之上的存在者与我们的实践理性的客体的关系；但这样一来却并没有因此而想要把我们唯一所知道的这种方式的原因性、即一个知性和意志从理论上赋予它，甚至没有想要哪怕只是从客观上把在它身上所想到的、对于在我们看来是终极目的的东西而言的原因性，作为在这个存在者本身中的东西，而与对于自然界（及其一般的目的规定）而言的原因性区别开来，而只能把这种区别假定为对于我们认识能力的性状是主观上必要的，而对于反思性的而不是客观规定性的判断力则是有效的。但如果事情取决于实践，那么这样一个（对于明智和智慧的）调节性的原则：即依照唯有根据我们的认识能力的性状才能被我们以某种方式设想为可能的那种作为目的的东西来行动，也就同时成了构成性的，即实践上起规定作用的；然而就是这个原则，作为对事物的客观可能性作评判的原则，却绝不是理论上起规定作用的（亦即把归于我们思维能力的那唯一的可能性方式也归于了客体），而只不过是对于反思性的判断力的一个调节性的原则。

330

注　释

这个道德的证明绝不是一个新发现的证明，而顶多是一个重新被讨论的证明根据；因为它在人类理性能力最早萌动之前就已经置于这能力之中了，而

---

①　拉丁文：能动的活力。——译者

只是随着对这能力的进一步的培养而越来越发展起来而已。只要人类开始反思公正和不公正，在他们还在漠不关心地忽视自然的合目的性，在利用这合目的性而不想到这里面有某种不同于自然的通常进程的东西的一段时间里，这种判断就必然会不可避免地到来：一个人所做出的行为是正直的还是虚伪的，是公平的还是蛮横的，这最终决不可能永远都是无所谓的，哪怕直到他临终时至少在表面看来他的德行并没有使他得到幸运，或他的罪过也没有使他遭到惩罚。这就好像他们在自己心中听到一个声音说，事情必定会有所不同的一

331　样；因而必定也隐秘地存在过有关他们曾感到有义务去追求的某种东西的虽然模糊的表象，这样一种萌芽根本不能与那个有义务追求的东西相协调，或者说，当他们一旦把这种世界进程看作事物的唯一秩序时，他们又不懂得把自己内心的那个内在的目的规定与那个东西结合起来。现在，他们就可以用各种还很粗糙的方法，去想象一种使这样的不合规则性（它对于人类的内心来说必定是比人们也许想加给自然的评判作为原则的那种盲目的偶然更令人愤慨得多）有可能得到平衡的方式，但这样他们就除了一个按照道德律来统治世界的至上原因之外，毕竟决不可能构想出关于把自然与其内在道德律相结合的可能性的另一种原则；因为在他们心中一个作为义务而提交出来的终极目的，和一个没有任何外在于他们的终极目的、但终极目的又应当现实地在其中形成起来的自然界，这两者是处于矛盾之中的。对于那个世界原因的内部性状他们现在就有可能酝酿出好些胡说八道来；那个统治世界的道德关系却仍然还是那样，这种关系对于那种最没有得到培植的理性，只要它把自己看作实践的，就是普遍可理解的，相反，思辨的理性是远远不能与它同步的。——甚至很有可能，首先激起对自然界的美和目的的注意的也是这种道德的兴趣，后来这种注意才卓越地用于加强那个理念，但毕竟没有能给这个理念以证明，更不能缺少那种道德兴趣，因为甚至研究自然目的也只有在与终极目的的关系中才能获得这样一种直接的兴趣，它如此大规模地在对自然界的惊叹中表现出来，而不考虑从中可以获取的任何好处。

§89.这个道德证明的用处

理性在我们关于超感官之物的一切理念方面是局限于它的实践运用的诸

条件之上的,这种局限就上帝的理念而言有一个显而易见的用处:它防止神学 332
迷失于**神智学**(迷失于淆乱理性的那些夸大其辞的概念),或沉溺于**鬼神学**
(对最高存在者的一种拟人论的表现形式);防止宗教陷入巫术(一种狂热的
妄想,以为能够感觉到别的超感官的存在者并且还对之发生影响),或是陷入
偶像崇拜(一种迷信的妄想,以为能够不通过道德意向而通过别的手段来使
最高存在者感到愉悦)。①

　　因为如果人们对于有关超出感官世界之外的东西的玄想的虚骄和狂妄作
出让步,哪怕只是允许从理论上作出丝毫的规定(并扩展知识);如果人们允
许自己夸口说洞见到了神的本性的存有和性状,洞见到了他的知性和意志及
双方的法则,还有从中流溢到世上的那些属性;那么我倒想要知道,他们想在
什么地方、在哪一点上划定理性的这种僭越的边界;因为那些洞见是从何处拿
来的,从那里就还可以指望带来更多的东西(如他们认为的,只要他们自己努
力沉思就行)。然而这些要求的边界必将会按照某种原则而产生出来,其理
由决不只是由于我们发现这些要求的一切尝试迄今都是失败的;因为这种证
明丝毫也没有反驳一个更好的结果的可能性。但这里不可能再有别的原则,
除非要么假定在超感官的东西上绝对不可能作出任何理论上的规定(除了只
是否定性的规定外),要么就假定我们的理性包含有某种尚未被利用的、为我
们和我们的后代保留着的、谁知道能扩展到多么巨大的知识宝藏。——至于
谈到宗教,也就是在与作为立法者的上帝的关系中的道德,那么假如对上帝的 333
理论知识必须先行的话,道德就不能不取决于神学,并且不仅必须取代理性的
内在必然的立法而引入一个至上存在者的外在任意的立法,而且即使在这种
立法中,我们对上帝本性的洞见的所有那些缺陷也必然要延伸到道德的规范
上来,于是就不能不使宗教变成非道德的而被颠倒了。

　　在对来生的希望方面,如果我们不是求教于我们按照道德律的规范必须
自己去实现的终极目的,作为有关我们的使命的理性判断的指导线索(因而

―――――――――――

　　① 在实践的知性中的偶像崇拜也仍然是这样一种宗教,它设想那最高存在者带有一些
这样的属性,根据它们,除了道德性之外还有另外某种东西能够成为适合于他的条件,即以人
所能做的事情而符合于他的意志。因为尽管人们从理论上来考虑也有可能已经纯粹地和
摆脱感性形象而理解到了那个概念,然而从实践上来看这概念却还是被拟人化地表象为一个
偶像,亦即是按照最高存在者的意志的性状被表象的。——康德

这种判断只是在实践的关系中被看作是必要的或值得采取的),而是求教于
我们的理论认识能力,那么,出于这种意图的心理学就正如上面的神学一样,
除了关于我们的能思的存在者的这样一个否定性的概念,就再提供不出丝毫
更多的东西了:就是说这个存在者的任何行动和内感官的任何现象都不能作
唯物主义的解释;因而关于它们的特殊本性和它们的人格性在死后的延续和
非延续,我们通过我们全部的理论认识能力从思辨的根据中是绝对不可能得
出任何扩展性和规定性的判断的。所以,既然在这里一切都仍然托付于以实
践上必要的眼光对我们的存有的目的论评判,托付于对我们的继续延续的假
定,并把这假定当作由理性绝对地委诸我们的那个终极目的所需要的条件,那
么在这里同时就显示出了这样的用处(它虽然初看起来好像是一种损失):正
如神学对我们来说决不能成为神智学一样,理性的心理学也决不能成为作为
334 扩展性的科学的灵物学,正如它从另一方面也保证决不会沦为唯物主义一样;
相反地,理性心理学毋宁说只是内感官的人类学,即关于我们思维的自我在生
命中的知识,它作为理论知识也仍然只是经验性的;反之,理性心理学就涉及
我们的永恒存在这个问题而言,根本不是什么理论的科学,而是基于道德目的
论的一个唯一推论之上的,正如它的全部运用也只是由于道德目的论,即由于
我们的实践的使命,才是必要的一样。

§90.在上帝存有的目的论证明中的
认其为真之方式

对任何证明来说,不论它是(如同在通过观察对象或做实验而证明的情
况下)借助于对所要证明的东西的直接经验性的描述,还是借助于理性先天
地从原则中引出来,首先要求的一点就是:它不是说服人置信,而是使人确信,
或至少是促进确信;就是说,证明的根据或推论不是同意的一种单纯主观的
(感性上的)规定根据(单纯的幻相),而是客观有效的,并且是知识的一种逻
辑根据;因为否则知性就被迷惑住,而不是被运转起来了。下面这样一种证明
就具有那种证明幻相的性质,它也许出于良好的意图,但在自然神学中进行证
明时却有意隐瞒了自己的弱点:如果我们按照目的原则引证自然物之起源的
一大堆证据,并且所利用的仅仅是人类理性的主观根据的话,而这种根据就是

人类理性所特有的偏好,即只要能够无矛盾地进行,就用一条原则去取代许多原则,并且只要在这条原则中为规定一个概念而遇到了一些甚至很多的要求,就把其余的原则添加上去,以便通过任意的补充来使这个事物概念达到完备。因为诚然,当我们遇到这么多向我们展示了某种理性的原因的自然产物时,为什么我们不想取代这么多的原因而宁可考虑一个唯一的原因,并且在这个原因上决不仅仅是考虑一个很伟大的知性、意志等等,而是宁可考虑全智、全能,一句话,将这个原因当作某种把这些属性的那个对一切可能事物都是充分的根据包含在内的原因来考虑呢?再者,又为什么不想给这个唯一的全能的原始存在者不仅仅赋予对于自然规律和自然产物的知性,而且还要把他作为一个道德上的世界原因,而赋予其最高的道德的实践理性,既然通过对这个概念的这种完备化而指示了一个既对自然的洞见又对道德的智慧全都是充分的原则,而又没有人能对这样一个理念的可能性提出哪怕有点儿根据的反驳?既然在这里同时也把内心的道德动机发动起来了,并且以雄辩的力量为这个活动增添了生动的兴趣(对此道德的动机也是完全配得的),那么从这里就产生出了某种在证明的客观充分性上的说服力,以及(在运用这个证明的大多数场合下)某种甚至是有益的幻相,这幻相面对证明的一切逻辑上苛刻的检验完全不屑一顾,甚至对此心怀厌恶和反感,仿佛它们都是基于某种渎神的怀疑之上似的。——于是对此就完全不能说出任何反对意见,只要人们真正顾及到大众的需要。不过,由于毕竟不可能也不允许阻止把这个证明分解成两个包含于论证中的不同性质的部分,也就是分解为属于自然目的论的部分和属于道德目的论的部分,因为两者的混同会使人看不清这个证明的真正要害在哪里,以及它为了能在最苛刻的检验面前坚持其有效性(即使我们应当被迫部分承认我们的理性洞见的弱点)就必须在哪一部分作出修改,如何修改:所以对于哲学家来说就有一个义务(即使假定他把对他的真诚的要求看得无所谓),即揭露这个可能会产生这样的混淆的幻相,而不管这幻相是多么有益,并且,把凡是仅仅属于说服力的东西从导致确信的东西中分离出来(这两者不仅按照程度、而且按照性质也是对同意的不同的规定),以便使在这种证明中的内心状态以其完全的纯粹性明显地呈现出来,并能够使这证明坦然地经受住最严格的检验。

335

336

但一种为了达到确信的证明又可以有两种不同的方式,要么是一种想要断言对象自在地是什么的证明，要么就是一种想要按照对我们是必须的理性评判原则来断言对象对于我们(一般人类)而言是什么的证明(一种是κατ'αληθειαν①的证明，一种是κατ'ανθρωπον②的证明，后面这个词是就对于一般人类而言的普遍意义来说的)。在第一种情况下这证明是建立在对于规定性的判断力是充分的那些原则上的，在第二种情况下则是建立在仅仅对于反思性的判断力是充分的原则上的。在后一种情况下这证明基于那些单纯理论的原则，是永远不能促进确信的；但如果它把一种实践的理性原则当作基础(因而这个原则是普遍必然有效的)，那么它倒是可以要求某种在纯粹实践的方面是充分的即道德上的确信。但一个证明促进了确信还不就是确信了，如果它只是走在通往确信的道路上的话，就是说，它只是包含有确信的客观根据，这些根据尽管在确定性上还不是充分的，但却具有这种性质，即它们并不仅仅是用作使判断达到置信的主观根据。

　　于是，一切理论的证明根据对于下面这些将是充分的:1)对于由逻辑上严格的三段论推理而来的证明；或者，在没有这种推理的地方，就是2)对于按照类比的推论；或者，如果连这也根本没有，那就还有3)对于或然性的意见；或者最后，这是最起码的了，4)对于一个单纯可能的解释根据的假定，即假设。——现在我说:所有促进理论的确信的一般证明根据，都决不能导致这类从其最高程度直到最低程度的认其为真，如果想要使有关一个原始存在者作为上帝的实存的命题，在与这个概念的全部内容都相适合的意义上，也就是在作为一个道德的创世者、因而同时由他来指定着创造的终极目的这种意义上得到证明的话。

　　1.关于逻辑上合规则的、从普遍进达特殊的证明，在本批判中充分阐明了的是:由于一个必须超出自然之外去寻求的存在者的概念并无任何我们的可能直观与之相应，所以它的概念甚至就其要通过综合的谓词而得到理论的规定而言，对我们来说也任何时候都仍然是悬拟的，决不会产生任何有关它的知识(而由此来对我们的理论知识的范围有丝毫的扩大)，并且这个关于一个超感官的存在者的特殊概念也不可能归摄于事物本性的普遍原则之下，以便从那些

----

① 希腊文:就真实而言。——译者
② 希腊文:就人而言。——译者

原则推论出这个概念来,因为那些原则只是对于作为感官对象的自然才有效的。

2.对于两个不同性质的事物,我们虽然可以正好在它们不同性质这一点上对一方仍然按照与另一方的某种类比来思考①;但由它们不同性质的那一点出发,却不能从一方按照类比推论出另一方来,即把这一方的特殊区别的标志转移到另一方身上去。所以我们可以按照与物体之间交互吸引和排斥中的作用和反作用相等的法则的类比,也来思考一个共同体成员按照法律规则的协同关系;但我们并不把前一类特殊的规定(物质的吸引和排斥)转移到后一种关系上去并赋予这些公民,以构成一个叫作国家的系统。——同样,我们固然可以就作为自然目的的世上之物而言把原始存在者的原因性按照和某种知性的类比,即与我们叫作艺术品的某些产品形式的根据的类比来设想(因为这样做为的只是对我们的认识能力作理论的或实践的运用,这种运用是我们在按照某种原则的世界上的自然物方面不得不对这个概念做的);但我们决不能通过某种类比,而从我们不得不把知性赋予世上存在者中的某种被我们评判为人工的结果的原因,就推论出甚至那和自然完全不相同的存在者对于

_____

① (在质的意义上的)类比就是在根据和后果(原因和结果)之间的关系的同一性,只要类比是撇开诸事物的、或那些包含相似后果之根据的诸属性本身的差异(也就是在这种关系之外来考察)而进行的话。所以我们在对动物的技巧活动和人的技巧活动作比较时,把动物里面这些结果的我们所不知道的根据与我们所知道的人的相似结果的那种根据(即理性)设想为理性的类似物,并且愿意以此来表明,动物的这种技巧能力的根据以本能来命名,与理性实际上是有特殊的区别的,但在结果上(拿海狸的建筑和人的建筑相比)却有某种相似的关系。——但我们并不能因此就由于人在他的建筑中运用了理性而推论出海狸也必定有理性,而且把这称之为某种依据类比的推论。但从动物的相似的作用方式(我们不能直接知觉到它的根据)中,通过与人的作用方式(对其根据我们是直接意识到的)相比较,我们完全可以正确地按照类比推论出动物也是依照表象来行动的(而不像笛卡尔所以为的是一部机器),而撇开两者的特殊差异不谈,动物按照种类来说(作为有生命的存在物)与人是同样的。有权作这种推论的原则就在于,把动物就上述规定而言与人算作同一个种类,与把人就我们从外部按其行动来相互比较他们这一范围内,算作是同一个种类,这理由是同样的。这是 par ratio[拉丁文:同一理由。——译者]。同样,我也可以按照与一个知性的类比对至上的世界原因的原因性通过将其在世界中的合目的性产品与人类的艺术品相比较来设想,但却不能按照类比来推论出人里面的这些属性,因为在这里恰好缺乏这样一种推论方式的可能性的原则,即把最高存在者与人类(就他们双方的原因性而言)算作同一个种类的 partitas rationis[拉丁文:理由的分享。——译者]。尘世存在者的因果性总是以感性为条件的(凭借知性的原因性就是这样的东西),这种因果性并不能转移到一个除了一般物的概念外与它们并不共同具有任何种类概念的存在者身上去。——康德

自然本身也应拥有如同我们在人类身上所知觉到的那种原因性:因为这恰好
涉及到那种不同性质的地方,这种不同性质之点是在某种就结果而言以感性
为条件的原因与就其概念而言的那超感性的原始存在者本身之间来设想的,
因而不能被转移到后者身上去。——正是因为我应当仅仅按照与一个知性
(这种能力我们只是在以感性为条件的人身上才看到的)的类比来设想那神
圣的原因性,所以要禁止把这种知性在其本来意义上赋予他。①

3.在先天判断中并没有任何意见,相反,我们通过这种先天判断要么把某
物作为完全确定的来认识,要么根本就不认识任何东西。但即使我们由以出
发的那些给予的证明根据(例如在这里就是由世界上的那些目的出发的)是
经验性的,那么我们毕竟凭这些证明根据并不能提出任何超出感性世界之外
的意见,并允许这些冒失的判断对于或然性有丝毫的要求。因为或然性是在
某一根据系列中的某种可能的确定性的一部分(在这里可能的确定性的这些
根据与充分性之间是作为部分和整体来加以比较的),那个不充分的根据必
须是能够被补充到这一系列根据中去的。但既然这些根据作为同一个判断的
确定性的规定根据必须是同质的,因为否则它们就不会在一起构成一个大小
了(这一类大小就是确定性):那么就不可能它们的一部分处于可能经验的范
围之内,而另一部分却处于一切可能经验之外。因而,既然单纯经验性的证明
根据并不导致任何超感官的东西,而在根据系列中的这一缺环也不能由任何
东西来补足,那么通过这些根据来达到超感官的东西及其知识的企图也就不
会有丝毫的进展,所以在对超感官的东西通过从经验中拿来的论证所下的判
断也没有任何或然性。

4.凡是应当作为假设用来解释一个给予的现象的可能性的东西,至少其
可能性必须是完全肯定的。我在作一个假设时放弃对于现实性的知识(这种
知识在冒充或然性的意见那里还是被坚持的),这已经够了:我不可能放弃更
多的东西了;我用作一个解释的基础的东西的可能性至少必须是不受任何怀
疑的,否则空洞的幻影就会是无止境的了。但要假定一个按照某些概念来规

① 我们丝毫也不因此而觉得在这个存在者与世界的关系的表象方面失去了什么,不论
是在这个概念的理论结果方面还是在实践结果方面。至于要对它本身自在地是什么进行研
究,这是一种既无意义也徒劳无益的好奇心。——康德

定的超感官的存在者的可能性,由于在这里并没有把一个知识所要求的任何
条件按照其中基于直观之上的东西提供出来,因而只剩下矛盾律(它无非
是一种思维的可能性,而不能证明所说的对象本身的可能性)来作为这种可
能性的标准,于是这就会成为一种毫无根据的预设。

　　由此而来的结果就是:对于人类理性来说,关于原始存在者作为神的存有
或灵魂作为不死的精神的存有,在理论的意图上、哪怕只是为了产生最起码的认
其为真,都是绝对不可能有任何证明的;而这是出于完全可以理解的理由:由于
为了要规定超感官的东西的理念,我们手头却没有任何材料,因为我们不能不从
感性世界的事物中取得这些材料,但这样一种材料又是绝对不适合那样一种客
体的,因而在没有对这些理念的任何规定的情况下,所剩余下来的也就无非只
是有关一个非感性的某物的概念了,这个某物包含有感官世界的最后根据,而
这根据尚不构成对这某物的内在性状的任何(作为对这概念的扩展的)知识。

§91.由实践的信念而来的认其为真的方式

　　如果我们单纯着眼于某物对我们而言(即按照我们表象能力的主观性
状)如何能够成为认识的客体(res cognoscibilis①)的方式,那么,这些概念就不
会和客体相结合,而将仅仅与我们的认识能力及其可能在被给予的表象上
(在理论的意图中或是实践的意图中)所作的运用相结合;而某物是否是一个
可认识的存在者这个问题,就不是什么关系到事物本身的可能性的问题,而是
关系到我们对事物的认识的可能性的问题。

　　于是,可认识的事物就具有三种方式:意见的事(opinabile②)、事实的事
(scibile③)和信念的事(mere credibile④)。

　　1.单纯理性理念的对象,对于理论知识来说是根本不能在任何可能的经
验中体现出来的,就此而言也绝不是可认识的事物,因而我们对它们甚至连意
见也不可能有;正如要先天地发表意见,这本身就已经是荒谬的,并且恰好是

---

①　拉丁文:可认识之物。——译者
②　拉丁文:可推测的东西。——译者
③　拉丁文:可认识的东西。——译者
④　拉丁文:值得相信的东西。——译者

通往纯粹的幻影之路了。所以要么我们的先天命题是确凿无疑的,要么它就不包含任何可以认其为真的东西。所以意见的事任何时候都是一个至少本身是可能的经验知识的客体(感官世界的对象),但这种经验知识只是按照我们所具有的这种能力的程度而对我们来说是不可能的。所以近世物理学家们的"以太",一种渗透一切其他物质(与之最内在地混合着)的弹性流质,就是一种单纯意见的事,但它却毕竟还具有这样一种方式,即假如外感官达到最高的敏锐程度的话,它将有可能会被知觉到;但它永远不能在任何观察和实验中表现出来。假定其他行星上的有理性的居民,这是一种意见的事;因为如果我们能够接近这些行星,而这本身是有可能的,那么我们就可以通过经验来断定他们是否存在了;但是,由于我们永远也不会与这些行星靠得这样近,所以这就仍然还是停留在意见中。不过,认为在物质的宇宙中有纯粹的、没有身体而能思维的精神,(如果我们把某些假冒为属于它的现实的现象正当地排除掉的话),这就叫作虚构,它根本不是什么意见的事,而是我们从一个能思维的存在者中抽掉一切物质的东西、但却仍然给它留下思维时所剩余下来的一个单纯的理念。但是这样一来,这个思维(我们只有在人身上、也就是在与一个身

342　体的结合中才认识它)是否还会剩余下来,这是我们所不可能断定的。一个这样的东西是一个玄想出来的存在者(ens rationis ratiocinantis①),而决不是什么理性的存在者(ens rationis ratiocinatae②);对于后者,毕竟至少有可能为了理性的实践运用而充分阐明其概念的客观实在性,因为这种具有自己特有的确定无疑的先天原则的运用甚至是要求(悬设)这一概念的。

　　2.凡是其客观实在性能够被证明的概念(不论是通过纯粹理性还是通过经验,在前一种场合下是出自理性的理论上或实践上的资源,但在任何一种场合下都是凭借某种与这些概念相应的直观),它们的对象都是(res facti③)事实。④

---

　　① 拉丁文:进行推断的理性之物。——译者
　　② 拉丁文:被推断出来的理性之物。——译者
　　③ 拉丁文:事实的事。——译者
　　④ 我认为在这里有理由把事实这个概念扩展到这个词的通常的含义以外。因为把这一术语单纯局限于现实经验之上,这在谈及物与我们的认识能力的关系时是不必要的,甚至是不可行的,因为,为了把物仅仅当作某种确定的认识方式的对象来谈论,只要有可能的经验就已经足够了。——康德

大小量(在几何学中)的数学属性就是这样的事实,因为它们有能力对于理论上的理性运用作出某种先天的描绘。此外,能够通过经验(自己的经验或是借助于证据的他人的经验)而阐明的物或是物的性状,同样都是事实。——但非常奇怪的是,这样一来在事实中甚至就会有一个理性的理念(它自身并不能在直观中有任何表现,因而也决不能够对其可能性作出任何理论的证明);而这就是自由的理念,它的实在性作为一种特殊的原因性(有关这种原因性的概念从理论上看将会是夸大其辞的),是可以通过纯粹理性的实践法则、并按照这一法则在现实的行动中、因而在经验中加以阐明的。——这是在纯粹理性的一切理念中唯一的一个,其对象是事实并且必须被算到 scibilia① 之列的。

3.那些就纯粹实践理性的合乎义务的运用而言必须得到先天的思考(不论是作为后果还是作为根据)、但对于理性的理论运用来说却是夸大其辞的对象,都只不过是信念的事。必须通过自由而产生出来的世上最高的善就是这样一类的东西;其概念是完全不能在我们所可能有的经验中、因而在理性的理论运用中按照其客观实在性得到充分的证明的,但把它用来最大可能地实现那一目的,这却是由纯粹实践理性所命令的,因而是必须假定为可能的。这一被命令的结果,连同对其可能性的我们唯一能思考的那些条件,也就是上帝存有和灵魂不朽,都是信念的事(res fidei②),确切地说是在一切对象中唯一能够被如此称谓的一些对象。③ 因为即使我们必须相信那种我们只能通过见证而从别人的经验中所学到的东西,然而这东西毕竟还不因此本身就是信念的事;这是因为,在那些见证人之一身上它毕竟曾经是亲历的经验和事实,或者被假定为是亲历的经验和事实。此外,通过这一途径(历史信念的途径)来达到认知必定是可能的;而历史和地理的④那些客体,正如一般说来所有按照我们认识能力的性状至少是可以认知的东西那样,都不属于信念的事,而属于

343

---

① 拉丁文:可认识的东西。——译者
② 拉丁文:信仰的事。——译者
③ 但信念的事并不因此就是信条;如果人们把信条理解为这样一种信念的事,即人们能够被责成去(从内心或从外部去)信奉它的话;所以自然神学是不包含有这类信条的。因为既然信条作为信念的事不可能(如同事实那样)建立在理论的证明之上,那么这就是一个自由的认其为真,并且也只是作为这样一种自由的认其为真而与主体的道德性相一致的。——康德
④ "和地理的"第1版中缺,为第2、3版增加的。——德文编者

事实。只有纯粹理性的那些对象也许有可能是信念的事,但并不是作为单纯的纯粹思辨理性的对象;因为在此它们根本就不可能有把握被归入这些事情、即归入我们所可能有的那种知识的客体之中去。这就是一些理念,即一些我

344　　们不能从理论上肯定其客观实在性的概念。相反,那种必须由我们来实现的最高的终极目的,就是我们唯一因此而能够配得上使自己成为一个创造的终极目的的东西,是一种对于我们来说在实践方面有客观实在性的理念,即一种事业[事实];但却因为我们不可能在理论的意图上为这个概念取得这种实在性,它就只是纯粹理性的信念的事;但同时与它一起的是上帝和不朽,它们是我们能够按照我们的(人类的)理性的性状来思考对我们自由的合法运用的那种作用之可能性的唯一条件。但在信念的事中的认其为真是在纯粹实践的意图上的认其为真,即一种道德的信仰,它决不为理论上的纯粹理性知识作任何证明,而只是为实践上的、针对其义务的遵守的纯粹理性知识作证明,而且根本不会对思辨或按照自爱原则的实践上的明智规则有所扩展。如果一切道德法则的那个至上原则是一个悬设,那么这些法则的最高客体的可能性、因而甚至我们思维这一可能性的条件也就因此而被同时悬设了。这样一来,这种可能性的知识对于这些条件的存有和性状来说,当作理论上的知识类型来看就既不成其为认知也不成其为意见,而只是在实践的和为了我们理性的道德运用而在实践上应有的关系中的假定而已。

　　就算我们表面上能够把一个有关某种有理智的世界原因的确定的概念建立在自然目的论如此丰富地呈现在我们面前的那些自然目的之上,那么这个存在者的存有却毕竟还不是信念的事。因为既然它不是为了履行我的义务之故,而只是为了解释自然才被假定的,那么它就会只是对我们的理性最合适的意见和假设。现在,这种目的论决不是导向有关上帝的一个确定的概念,相

345　　反,这种概念只有在有关一个道德的创世者的概念中才遇见,因为只有后者才指定了这样的终极目的,即我们只有当自己按照使道德律作为终极目的的托付于我们、因而使我们负有义务的东西来行事时,才能把自己视为这种终极目的。因此有关上帝的概念只是通过与我们义务的客体的关系,作为实现这义务的终极目的的可能性条件,才获得了在我们的认其为真中被看作信念的事的优先权;反之,这同一个概念却不能使它的客体作为事实有效,因为,虽然义务的必要性对于实践理性来说是很清楚的,但义务的终极目的之达到,就这目

的并不完全在我们的控制范围内而言,却只是为了理性的实践运用起见而假定的,因而并非像义务本身那样在实践上是必然的。①

信仰②(作为一种 habitus③,而不是作为一种 actus④)是理性在把对于理论知识来说难以达到的东西认其为真时的道德思维方式。所以它是内心持存的原理,用来把必须预设为最高的道德终极目的之可能性的条件的东西由于对此目的的职责而假定为真的⑤;虽然这目的的可能性,但其不可能性也一样,是不能为我们所看透的。信念(所说的是地道的信念)是对达到这样一个

346

---

① 道德法则责成去促进的那个终极目的并不是义务的根据;因为这根据存在于道德法则之中,这法则作为形式的实践原则是无条件地进行引导的,而不顾欲求能力的客体(意志的质料),因而也不顾任何一种目的。唯有在我的行动的这种形式的性状(即把这些行动从属于普遍有效性的原则)中才有这些行动的内在的道德价值,而这种性状是完全在我们的控制范围中的;并且我完全可以撇开按照那个法则有义务去促进的那些目的的可能性或是不可行性(因为它们只包含有我的行动的外在的价值),将其当作有关某种永远不完全由我所能控制的东西,为的只是着眼于我所能做的事。不过,促进一切有理性的存在者的终极目的(幸福,就其能够与义务相一致而言)的意图毕竟正是由义务法则提交给人的。但思辨理性根本看不出这一意图的可行性(无论是从我们自己身体上的能力方面还是从自然界的合作方面);毋宁说,思辨理性必然会出于这样一些原因,就我们能理性地作判断而言,而把我们的善行从单纯自然(我们之内或之外的自然)中不假定上帝和灵魂不朽而得出的这种结果看作一种没有根据的和无谓的、即使也是好意的期望,并且,假如思辨理性有可能对这一判断拥有完全的确定性,它就必然会把道德法则本身看作我们的理性在实践的考虑中的单纯欺骗了。但既然思辨理性完全相信,后面这种情况永远也不可能发生,相反那些把自己的对象置于超越自然界之上的理念却可以无矛盾地被设想:所以它为了自己特有的实践法则和由此所负有的任务、因而出于道德的考虑,就不得不承认那些理念是实在的,以免自己和自己发生矛盾。——康德

② 与上文中的"信念"为同一德文词 Glaube,译者将根据情况分别译作"信仰"和"信念"。——译者

③ 拉丁文:状态。——译者

④ 拉丁文:行动。——译者

⑤ 信仰是对道德法则的允诺的一种信赖;但这允诺不是作为一种包含在道德法则中的,而是我放进去的,也就是出自道德上充分的根据而放进去的允诺。因为一个终极目的不可能通过任何理性法则提供出来而理性同时哪怕不肯定地许诺它可以实现,并且不同时有权把我们的理性唯一能思考这种可实现性的那些条件认其为真的。fides(信仰)这个词也已经表达出了这一点;而且唯一可能显得有疑问的是,这个术语和这个特殊的理念是如何进入到道德哲学中来的,因为它最初是和基督教一起被输入进来的,而采用它也许就会显得像是对基督教语言的一种谄媚的模仿。但这并非唯一的情况,即这个奇特的宗教在其布道的极端朴素性中,以其比此前的德性所能提供的远为确定和纯粹的德性概念丰富了哲学,但这些德性概念一旦存在了,它们就被理性自由地赞同,并作为理性本来是完全能够和应当自发地想到和引进的这样一些概念而被采纳。——康德

346

前景的信赖,促进这一前景是义务,但对它的实现的可能性却是我们所不能看透的(因而那些在我们看来唯一可以设想的条件的可能性也不能看透)。所以,与这些特殊对象相关的信念就是完全道德的,这些对象不是可能知识或可能意见之对象(在后面这种场合下,尤其是在历史的东西中,这种信念就必须叫作轻信,而不能称之为信念了)。这种信念是一种自由的认其为真,不是对于在其上可以为理论上规定性的判断力找到独断的证明的东西,也不是对于我们有责任去维护的东西,而是对于我们为了某种按照自由法则的意图所假定的东西,而认其为真;但毕竟又不是像某种意见那样没有充分的根据的,而是被当作在理性中(虽然只是就其实践的运用而言)对于理性的意图来说有充分的根据的;因为没有这种根据,道德的思想境界在违反理论理性对(道德客体的可能性的)证明的要求时就不具任何坚定的持存性,而是在实践的命令和理论的怀疑之间摇摆不定的。一个人不相信,这意思是执著于根本不相信任何证据这条准则;但一个人无信仰,他就是由于那些理性的理念缺乏其实在性的理论的证明因而否认其一切有效性了。所以他的判断是独断的。但一种独断的不信却不可能与一种在思想境界中有支配作用的道德准则相共存(因为追求一个只能被看作幻影的目的不可能是理性的命令),倒是一种怀疑的信念可以做到这一点,对它来说缺乏由于思辨理性的根据的确信只是一种阻碍,这种阻碍可以因对理性局限性的批判的洞察而失去对行为的影响,而能把一种占优势的实践性的认其为真看作对它的补偿。

*　　　　　*　　　　　*

如果我们想要引进一条另外的原则来取代哲学中某些错误的尝试并为它造成影响,那么看出那些尝试是如何注定要失败并且为什么注定要失败,这是带给人很大的满足的。

上帝、自由和灵魂不朽是这样一些课题,对它们加以解决是形而上学的一切筹备都当作自己最后的和唯一的目的而指望的。于是人们相信,关于自由的学说只是作为消极的条件才对于实践哲学来说是必要的,关于上帝和灵魂性状的学说则相反是属于理论哲学,必须作出单独和特别的阐明,以便然后这两者与道德律(它只有在自由这个条件下才是可能的)所命令的东西结合起来并就此建立一种宗教。但我们马上就可以看出,这种尝试注定是要失败的。因为,从一般物或某个必然存在者的实存的那些单纯本体论的概念中,绝对不可能通过能在经验中给出因而能用在知识上的谓词而产生出有关某个原始存在者的确定概念;但那建立在自然界的自然合目的性的经验之上的概念又不能提供任何对于道德、因而对于一个上帝的知识是足够的证据。同样,即使是由(我们只是在此生中做出的)经验而来的灵魂的知识,也不可能带来一个有关灵魂的精神性上的不朽本质、因而对于道德具有充分性的概念。神学和灵物学作为一些为思辨理性的诸科学所需要的课题,由于其概念对于我们的一切认识能力来说是夸大其辞的,所以不可能通过任何经验性的材料和谓词来完成。——对这两个概念的规定,不论是上帝还是灵魂(就其不朽性而言),都只有通过这些谓词而产生,这些谓词尽管本身只是出自某个超感官的根据才有可能,但却必须在经验中证明自己的实在性;因为唯有这样它们才能使有关那些完全超感官的存在者的某种知识成为可能。——类似的概念就是唯一能在人类理性中碰见的从属于道德律与终极目的的人的自由的概念,这个终极目的是自由通过这些道德律而颁定的,在这两者中,道德律适宜于把包含两者的可能性之必然条件的那些属性归于自然的创造者,终极目的则适宜于把这些属性归于人;这样一来,恰好从这一理念中就能够推论出那些平时对我们完全隐藏着的存在者的实存和性状了。

所以想要沿着单纯理论之路来证明上帝和灵魂不朽这种错误意图的原因就在于,沿着这条路(自然概念之路)是根本不可能对超感官之物有任何知识的。相反,沿着道德之路(自由概念之路)则能成功,其原因在于:在这里作为这方面的根据的超感官之物(自由),通过从它那里发源的某种原因性的确定法则,不仅仅获得了对其他超感官之物(道德的终极目的及其可实现性的诸条件)的知识的材料,而且也作为事实表明了它在行动中的实在性,但也正因此而只能够提供出在实践的意图(这也是宗教所需要的唯一意图)中有效的证明根据。

但在此仍然很值得注意的是,在三个纯粹理性理念上帝、自由和不朽中,自由的理念是唯一通过自由在自然中可能的效果而在自然身上(凭借在此概念中被想到的原因性)证明其客观的实在性的超感官东西的概念,并且它正是由于这一点而使另外两个概念与自然界以及所有这三个概念相互之间联结为一个宗教成为可能;所以我们在自身中拥有一条原则,它有能力把我们之内的超感官

349

之物的理念、但由此也把在我们之外的超感官之物的理念,规定为一种哪怕只是在实践的意图中可能的知识,对此单纯的思辨哲学(哪怕它有可能对自由给出一个单纯消极的概念)是注定没有希望的;因而自由的概念(作为一切无条件的实践法则的基本概念)可以把理性扩展到超出那样一种边界,在这个边界之内每个自然概念(理论性的概念)必定会仍然是毫无希望地被限制着的。

对于目的论的总注释

　　如果有人问:道德的论证把上帝的存有只是当作实践的纯粹理性的一种信念的事来证明,它在哲学的其他论证之中占据何种等级,那么回答是,哲学的其他论证的一切所获都可以轻易地略过不计,而这就表明,在此没有其他选择,350　而只有哲学的理论能力由于某种无偏颇的批判而必须自动放弃它的一切要求。

　　一切认其为真都必须首先建立在事实上,如果它不愿意是完全无根据的;所以在证明中只可能有这么一个唯一的区别,即对于从中引出的后果的某种认其为真是能够作为在理论知识方面的认知,还是仅仅作为在实践知识方面的信仰,而建立在事实之上。一切事实要么属于自然概念,这概念是在先于一切自然概念而被给予的(或可能被给予的)感官对象身上来证明自己的实在性的;要么属于自由概念,这概念是通过理性就某些由于它而在感官世界中可能的结果而言的原因性来充分表明自己的实在性的,而这些结果是理性在道德律中不可反驳地设定了的。于是,自然概念(仅仅属于理论知识的)要么就是形而上学的和完全先天的,要么就是物理的,即后天的和必然只有通过确定的经验才能设想的。因而形而上学的自然概念(它不以任何确定的经验为前提)就是本体论上的。

　　于是,由一个原始存在者概念而来的对上帝存有的本体论证明,要么是从那些唯有借此才能完全确定地设想一个原始存在者的本体论谓词中,推论出那绝对必然的存有,要么就是从任何一物、不论是何物的存有的绝对必然性中推论出原始存在者的诸谓词;因为一个原始存在者的无条件的必然性,以及(为了能把这必然性表现出来)由这原始存在者的概念所作的完全的规定,都是属于原始存在者的概念的,以便这原始存在者不是被推导出来的。于是人们相信这两种要求都存在于一个最高实在的存在者的本体论理念这个概念中;这样就产生了两种形而上学的证明。

一种是单纯以形而上学的自然概念为根据的（称作真正本体论的）证明，它从最高实在的存在者概念推出其绝对必然的实存；因为（它宣称）如果这最高实在的存在者不是实存的，那么它就会没有实在性，也就是没有实存了。——另一种证明（我们也可以称之为形而上学—宇宙论的证明）是从任何一物（即这样一物，由于在自我意识中有一个存有被给予了我们而是绝对必须被承认的）的实有的必然性，推论出对作为最高实在的存在者之物的完全规定；因为一切实存之物都必须是完全得到规定的，但绝对必然之物（也就是那种我们应当作为这样一物来认识、因而应当先天地来认识的东西）则必须是通过其概念完全得到规定的，然而这种情况只有在一个最高实在之物的概念中才能遇到。在这里不必去揭示在这两种推论中的诡辩，这在别的地方已经做过了；而只是要注意，这样一种证明尽可以通过所有各种辩证的玄妙来为之辩护，但它却永远也不可能超出学院范围之外而转入到日常生活中去，并对单纯的健全知性发生丝毫影响的。

这个证明是以一个自然概念为基础的，这个自然概念只能是经验性的，但却应当超出作为感官对象的总和的自然的边界，这种证明不可能是别的，只能是自然目的的证明；自然目的概念虽然不可能是先天的，而只能是由经验给予的，但毕竟预示了这样一种自然原始根据的概念，它是在我们能够思维的一切概念中唯一适合于超感官之物的，也就是预示了关于一个最高知性作为世界原因的概念；实际上这个证明也是完全按照反思判断力的原则、也就是按照我们（人类的）认识能力的性状而做到这一点的。——但现在，这个证明是否有能力从同一些材料中提供出某个至上的、即独立的有理智的存在者的概念，哪怕是作为一个上帝，即一个处于道德律之下的世界的创造者的概念，因而对于这世界的存有的一个终极目的的理念来说是充分确定的概念，这是一个关键问题：不论我们是为了全部自然知识而想要一个有关原始存在者的理论上充分的概念，还是为了宗教而想要一个实践的概念，一切都取决于它。

这个从自然目的论中取得的论证是值得尊重的。它对于普通知性和对于最精敏的头脑在使人确信上具有同样的效果；而一个赖马鲁斯①这样的人在

---

① Reimarus，Hermann Samuel（1694—1786），德国启蒙哲学家、文学家，自然神论者，由于莱辛的介绍而闻名于世，著有《论自然宗教的主要真理》等。——译者

他至今还无与伦比的著作中为自己赢得了不朽的功勋,他在其中以他所特有的彻底性和清晰性详尽地阐述了这一证明根据。——不过,这一证明对于内心获得了如此强有力的影响,尤其是在通过冷静的理性进行评判时(因为由对自然界的惊叹而在内心产生的激动和鼓舞我们可以归于置信①之列),对于某种冷静的、毫无保留的赞同的这种影响,是从何而来的呢? 并不是那些全都暗示着世界原因中的某种深不可测的知性的自然目的;因为这些自然目的由于它们并不满足提问的理性而不足以做到这一点。因为(理性问的是)所有那些有意为之的自然物是为了什么,而人本身,我们必须以之作为我们所能设想的自然的最后目的而在其面前止步的人本身,又是为了什么,这全部自然界又是为了什么而存有的,而什么才是这一伟大的丰富多彩的艺术的终极目的呢? 如果把欣赏或静观、观赏和惊叹(若停留于此,那么这也无非是特种方式的享受而已)当作世界和人本身为什么存有的被创造之最后的终极目的,理性对此是不能满意的;因为理性预设了唯有人才能给予自己的人格价值,作为人及其存有唯一能够是终极目的的条件。当缺乏这一人格价值(唯有它才能有一个确定的概念)时,那些自然目的是不能满足终极目的的追问的,这尤其是因为它们不能够提供有关最高存在者作为最充分的(并且正因此也是唯一的、真正能够被这样称作最高的)存在者、及有关一个知性据以成为世界原因的那些法则的任何确定的概念。

353　　　因而,自然目的论的证明,不论它是否同时又是一个神学的证明,它之所以同样都使人确信,其根源并不在于把自然目的的理念当作对一个最高的知性的如此多的经验性的证明根据来使用②;相反,这里不知不觉地在推论中掺杂进了寓于每个人心中并最内在地感动着他的道德的证明根据,依照这个证明根据,人们就对那个在自然目的中以如此不可思议的技巧启示出来的存在者也赋予了某种终极目的,因而赋予了某种智慧(虽然凭借对自然目的的知觉并不就有资格这样做),于是就对那个论证在它还带有缺陷的方面任意地进行了补充。所以实际上,只有道德的证明根据才带来了确信,而且这种确信

---

① "置信"(Überredung)和上文的"使人确信"(Überzeugung)在康德那里是两个完全不同的概念,前者是主观的,后者是客观的,参看《纯粹理性批判》A820 即 B848。——译者

② "使用"(Benutzung),康德原写作"努力"(Bemühung),据 Hartenstein 校正。——德文编者

也只是在每个人自己都最内在地对之感到赞同的道德考虑中才产生出来的；但自然—神学的论证却只有一件功劳，即在对世界的观赏中把内心引导到一条目的之路，但由此也引导到一个有理智的创世者：因为，对诸目的的道德关系，以及一个正如神学概念那样虽然也许是纯粹附加物的立法者和创世者的理念，却仍然显得是从那个证明根据中由自己发展出来的。

在这里我们可以在日常布道中也听凭这种事继续下去。因为对普遍的和健全的知性来说，通常很难把它所混为一谈、而实际上只是从其中一条正确地得出结论来的那些各不相同的原则作为不同性质的东西区分开来，如果这种分离需要很多的反思的话。但对上帝存有的证明根据真正说来也绝不只是把自然目的论的证明根据补充为一个完整的证明；相反，它是一个特殊的证明，它弥补了出自另一个证明的对于确信的缺乏：因为这种证明所能做的无非是，使理性在评判我们只有通过经验才能知悉的自然的根据和自然界的偶然的、但却是值得惊叹的秩序时，转向那按照目的而包含有自然的根据的某个原因的因果性（这个原因我们必须按照我们认识能力的性状设想为知性的原因），并对此加以注意，但这样就使它对于道德的证明更易接受。因为后面这个概念①所要求的东西是与自然概念所包含和所能告诉我们的一切如此本质上不同，以至于它需要一种特殊的、完全独立于前者的证明根据和证明，以便提出对一种神学来说是充分的有关原始存在者的概念并推论出它的实存来。——所以只要我们在世界上对于自然目的论根本找不到任何材料，或只找到模棱两可的材料，则道德的证明（它固然只是在理性的实践的、但毕竟也是不可免除的考虑中来证明上帝的存有的）就还会永远保持其力量。可以设想一下，如果有理性的存在者看到周围被一个这样的自然界围绕着，这个自然界没有显示出有机组织的任何痕迹，而只显示出粗陋物质的某种单纯机械作用的结果，为了这些结果之故并依据一些单纯偶然合目的性的形式和关系的变化，是显不出有任何理由去推论一个有理智的创造者的；那样一来，也就不会有任何理由引起自然目的论了：然而在这里没有由自然概念得到任何指导的理性，在自由概念中以及在建立于其上的道德理念中，却会找到某种实践上充分的根据来假定与这些理念相适合的、即作为一个神的原始存在者概念，并把自然

354

---

① 据 Erdmann，此处"概念"（Begriff）应为"证明"（Beweise）。——德文编者

（甚至我们自身的存有）假定为一个与那个神及其诸法则相符合的终极目的，
而且是着眼于实践理性的不可免除的命令。——但现在，在这个现实世界中，
对住在它里面的有理性的存在者来说，自然目的论方面有丰富的材料（这种
情况正好不会是必然的），这就有助于对道德上的论证作出所希望的证实，只
要自然界能够提出某种理性理念（道德理念）的类似物。因为一个具有知性
的（但这对于一种神学来说是远不充分的）至上原因的概念由此就获得了对
于反思性的判断力来说是充分的实在性；但这个概念并非在那之上建立道德
355 的证明所需要的；而道德的证明也不能用来把那个本身独自根本不指向道德
性的概念通过按照一条唯一原则的连续推论而补充为一个证明。作为自然和
自由的两条如此不同性质的原则只可能表现出两种各不相同的证明方式，这
是因为想从自然出发来进行道德证明的这种企图对于要被证明的东西来说，
将被发现是不充分的。

　　假如自然目的论的证明根据足以达到所寻求的证明的话，那么这对于思
辨理性来说会是非常满意的；因为这种证明将会给人以产生出某种神智学
（Theosophie）的希望（我们不得不这样称呼对上帝本性及其实存的那种理论
知识，据说它足以解释世界的性状连同道德法则的规定）。同样，假如心理学
对于借此来达到灵魂不朽的知识是足够的，那么它将会使某种灵物学成为可
能，这种灵物学对于思辨理性也会同样是受欢迎的。但这两者不论它们如何
得到求知欲的自负的喜爱，它们都不能满足理性在必须以物之本性的知识为
基础的理论方面的愿望。但是否自然目的论作为神学，心理学作为人类学，当
两者都建立在道德的、也就是自由的原则之上，因而与实践的运用相适合时，
就会更好地实现它们的客观的终极意图，这是一个我们在此不必进一步追问
的另外的问题。

　　但自然目的论的证明根据之所以不足以成为神学，是因为它没有给出、也
不可能给出在这个意图上得到充分规定的有关原始存在者的任何概念，相反，
人们不得不完全从别的地方拿来这一概念，或者不得不以这种方式、即通过某
种任意的追加来弥补这一概念的缺乏。你从自然形式及其关系的伟大的合目
的性中推论出一个有理智［知性］的世界原因；但推论到这一知性的什么程度
呢？毫无疑问，你不能够自以为推论到了最高可能的知性；因为对此将会要求
你看出，一个比你在这个世界中的证据系列所知觉到的更伟大的知性是不可

设想的:这将意味着把全知归于你自己了。同样,你从世界的伟大推论出创造者的一个非常伟大的力量;但你会告诉自己,这只是相对于你的把握能力来说才有意义,并且由于你并不知道一切可能的东西,以便能将其与你所知道的世界之伟大作比较,你按照一个这样渺小的尺度是决不可能推出创造者的全能的,如此等等。于是你由此得不到任何确定的、适合于神学的一个原始存在者的概念;因为这个概念只有在与一个知性结合着的完善性的大全的概念中才能够找到,在这方面单纯经验性的材料根本不能对你有所帮助;但没有一个这样的确定概念,你也就不可能推论出一个唯一的有理智的原始存在者,而只能(不论是为了什么目的)假定这样一个存在者。——于是我们虽然完全可以承认你的任意的添加(因为理性不能够说出任何与此相反对的有根据的东西):即凡是发现有如此多的完善性的地方,我们也就很可以假定在一个唯一的世界原因中结合有一切完善性;因为理性在理论上和实践上都能很容易与一条如此确定的原则融洽相处。但你毕竟不能够把原始存在者这个概念捧为被你所证明了的概念,因为你只是为了对理性作一个更好的运用起见而假定了它。所以对于把你的推论链条的简明性拖入怀疑中去的这种所谓的亵渎而发出的一切悲叹和无力的愤怒,都是无用的自吹自擂,它也许很乐意人们可能会把这种针对你的论证而自由说出的怀疑看作对神圣真理的怀疑,为的只是让你的论证的浅薄性在这层遮蔽底下悄悄溜掉而已。

相反,道德目的论并非不如自然目的论那样有稳固的基础,毋宁说,它由于先天地建立在与我们的理性不可分离的那些原则之上而理应获得优势,它引向一种神学的可能性所要求的东西,也就是引向作为按照道德律的世界原因的至上原因的某种确定的概念,因而是这样一个满足我们的道德终极目的的原因的概念:这个原因至少需要全知、全能、全在等等作为它所应有的自然属性,这些属性必须被设想为和那个本身是无限的道德终极目的结合在一起,因而是与之相符合的,而这样一来,道德目的论就能够完全独立地提供出适合于神学的一个唯一的创世者的概念。

以这种方式,一种神学也就直接通向了宗教,即通向了对作为神的命令的我们的义务的知识:因为对我们的义务和在其中由理性托付于我们的终极目的的知识是最先能够确定地产生出上帝概念的,所以上帝概念在其起源中已经是与对这个存在者的职责不可分割的了;相反,即使在单纯理论之路上可以确定地找到原始存在者的概念(也就是作为单纯自然原因的原始存在者的概念),接下来要通过彻底的证明来赋予这一存在者以某种依据道德律的原因性,就仍然会受制于巨大的困难,也许若没有任意的添加就完全不可能成功;但没有原因性那个所谓的神学概念就不能为宗教构成任何基础。哪怕一种宗教有可能在这个理论之路上建立起来,它也会在意向方面(它的本质的东西毕竟在于这种意向)现实地区别于那样一种宗教,在这种宗教中,上帝概念和对他的存有的(实践上的)确信是由德性的基础理念中产生出来的。因为如果我们不得不把一个创世者的全能、全知等等作为由别的地方给予我们的概念预设下来,以便此后只是把我们关于义务的概念应用于我们与这创世者的关系上,那么这些义务概念就必然会带上很强的强制和被迫服从的色彩;反之,如果是对道德律的高度尊重使我们完全自由地按照我们自己的理性规范而看到了我们的使命的终极目的,那么我们就会以最真诚的敬畏,即与病理学上的恐惧完全不同的敬畏,把某种与这终极目的及其实现协调一致的原因一起接收到我们的道德前景中来,并自愿地服从于它。①

358　　　如果人们问道,我们究竟是为什么会对于一般拥有某种神学这事有所挂念呢?那么很明显的是,神学对于扩展或校正我们的自然知识和一般任何理论来说都是不必要的,而只有对于宗教来说,即对于理性出于主观意图的实践上的、也就是道德上的运用来说才是必要的。现在,如果人们发现那导致神学对象的某个确定概念的唯一论证本身是道德的:那么这不只是毫不奇怪的,而且我们也会在出于这种神学终极意图的证明根据而来的认其为真的充分性方面,并不感到任何缺憾,如果我们承认这个论证只是对于我们的道德使命来说,也就是仅仅在实践的意图中,充分表明了上帝的存有,而其中的思辨则绝对没有证明自己的力量和由此扩展它的领地的范围的话。甚至在这里所主张的神学可能性的这种令人陌生,或与思辨理性批判关于范畴所说的话在表面

---

① 对于美的惊叹以及被大自然如此多种多样的目的所引起的感动,这是进行反思的内心还在对世界的有理性的创造者有一个清晰的表象之前就有能力感到的,这些感动本身具有某种类似于宗教情感的东西。所以它们看起来首先是通过对它们的某种类似于道德方式的评判方式而作用于道德情感(对于我们所不知道的原因的感恩和尊敬的情感),因而也通过对道德理念的激发而作用于内心,如果它们引起了那种本身结合有比单纯理论的观察所能产生的更多得多的兴趣的惊叹的话。——康德

上的矛盾——在那个批判中曾说过,范畴只有在应用于感官对象、而决不是应用于超感官的东西时,才能产生知识——也都会消失,如果我们在这里看到范畴被运用于上帝的某种知识,但并非在理论的意图上(指向那种本身对我们来说是上帝的玄妙莫测的本性的东西),而只是在实践的意图上被运用的话。——为了利用这个机会结束对于上述批判中那个非常必要的、但也使盲目的独断论者感到恼火的、要理性遵守其边界的学说的误解,我在这里附加上对这一学说的下面的解释。

如果我对一个物体赋予动力,因而通过因果性范畴对它加以思考,那么我由此同时也就认识了它,就是说,我通过应单独归于它这个感官对象(作为那种关系的可能性条件)的东西规定了这个物体作为一般客体的概念。因为,如果我赋予它的这种动力是一种斥力,那么应归之于它的(即使我还没有在它旁边设定一个另外的、它能对之施加斥力的物体)就是空间中的一个地点,此外是一个广延,即在它本身之内的空间,再就是通过其各部分的斥力对这空间的充满,最后则是这一充满的规律(即:各部分中斥力的程度的减少,必然以物体广延的增长,及物体借这种力使这些部分所充满的空间的增加的同一比例发生)。——反之,如果我把一个超感官的存在者设想为第一推动者,因而通过因果性范畴而在因果性的世界规定(物质运动)方面来设想他,那么我就必须不在空间中的任何地点、同样也不是作为广延性的东西来设想它,甚至也不可以把它作为在时间中与别的存在者同时实存的东西来设想。所以我就根本没有任何规定能够使我理解由这个存在者作为根据而引起的运动之可能性的条件。因此,我通过这原因(作为第一推动者)的谓词丝毫也没有认识到这存在者本身;相反,我只有关于包含有世界上各种运动的根据的某物的表象;而由于这个某物对那些运动的关系,作为它们的原因,通常并没有给我提供任何属于作为原因的该物之性状的东西,它就让有关这个原因的概念完全空着。其中的理由就在于:我借助于只有在感官世界中才找到其客体的那些谓词,虽然可以前进到那必然包含有感官世界之根据的某物的存有,但却不能前进到这某物的作为排除那一切谓词的超感官存在者的概念的规定。所以,通过原因性范畴,如果我借助于第一推动者的概念来规定它的话,我就对什么是上帝不会有丝毫的认识;但或许这样能有更好的结果:如果我从世界秩序中获得诱因,来把他的原因性不只是思考为一个至上的知性的原因性,而是也要

359

360

通过前述概念的这一规定来认识他，因为这时空间和广延这些麻烦的条件都取消了。——诚然，世界上的伟大的合目的性使我们不得不把导致它及其原因性的一个至上的原因思考为凭借某种知性而来的；但由此我们根本没有权利把这种知性赋予那个至上原因（例如把上帝的永恒性思考为在一切时间中存有，因为不这样我们就根本不能造成关于单纯的存有作为一个量、即作为绵延的概念，或者把上帝的全在思考为在一切地点存有，以便使我们能理解那对于相互外在的诸事物的直接在场，尽管不允许把这些规定之中的任何一个作为某种对上帝的知识赋予上帝）。如果我在某些只有借助于有意的合目的性才能解释的产品上规定人的原因性，是由于我把这原因性思考为人的一种知性，那么我不需要停留于此，而是可以把这一谓词作为人的众所周知的属性赋予人，并由此而认识人。因为我知道，直观被给予了人的五官，并通过知性被带到一个概念之下，因而带到一条规则之下；这种概念只包含有共同标志（而舍弃了特殊的东西），因而是推论性的；为了把给予的表象带到一般意识下来的那些规则是还在那些直观之前就被知性所给予了，如此等等；所以我是把这种属性作为我由以来认识人的东西而赋予人的。但现在，如果我想把一种超感官的存在者（上帝）思考为理智者，那么这种事在我的理性的运用的某种考虑中不单是允许的，而且也是不可避免的；但自夸能够赋予它知性并以为似乎这样就能通过它的一个属性来认识它，这却是绝对不允许的：因为那样一来我就不得不取消我唯有在其之下才能知道一个知性的所有那些条件，因而根本不可能把那只是用于规定人的谓词引到某个超感官的客体上来，所以通过一

361 个如此规定的原因性是根本不能认识上帝是什么的。而所有范畴的情况也是如此，这些范畴如果不是应用于可能经验的对象，它们对于在理论的考虑中的知性来说是根本不可能有任何意义的。——但按照与一个知性的类比，我可以、甚至我必须在某种别的考虑中好好地去思考哪怕一个超感官的存在者，却仍然不是想由此而在理论上去认识它；这就是当对它的原因性的这一规定涉及到这个世界中的某种结果，而这结果包含有某种道德上必要的、但对感性存在者来说是不可实现的意图的时候：那么这时，单凭依据类比而在上帝身上设想的那些属性和那些对其原因性的规定，对上帝及其存有的知识（神学）就是可能的，这种知识在实践的关系中，但也仅仅在这种考虑中（即在道德的考虑中）才具有所要求的一切实在性。——所以一种伦理神学是完全有可能的；

因为道德没有神学虽然可以凭自己的规则而存在下去,但不凭这种规则所托付的终极意图,它就不会使理性在神学方面显露出来。但一种(纯粹理性的)神学伦理学是不可能的;因为那些法则如果不是理性自身本源地给出的,而对它们的遵守也不是理性作为纯粹实践的能力而产生的结果,那么它们就不可能是道德的。同样,一种神学物理学也将是无稽之谈,因为它并不展示任何自然规律,而是展示一个最高意志的命令;相反,一种物理的(严格说是自然目的论的①)神学却至少还可以作为对一种真正神学的入门:因为它通过对那些它提供了如此丰富的材料的自然目的的观赏,而诱导出自然界所不能提出的某种终极目的的理念;因而物理神学虽然能够使得对某种为了理性的最高实践运用而充分规定上帝概念的神学的需要变得明显起来,但却不能把这样的神学产生出来并使之充分建立在它的证据系列之上。

---

① 此处"物理的"原文为 physisch,"自然目的论的"原文为 physisch-teleologisch。——译者

汉德词汇索引

表中页码为德文原版页码,见本书边码。

179,180,182,188—194,198,200,201,
203,210,212—215,221—223,225—
227,232,233,238,245—247,249,260,
261,267,269,271,273,275—277,280,
283,293,298,317,318,334,336,337,
340—343,346,350,351,358,359,361

对照 **zusammenhalten** 74

多/多数性 **Viel/Vielheit** 92,98,104,
240

多愁善感 **Empfindelei** 120

多样性/杂多 **Mannigfaltigkeit** 17—25,
30,56,65,66,67,69,70,80,83,84,86,
131,137,138,149,165,171,183,205,
207,221,225,226,236,250,252,272,
273,275,285,286,288,295,307

E

恶 **Bøse** 121,309,314,320

恶毒 **Bosheit** 42

恶心 **Ekel** 166

二分法 **dichotomisch** 176

二律背反 **Antinomie** 196,197,199,200,
203,204,248—253

F

法制状态 **Verfassung** 301,302

反感 **Antipathie** 124

反思/反思性的 **Reflexion/reflektierend**
15—17,20—25,27—32,39,40,42,44,
52,59,63,87,90,92—94,97,108,113,
116,129,135,136,138,143—148,151,
154,158,176,178,180,186,199,205,

211—214,217,222,223,233,238,242,
249—253,259—264,266,267,271,
274,279—281,283,284,297,298,306,
311,318,320,326—328,330,335,351,
353,354,357

范畴 **Kategorie** 13,19,24,138,248,
358,359,361

泛神论 **Pantheismus** 288,309

方法 **Methode** 129,132,173,174,214,
239,246,283,284,331

仿造 **Nachmachung** 163,173

飞跃 **Sprung** 19,208,215

分析论/分析的 **Analytik/analytisch**
35,39,82,87,90,91,127,197,223,273

纷争 **Zwist** 72

愤怒 **Zorn** 119,120,189,356

风格 **Manier** 167,173,174,194,215

风格 **Stil** 123

副本 **Ektypon** 178

复多性的 **pluralistisch** 127

复合 **Zusammensetzung** 56,69,80,83,
98,137,186,240

附属物 **Zutat** 65

G

高贵化 **Veredlung** 213

概念 **Begriff** 1,3—12,14—21,23,24,
27—35,43,44,46,48,49,51—54,56—
62,66—75,78—85,87,89,91,94,95,
97—101,103,105,106,109,112,113,
117,118,125,128—133,135—144,
147,152,153,159—161,163—173,

J

N

内容 **Inhalt** 12,68,130,211,270,303, 336

内心 **Gemüt** 14,35,36,40,55—57,59, 61,63,64,67,71,77,80,84,86,88,89, 91,94,98—101,103—111,113—116, 118—121,124,126,127,133,139,140, 142,146,147,150,152,154,158,160, 163,166,167,169—172,177,182,183, 185,186,189,190,192—194,210,213, 216,221,225,227,301,314,316,317, 331,335,336,343,346,352,353,357

内在的 **immanent** 200,261,269

能动性 **Tätigkeit** 61,243

能传达性 **Mitteilungsfähigkeit** 55

拟人主义 **Anthropomorphism** 213, 329,332

O

偶然/偶然的 **Zufall/zufällig** 10,16, 20—25,28,123,126,145,153,164, 205,206,222,226,230,232,233,241, 250—252,255,257,261,263,268— 270,272—275,281,287,289,294,304, 311,319,324,331,353,354

偶像/偶像崇拜 **Idol/Idololatrie** 332

偶性 **Akzidenz** 212,257

偶因论 **Okkasionalismus** 290,291

P

判断力 **Urteilskraft** 1—5,12—22,24,
25,27,28,31—36,39,42,57,92—94, 96—98,100,106,112—114,116—118, 129,130,132,136—144,146,147,152, 158,164,166,174,175,180,186,189, 193,195—200,203—207,209,211— 213,220—223,228,238,242,247— 253,259—266,270—274,276,278— 281,283,284,297,298,306,307,310, 311,318,326—330,336,347,351,354

培养/教养/文化 **Kultur** 64,111—113, 121,133,182,185,186,216,244,298, 300—302

批判 **Kritik** 1—5,10,12,13,15,29,31, 32,39,55,57,60,66,96,137—139, 145,157,195,200,205,206,211,215, 226,249,256,261,262,271,284,337, 347,350,352,358

普遍的 **allgemein** 3,4,8,15—17,19— 25,27—29,31,32,48—50,53—58,60, 62,63,69,71,72,74,77—82,87,90, 93,97,98,114,123,129—131,139— 148,152,158,159,166,172,175,180, 185,186,195,198—200,203,204,209, 210,214—216,221,225,239,240,246, 250,252,253,265,266,269,270,272— 274,276,281—283,286,289,292,296, 297,299,303,310,317,323,325,331, 336,337,345,353

普适性的 **gemeingültig** 52,53

Q

启发性的 **heuristisch** 277

X

125,131,136,142,144,153,155,165,
168,178,185,206,207,221,238,267—
269,271,286,293,296,299,304,310,
319,325,326,328,329,331,339,341,
342,354,357

现象 **Erscheinung** 1,10,11,14,17,26,
33,34,74,89,92,93,99,100,102,115,
173,183,193,198,199,202—205,210,
222,223,227,242,244,250,271,275,
276,280,285,290,298,318,333,339,
341

现相 **Phänomen** 4,126,274,279,284,
290

诙媚 **Einschmeichelung** 110,121,346

相应的 **korrespondierend** 30,35,192,
197,200—202,211,213,228,267,275,
342

享受 **genießen/Genuß** 43,45,50,113,
115,121,142,148,149,154,155,158,
182,185—187,299,301,303,313,316,
352

想入非非 **grüblerisch** 123

想象力 **Einbildungskraft** 27—30,39,
56,57,67,70,73—75,77,80,82—88,
90,91,93—105,108,111,112,115—
118,121—123,126,136,137,141,143,
147,168—172,175—180,183—185,
187,200—202,206,210,211,214—
216,226,228,243,299

象征/象征性的 **Symbol/symbolisch**
211,212,213

象征 **Attribute** 166,169,170

肖像 **Bild** 74—76

协和一致 **Übereinstimmung** 17,23,29,
30,32,57,80,81,83,88,100,102,103,
126,140,152,173,200,203,205,206,
226,230,257,269,306,325,327

协调/协调一致 **Zusammenstimmung**
11,22,28,35,56,57,67,71,74,81,100,
103,118—120,137,147,165,183,186,
203,214,272,273,282,300,322,324,
357

协同性 **Gemeinschaft** 117,238,279,338

亵渎 **Frevel** 109,356

新生论 **Epigenesis** 290,292

心机 **Machine** 184

心境 **Gemütsverlassung** 109

心理(学)的 **psychologisch** 13,19,56,
75,81,112,125,126,136,333,334,355

心灵/灵魂 **Seele** 13,35,77,107,111,
120,122,123,150,152,167,190,212,
238,245,256,283,303,330,340,343,
345,347,348,355

心性 **Gemütsart** 121

心醉神迷 **Wollust** 151

信奉 **Bekenntnis** 343

信赖 **Vertrauen** 346

信念/信仰 **Glauben** 344,346,347,350

信念的事 **Glaubensachen** 341,343—
345,349

信条 **Glaubenartikel** 342

幸福 **Glückseligkeit** 8,45,121,170,
298—300,302,303,305,306,313,314,
321—325,330,345

形成力 **Bildungskraft** 237,286,291,292

形成驱力 **Bildungstrieb** 292

形而上学/形而上学的 **Metaphysik/mata-physisch** 3,5,17,18,246,247,284, 347,350,351

形式 **Form** 1,6,9,11,12,16,17,19,22, 26,27,29—33,42,58,59,61—66,68, 70,72,76,77,83,84,87—90,97,101, 114,117,128—131,136—138,140, 141,143,145,149—155,159,164— 167,169,176,178—184,186,206,210, 211,217,222,223,225,227,228,231, 232,235—242,244,246,247,250— 252,255,257,258,261,263,269,273— 275,277,278,281,284,285—290,292, 296,300,301,304,312,315,319,321— 323,327,332,338,345,354,355

形象 **Gestalt** 65,70,74—78,118

行动 **Handlung** 44,45,59,78,114,142, 155,232,265,269,270,277,305,313, 315,316,333,337,345

行为 **Verhalten** 133,347

性状 **Beschaffenheit** 13,17,20,26,43, 46,49,56,59,60,68,72,93,115,131, 142,147,154—156,187,206,225,226, 231,246,248,253,259,262—264,268, 269,271—276,280,282,284,289,296, 297,304,306,311,314,316,321,325— 327,329—332,340,342—345,347, 348,351,355,359

悬拟的 **problematisch** 84,222,261, 268,325,337

学理/学理的 **Doktrin/doktrinal** 5,32, 284

玄妙的 **subtile** 153,351

玄想/推想 **vernünfteln** 88,108,134, 135,143,195,221,247,260,304,332, 342

循环论证 **Diallele** 245

训练 **Disziplin** 175,301,302

Y

言过其实的/夸大其辞的/高调 **übers-chwenglich** 2,103,108,253,261,266, 268,269,277,329,332,342,348

邀宠 **Gunstbewerbung** 110,121

要素 **Elemente** 74,82,117,234,278

要素论 **Elementarlehre** 215

"一" **Eines/das Eine** 67,92

一贯的 **konsequent** 145,146,322

一律 **Gleichförmigkeit** 22,64

一神论 **Theismus** 256,259

一致 **einhellig** 25,33,50,52,57,68,72, 79,81,82,103,184,196,200,300

依存性/依存 **Inhärenz/inhärieren** 257, 309

依附的 **anhängend** 69,72,74

以太 **Äther** 63,341

意见 **Meinung** 81,181,339,341,344, 346,347

意识 **Bewußtsein/bewußt** 14,29,40, 48,49,54,56—58,61,75,93,104,105, 108—110,120,121,126,129,143,159, 163,170,171,182,213,214,216,224,

德汉人名索引

表中页码为德文原版页码，见本书边码。

附　录

论康德《判断力批判》的先验人类学建构

邓晓芒

我曾经表明过这样一种看法①：康德"批判哲学"的最终归宿是一种经验性的"实用人类学"，而全部由三大批判构成的批判哲学本身则是康德对某种"先验人类学"的先验原理体系的探索。这种探索在有关人的知识方面并不成功，但这并不说明康德哲学的宗旨可以归结为只不过是"批判"，而只说明康德的全部哲学都在力图解决一个它不可能解决的问题，这就是要从先验的、客观必然性的角度来解决"人是什么？"的问题。尽管康德未解决这一先验的主要问题，但他却尖锐地提出了问题，并深刻地意识到了这一问题的症结所在；而这一点在他的第三批判即《判断力批判》中得到了最集中、最具体的体现，它首次清晰地展示了康德"先验人类学"的整体结构。

（一）

康德在《纯粹理性批判》中曾认为："我们判断的要素就其与愉快或不愉快相关而言，从而就其与实践的要素相关而言，不属于先验哲学的范围"②；随后，在《实践理性批判》中也曾明确提出，通常心理学中对愉快情感的规定有可能导致"愉快的情感将会是对欲求能力进行规定的基础……但这样一来，实践哲学的最高原则就必然会不得不丧失于经验性中了"，而这是必须坚决拒斥的③。可见，至此为止，人的情感能力，即"感觉愉快和不愉快的能力"，在康德看来还一直是一个心理学的问题，而不是先验哲学的问题。

---

① 参看拙文："批判哲学的归宿——康德《实用人类学》的意义"，载《德国哲学》第 2 辑，北京大学出版社 1986 年。

② A801 即 B829，见《哲学丛书》第 37 卷，莱比锡 1919 年版。

③ 《康德全集》第 5 卷，柏林科学院 1913 年版第 9 页，中译本参见杨祖陶、邓晓芒译《康德三大批判精粹》，人民出版社 2001 年版，第 279 页。

　　然而,就在 1787 年底,正当他的《实践理性批判》刚刚完稿尚未出版之际,他在给赖因霍尔德的信中却已经提出:"我现正忙于鉴赏力的批判。在这里将发现另一种以前没有发现的先天原则。心灵有三种能力:认识能力、感觉快乐和不快的能力和欲望能力。我在对纯粹的(理论的)理性的批判里发现了第一种能力的先天原则,在对实践的理性的批判里发现了第三种能力的先天原则。我现在试图发现第二种能力的先天原则。虽然我过去曾认为这种原则是不能发现的,但是上述心灵能力的解剖使我发现了这个体系……"①

　　在康德哲学这样一种"建筑式"的体系中,任何带本质意义的新发现都将引起整个体系的剧烈震动,而导致全面的反省、调整和再考察。当然,在康德看来这种调整绝不是动摇了他的基本思想的大厦,而是加固了它,使本来不相干的两部分结合成了一个坚实的整体。《判断力批判》的序言和导论,就是对他整个哲学体系的这样一种调整,康德在此提出:"在我们认识能力的秩序中,在知性和理性之间构成一个中介环节的判断力,是否也有自己的先天原则……"②并认为,《判断力批判》研究这种"先天原则"的性质及其对愉快或不愉快的情感的关系,在此意义上它虽然不属于"纯粹哲学",但毕竟出于"先验意图"。

　　在《纯粹理性批判》中,康德也讨论过所谓"判断力的学说",在那里,他要处理的问题是如何用已有的纯粹知性概念去统摄感性直观以形成知识。他用"时间图型"把范畴和直观结合起来,所涉及的是认识意义上的人类诸认识能力(知性范畴与先验想象力,以及通过想象力与直观能力)之间的联结,它达到对经验事物的先验把握,是诸认识能力协同一致产生知识的前提。在《判断力批判》中则提出了另一种"判断力的学说",这种判断力虽然也是"把特殊思考为包含在普遍之下的能力"(15),因而也同样是处理诸认识能力之间的协调关系,但与认识论中的判断力不同,它不是立足于已有的普遍范畴之下来规定特殊事物,而是为已有的特殊事物寻找普遍性原理。③ 所以前一种判断力指向外部世界,是为了获得客观性知识;后一种判断力则指向内心世界,为的是通过对象表象在主观中引起的诸认识能力的自由协调活动而产生愉快的感情。前者是把诸认识

　　①　载《未来形而上学导论》中译本,附录第 195—196 页,苗力田译。

　　②　Kritik der Urteilskraft,Verlag von Felix Meiner,in Hamburg,1974(PhB39a),S.2.下引此书只于引文后注德文版页码。

　　③　这类似于后来由胡塞尔等人大大发挥了的"本质直观"和"质料的先验"这样一条思路。

能力的协调当作认识的手段,后者则把这种协调本身当作目的;因此前者受概念和范畴的必然限制,要求对"客观对象"进行规定,称为"规定性的判断力";后者仅以认识能力的自由而合目的性的运用为转移,称为"反思性的判断力"。

所以,反思性的判断力是一种主观形式的原理。但在此基础上,康德又提出了另外一种客观质料上的反思判断力原理。人类认识的"综合"本性(知性)要求把一切经验对象都统摄于一个完整的系统之中,但由于自然界经验事实的偶然性和无限丰富性,它们无法被概念和范畴完全统摄无遗,只得求助于一种"调节性"的认识能力——理性。主观形式上的反思性判断力恰好可以被理性作为统一人类知识的工具,而调节性地运用于客观质料之上。这种运用不是为了产生愉快的情感,而是要把特殊统一于被当作客观原理的目的性原理之下,用来指导自然科学的研究。这种目的性原理认识自然界的一切"偶然的"经验事实都是为了趋向某个目的,并由此而被安排在一个由低级到高级的系统之中,相互间具有"种"和"类"的等级关系。不过,这种观点在康德看来并非对自然界客观性质的认识,而只是出自认识能力统一性要求的一个必然假定,仍然只是一种主观上的"反思性的判断力"。

反思性判断力的提出给了康德在思辨理性和实践理性之间建立一个桥梁的可能性。这个判断力自身并不形成一个"特殊的部分",而是介于理论和实践之间,"在必要时随机附加于双方中的任何一方"(3)。因为它是诸认识能力的自由而合乎目的的运用,所以它一方面出身于人的认识能力,与人的认识相关,另一方面又指向着人的自由和道德,与人的实践相关。《纯粹理性批判》只说明了自然概念和自由概念可以无矛盾地共存于同一个主体之中,"但这两个不同的领地虽然并不在它们的立法中、却毕竟在感性世界里它们的效果中不停地牵制着,不能构成为一体"(10)。但是"自由概念应当使通过它的规律所提出的目的在感官世界中成为现实"(11),因为,倘若根本不存在这种影响的感性痕迹,那么受自然法则制约的人永远也无从意识到自己的自由及道德法则,对超验本体世界的设想就是毫无根据的。因此应该有这样一种从自然人向自由人过渡的桥梁,它根据自然人切身感受到的某种特殊的情感,"促进了内心对道德情感的感受性"(35),从而向人启示出超验道德世界的规律。这个桥梁即"反思性的判断力"。

反思性的判断力在康德所谓"先验"的意义上揭示出其"人类学"的一个

新的研究课题,这就是居于认识能力和欲求能力之间、使二者得到统一的情感能力。自此以后,知、情、意的三分法便成了康德关于人的学说的基本模式。

在《判断力批判》中,主观形式上的反思性判断力和客观质料上的反思性判断力是分别在"审美判断力批判"和"目的论判断力批判"中阐述的。康德最初用来达成认识向实践过渡的是"审美判断力",他称为"鉴赏力的批判",而后这个批判把他引向了对于"目的论"的先天根据的探讨。因此《判断力批判》中除了讨论鉴赏力的部分外,还有讨论目的论的部分,它大部分被放在了"附录"的标题之下,虽然就篇幅和内容来说它决不只是一种附属物。康德这样做的原因和必要性从局部的观点看是很难说清楚的,只有从作为"先验人类学"的康德整个哲学体系的结构关系出发,才能真正理解《判断力批判》这"两大块"之间的内在联系。

康德用"反思性的判断力"来建立前两个批判的桥梁,既不是一蹴而就的,也不是同时从两个方面(认识和实践)来进行的。相反,他是从人的认识能力开始,以它为基地向道德领域进发。这样,在他的《判断力批判》中就有了两个阶段:第一个阶段是审美判断力,它协调着人的想象力和知性,"即使这些评判自身单独不能对于事物的认识有丝毫的贡献,它们毕竟只是隶属于认识能力的,并证明这种认识能力按照某条先天原则而与愉快或不愉快的情感有一种直接的关系"(3—4);第二阶段是目的论判断力,即自然界"诸物的某种不再能由关于感性的东西的普遍知性概念所理解和解释的合规律性"(4),它协调着人的知性和理性,虽然"能够和必须应用于对世间存在物的认识,同时开启着对实践理性有利的前景:但它并不具有对愉快和不愉快的情感的直接关系"(4)。总之,为了联结认识和道德,他设置了一个不是用来认识的认识活动(审美)和一个用于认识的非认识活动(目的论),前者运用了认识能力却只与情感有关,并通过愉快感而使人意识到自身超验的自由;后者属于理论认识(自然科学)范围却无理论认识意义,它通过最终目的的追寻而为人们对道德律的服从准备了基础。这样,人便能在自由和道德律两方面都过渡到实践理性。正如在《实践理性批判》中,自由和道德律作为两个不可分割的环节而具有内在的联系一样①,在这里,审美判断力和目的论判断力同样也有

---

① 参见《实践理性批判》,《康德三大批判精粹》,第 274 页注释 1。

不可分割的内在联系。

首先,审美判断力是目的论判断力的基础。"在一个判断力的批判中,包含审美判断力的部分是本质地属于它的,因为只有这种判断力才包含有判断力完全先天地用作它对自然进行反思的基础的原则,……与此不同,必须有客观的自然目的,即必须有只是作为自然目的才可能的那些事物,这一点却并不能指出任何先天理由",它只能在审美判断力的超验原理"已经使知性把这目的概念(至少是按照其形式)应用于自然之上有了准备之后,才包含有这种规则,以便为理性起见来使用目的概念"(31)。也就是说,只有当审美判断力把经验对象看作主观认识能力在形式上具有合目的性的和谐以后,人们才能把经验对象本身也当作客观质料上是合乎目的的来看待。但这并非真正对客观对象的认识,而只是一种拟人活动,是主观合目的性的客观化"类比"(Analogie),是把人自身在审美和艺术活动中所发现的无目的的合目的性(形式)调节性地运用、推广到自然事物(质料)上去,因而把自然界看作某种超人类的艺术品。

其次,反过来说,目的论判断力又在另一方面补充了审美判断力,使之最后过渡到道德领域成为可能。因为,审美判断力固然使人在情感活动中发现自身的自由,或在崇高中感到"自我扩张",但整个活动终究都只是局限于人的主观心理之内。然而人们在自然科学中却明明见到"人是自然的一部分",所以如果人通过自己自由的愉快感所感受到的人的道德性仍然不能得到客观的确立和支持,其中所隐藏的道德性基础仍然不能被完全揭示,这样,判断力要从整个现象界(包括心理经验和物理经验)过渡到超验本体界也就不可能了。所以,正是目的论判断力,把(审美判断力中)实践和理论两主观能力的心理学上的统一提高、上升到现象界和本体界的统一,而补充了审美判断力。

人们也许会感到奇怪:康德那么强调反思性判断力与人的情感的关系,为什么在谈到目的论判断力时却反复提出目的论判断与人的愉快或不愉快的情感无关? 其实,康德并不是认为目的论判断力与情感绝对无关,只是认为两者的关系不是直接的。他说,目的论判断的先天原则"并不具有对愉快和不愉快的情感的直接关系,这种关系正是在判断力的原则中那神秘难解之处"(4)。他通过两种解释揭示了这个"神秘难解之处"。

第一个解释是在导论第Ⅵ部分"愉快的情感和自然合目的性概念的联

结"中。他认为,自然的经验规律按照目的论原理而形成的等级或种类关系"是一种十分明显的愉快的根据,常常甚至是一种惊奇的根据,这种惊奇乃至当我们对它的对象已经充分熟悉了时也不会停止",虽然我们今天已不再对此产生愉快感,"但这种愉快肯定在那个时候曾经有过,而只是由于最通常的经验没有它就将是不可能的,它就逐渐与单纯的知识混合起来而不再引起特别的注意了"(24)。目的论对经验事物的分类,即把数个较低级的经验规律纳入较高级的规律中(例如把地球上的物体运动规律和天体运动规律全都纳入万有引力),在最初也曾引起过快乐的情感,只是后来由于"习惯"而变得淡漠了。

第二个解释是:"一旦凭借有机物向我们提供出来的自然目的而对自然界所作的目的论判断使我们有理由提出自然的一个巨大目的系统的理念,则就连自然界的美、即自然界与我们对它的现象进行领会和评判的诸认识能力的自由游戏的协调一致,也能够以这种方式被看作自然界在其整体中、在人是其中一员的这个系统中的客观合目的性了"(243—244),因而自然目的论在这种情况下往往就被康德看作有机体和自然整体的自然美之可能性的条件。也正由于这一点,"我们才能够热爱大自然,而且能因为它的无限广大而以敬重来看待它,并在这种观赏中自己也感到自己高尚起来"(244),因而在自然目的论的最后归宿上,它引起对自然的好意或恩惠的敬重之情(道德感情),而与审美判断(自然美)相融合。

可见,这两种解释,一种是从目的论判断的最初起点上(作为经验知识的条件),另一种是从其最后的终点上,与情感联系起来,并因而与审美判断联系起来①。目的论判断与审美判断最后融合,激发了内心的道德情感,就为审美判断向道德过渡提供了自然经验上不可缺少的补充。不过,这里仍然还只是两种判断力在现象的、经验心理学上的联系,并未涉及到两者的先天原则。这种先天原则将在后面进一步说明。

总之,由《判断力批判》的总体结构我们可以看出,为了调和在前两个批判中所暴露出来的自然人和自由人的矛盾,他在人的审美活动中为超验自由找到感性(情感)的迹象,又从人的有机身体的合目的性推出一个最终的道德目的。

---

① 这两种联系通常叫作"科学美",前者如任一自然规律初次发现都引起美感,后者如一个系统的自然观可激发对大自然崇高美的赞叹。

由此,卢梭所未能解决的人的二重性矛盾(这矛盾还可以追溯到笛卡尔身心二
元论)在他看来就可以得到调和了(但并不靠"非物质实体"的无根据的假定,而
只是主观反思的原理)。这样,康德人类学就可以形成一个统一的先验体系了。

(二)

《判断力批判》分为"审美判断力批判"和"目的论判断力批判"两部分,
每一部分又分为两个更小的部分,而后还可以再加细分,如此类推。康德这种
不断析分的方法明显地受了莱布尼茨"连续律"的影响,他试图用这种方式把
事物分解到这种程度,以至于从一方过渡到另一方不需要很大的跳跃。这种
形而上学的析分最终并不能使对象成为连续的,就像古代埃利亚的芝诺最终
未能使飞箭运动起来一样。然而无论如何,康德在这种分析中所达到的思想
的细致、周密,却是很少有人能够相比的。在每次析分出来的两部分中,总是
第一部分相对地倾向于认识,第二部分相对地倾向于道德,由此在每一个层次
上都部分地实现过渡,最后组合成一个从认识向道德过渡的总体系。这是
《判断力批判》的一般结构法。

1.美的分析

康德"美的分析"包含对鉴赏的四个契机的划分。康德说,对于这四个契
机,"我是根据判断的逻辑机能的指引来寻找的(因为在鉴赏判断中总还是含
有对知性的某种关系)"(39)。也就是说,这四个契机分别归属于逻辑范畴表
的质、量、关系、模态四类范畴。但康德的范畴表上原来是量先于质,这里却改
成量在质之后。对于这种变动康德未作任何说明。不过,如果注意到审美判
断力不是由一般来规定特殊的"规定性的判断力",而是由特殊求一般的"反
思性的判断力",这一点就不难理解了。在《纯粹理性批判》中,他曾认为只有
先理解了量才能把握质,甚至干脆把质称为"强弱的量",因此把量放在质之
前。但即使在那里他也承认,强弱的量只不过是质的可以先天把握的普遍性
的方面,质(知觉)本身还有不能先天预测、而只能委之于经验的成分①。在

---

① A176 即 B218。

《判断力批判》中这一点却颠倒过来了。这里首先要弄清感觉本身的经验性质,然后才为这种特殊去寻找普遍原则。所以把质提到量之先正说明了审美一开始就根本上不同于认识。

鉴赏判断的这四个契机中,第一个契机(无利害的愉快感)和第二个契机(非概念的普遍性)主要是从审美的"自由的愉快情感"的消极方面,即摆脱限制的方面来规定鉴赏力;第三个契机(主观形式的合目的性)和第四个契机(共通感)则是从自由情感的积极方面,即形式主义的普遍性方面来规定鉴赏力的。这四个契机都基于一个共同的基础,即通过审美愉快而发现自己是自由的,并由此而指向人类本性中某种共同的、普遍性的东西。不过,康德此处提到的"自由",既不等于思辨理性中的"先验自由",也不等于实践理性中的"实践的自由",而是表现于人的情感之中的"经验性的"自由,即仅仅是一种自由感①。可见,为了"过渡",他不得不偏离了自己的先验论,而向经验论的幸福主义让步。但即令如此,康德的过渡仍然是不彻底的,他只是在认识和道德之间发现了两个中间环节,即是说,在审美活动中,一方面是通过愉快的情感而导致对真正的自由的"启示"和"类比",另方面是通过审美判断的"似真性"("好像")而导致对人性的普遍根基的实际承认。在这里给人以启发的是,康德立足于人类学的高度,紧紧地抓住了审美过程中人类"共同情感"这个带有本质意义的事实。审美判断采取类似于逻辑判断的那种"客观普遍性"形式,只是为了普遍传达主观情感,即达到"主观普遍性"的效果,以实现其社会本性。这就是人一定要不由自主地把美看成"客观事物的属性"的心理根源,它不过是人对自己情感的社会普遍性的确信(确证)和对一般人类情感的认同的形式而已。

康德对美的四个契机所作的结论是:"鉴赏是与想象力的自由合规律性相关的对一个对象的评判能力"(82)。在这里,想象力因其自由性而不能理解为"再生的",只能理解为"创造性的和自发的",即那种在《纯粹理性批判》中已提出的先验的想象力。不过在那里,这种想象力为知性服务,其结果是产生普遍的客观知识,它的自由性只能在认识内容之外被超验地设想;而在这

---

① 康德在《实践理性批判》中曾提到一种"心理学的自由",见该书韩水法中译本第105页。但在那里他是持批判态度的,并未予承认。

里,知性能力本身却为想象力服务,从而失去了概念的可规定性,只剩下一种"合规律性形式"而不"具有规律",因而自由便以自由感的方式直接体现在想象力本身的活动中。所以在这里,面临的问题已不是必然性的知识如何以自我意识的自发性为先天条件(如《纯粹理性批判》中所讨论的),而是自由的自发性活动怎么能具有必然普遍性的。这将在"纯粹审美判断的演绎"中进行论证。但在这之前,康德先把眼光转向了"崇高的分析"。

2.崇高的分析

康德指出,美和崇高的根本区别在于:"美似乎被看作某个不确定的知性概念的表现,崇高却被看作某个不确定的理性概念的表现"(87)。这种区别体现为,美无论如何属于主观,却仍然要想象客观对象(自然)自身具有适合于人的要求的合目的性形式,似乎它本身具有"美的属性";崇高则不可能也不需要有这种想象,相反,其前提是对象的"无形式",因而对人的判断力和想象力施加"暴力",形成极端的不和谐、不合目的性,即不能纳入任何可为知性把握的形式中,由此给人的鉴赏活动一个暂时的阻滞,一种被拒斥的不快,但恰恰因此就刺激起人向一种更高的理性理念中去寻找依托。这理性理念并不存在于狂野荒蛮的自然界对象中,但这自然界激发着人的审美判断力转向主观,"因为真正的崇高不能包含在任何感性的形式中,而只针对理性的理念:这些理念虽然不可能有与之相适合的任何表现,却正是通过这种可以在感性上表现出来的不适合性而被激发起来、并召唤到内心中来的"(89),这种情感是一种"消极的愉快感",如惊叹或崇敬等。

因此,美是想象力和知性的和谐,崇高是想象力和知性不能和谐,因而跳过知性而和理性和谐。因此美具有某种"客观性"的假象,崇高则连这假象也没有,明白地显示为主观想象力的合目的性运用,其"无形式"所导致的抽象性和主观性使它比起美的概念来远不是那么重要和丰富,只能成为自然美的"补充"(90)。但这并不意味着康德认为在一般的意义上美也比崇高更重要。相反,他在"关于审美的反思判断力的说明的总注释"中把主要的注意力放在崇高上,仔细探讨了崇高与道德的密切关系。他说:"实际上,对自然界的崇高的情感没有一种内心的与道德情感类似的情绪与之相结合,是不太能够设想的;虽然对自然的美的直接的愉快同样也以思维方式的某种自由性、即愉悦对单纯感官享受的独立性为前提,并对此加以培养;但由此所表现出来的毕竟更多的是在游戏中的自由,而不是在合法的事务之下的自由,后者是人类德性的真正性状,是理性必须对感性施加强制力的地方;只是在对崇高的审美判断中这种强制力被表象为通过作为理性之工具的想象力本身来施行的。"(115—116)

崇高使审美判断"把自己提升到与理性相适合"(116),即通过对象形式的极端不合目的性而达到主观理性的更高一层的合目的性,从而激起一种崇敬的情感,"所以对自然中的崇高的感情就是对于我们自己的使命的敬重,这种敬重我们通过某种偷换而向一个自然客体表示出来(用对于客体的敬重替换了对于我们主体中人性理念的敬重),这就仿佛把我们认识能力的理性使命对于感性的最大能力的优越性向我们直观呈现出来了"(102)。可见,崇高一开始就与理性和道德相关。这一点,在康德对崇高的划分上也可看出。康德仍然按照逻辑范畴表把崇高分为量、质、关系、模态四个方面,但与美的分析不同,因崇高的对象是"无形式",所以既不能从对象的质开始,也不能从一般把握对象形式的量、即作不知性范畴的量开始,而只能从把握对象的"无形式"的"无限"的量、即作为理念的量开始。不能简单地把崇高中量—质的顺序看作美的质—量顺序的颠倒。崇高的分析比美的分析高了一个层次,它启示的不光是(在游戏中的)自由,而是这种自由的道德性。

因此,从美向崇高的过渡就是从认识向道德的过渡在审美判断力这个阶段上的表现。在这里,过渡的中介就是"创造性的和自发的"想象力,即具有自由的合目的性的直观活动,它由于与理性协调而带有无限性,因而使自身大大地扩张,使人感到了自己的尊严。在这里,可以明显地看出卢梭的道德情感学说对他的影响。康德认为,崇高感"在人的本性中、亦即在人们能够凭借全知性同时向每个人建议且能够向他自己要求的东西中有其根基,也就是说,在趋向于对(实践的)理念的情感即道德情感的资质中有其根基"(112)。但卢梭并不把道德情感看作静止的、先验的、与文明的发展相脱离的,而是基于人的欲望和需要、体现于文化史中的;康德对卢梭作出某些让步,则只是为了又把道德情感与人的文化对立起来,并把前者纳入"先天原则"里去。康德把这种基于人的本性中的先天原则的必然性称之为"对于判断力批判的主要契机",它不仅是崇高的分析的归结点,而且是整个判断力批判的归结点,因为它把一种经验性的现象(道德情感)从经验心理学提升到了有关人的普遍必然本性的"先验哲学"(即先验的人类学)。

尽管如此,在"美的分析"中却仍然保持着一种客观的"对象形式"的假象,其中的主观先天可能性条件并未立即透彻地揭示出来。这就留下一个有待完成的工作:对"纯粹审美判断"即鉴赏力进行一个"演绎",以便把关于"美的对象"的学问变成关于"人"的学问。

3.纯粹审美判断的演绎

在演绎之前,康德归纳出鉴赏判断的两个特点,实际上是"美的分析"的一个总结:1)鉴赏看起来好像是客观判断,实际上是主观先验的;2)鉴赏看起来好像是主观个人的判断,实际上又有权对一切主体要求着承认,如同那是一个客观判断一样。康德认为,从这两特点里寻找一个客观原理是不可能的,只有在主观中才能找到鉴赏这个"先天综合判断"的可能性条件,这种可能性"建立在一种情感上,这种情感让对象按照表象(一个对象通过它而被给予)对于在诸认识能力的自由活动中使这些能力得到促进这方面的合目的性来评判"(137)。但是,倘若这情感没有一个先验普遍有效的原理,那么它只是个人的愉快感而已。因此康德认为,实际上人们在一个鉴赏判断里所表现的"不是愉快,而正是被知觉为与内心中对一个对象的单纯评判结合着的这愉快的普遍有效性"(139)。找到这个普遍有效性的先天必然条件,"演绎"也就算完成了。

这个演绎分两步进行。他首先在人的审美心理上寻找一般鉴赏判断的普遍有效性的先天条件,然后在人类审美的经验事实即艺术和艺术史中,寻找鉴赏判断及审美愉快普遍传达的先天条件。前者追溯到人的社会性的"共通感",后者追溯到个人的天才。

A.共通感

康德认为,人的知性已经设定了在一切人心中都有一种共同的"主观的东西"作为它之所以可能的先天条件;既然审美的反思性判断力与认识的规定性判断力一样,都是认识诸能力的协调运用,那么这种主观先天的东西也就是审美愉快的普遍必然性和有效性的条件;反过来,这种认识诸能力在鉴赏里所要求的比例,对于普通认识中的健全知性也是需要的。这种先天条件表现在人身上就是共通感(sensus communis),即一个共同感觉的理念(die Idee eines gemeinschaftlichen Sinnes),它"在自己的反思中(先天地)考虑到每个别

人在思维中的表象方式,以便把自己的判断仿佛依凭着全部人类理性,⋯⋯我
们把自己的判断依凭着别人的虽不是现实的、却毋宁只是可能的判断,并通过
我们只是从那些偶然与我们自己的评判相联系的局限性中摆脱出来,而置身
于每个别人的地位"(144—145)。正是这种"共通感",作为先天条件,使个人
的审美判断具有一种社会的普遍性,即人通过"将心比心"的心理活动发现
"人同此心,心同此理",同时又用普遍的(别人的)情感来衡量自己的情感,把
自己从个人偏见中解脱出来,这样就使人类的情感紧密靠拢在一起。

　　但共通感不仅表现在反思的审美判断的普遍性中,而且也表现在认识和
道德的普遍必然性和普遍有效性中。康德进一步揭示出在这三种不同的共通
感之下所隐藏着的先天原则,即一般人类知性思维的三个准则:1)自己思想;
2)站在每个别人的地位上思想;3)任何时候都与自己一致地思想(145)。它
们分别对应于知性、判断力和理性,作为人类知性(广义的)的思维方式
(Denkungsart),它们可以先验地用来说明共通感的诸原则,即认识、审美和道
德的原则。但只有第二种,即审美的共通感,才真正是作为共通感的共通感,
因为它立足于"站在每个别人的地位上思想"这一准则上:"比起健全知性来,
鉴赏有更多的权利可以被称之为**共通感**;而审美判断力比理智的判断力更能
冠以共同感觉之名,如果我们真的愿意把感觉一词运用于对内心单纯反思的
某种结果的话;因为在那里我们把感觉理解为愉快的情感。我们甚至可以把
鉴赏定义为对于那样一种东西的评判能力,它使我们对一个给予的表象的情
感不借助于概念而能够普遍传达。"(146—147)正如在《纯粹理性批判》中,
"纯粹知性概念的演绎"达到了知性的最高点、即"先验自我意识"一样,在《判
断力批判》中,"纯粹审美判断的演绎"也在此达到了它的最高点,即表达为第
二准则的人的共通感。至于这种审美的共通感如何与道德的共通感联系,则
必须用鉴赏这种本身无利害关系的活动在实际过程中所必然涉及到的利益或
兴趣(Intersse)来说明:"如果人们可以假定,他的情感的单纯普遍可传达性本
身对我们已经必须带有某种兴趣(但人们没有理由把这兴趣从一个单纯反思
性的判断力的性状中推论出来),那么人们就会有可能明白,在鉴赏判断中的
情感由于什么才会被仿佛作为一种义务一样向每个人要求着。"(147)这种兴
趣在经验方面,就是可以通过艺术和文雅而促进人类的"社交性",它满足了
人的感官需要(娱乐)和社交天性,但仅仅"有可能充当从快适到善的一个只

是很模糊的过渡";只有一个与纯粹先验的(而非经验的)鉴赏判断相关的兴趣("理知的兴趣")才能真正实现"从感官享受向道德情感的一个过渡"(149)。因此在康德那里,包含"理知的兴趣"的自然美大大高于仅包含"经验的兴趣"的艺术美。只有对自然美的兴趣,才"任何时候都是一个善良灵魂的特征",并且"表明了一种有利于道德情感的内心情调"(150)。

不过实际上,"理知的兴趣"终究也并不能真正实现向超验的道德世界的过渡。康德含糊其辞地说:"这种兴趣按照亲缘关系说是道德性的"(152),并满足于指出"在纯粹鉴赏判断和道德判断之间有一种类似性"(153),这种说明之无力,正如不能从鲸和鱼类、蝙蝠和鸟类的"类似性"证明其亲缘关系一样。值得注意的倒是康德在这里提到的审美与道德的区别:"即前者不依赖于任何一种兴趣而使人感到愉悦、同时先天地把这种愉悦表现为适合于一般人性的,后者出自概念做着这同一件事,……只不过前者是一种自由的兴趣,后者是一种建立在客观法则之上的兴趣。"(153)可见,在自由和道德律这两个实践理性的基本环节中,审美只是指示了前者。后者则要通过自然产品(把它看作好像是艺术品)的最终目的之寻求,即通过目的论,才能"在我们自身中寻求,确切地说,在构成我们存有的最终目的的东西中、亦即在道德使命中寻求"(153)。康德在这里预先提示我们,审美判断力批判是通过艺术品的概念而向目的论判断力过渡的,而这种过渡是由于审美判断力本身的不足而成为必要的。为此,必须先弄清艺术的概念。

　B.艺术和天才

一般说来,康德对于艺术(工艺、技术)是瞧不起的,因为它含有客观实在的"目的",违背了美的"无目的的合目的性"原理。但他把"美的艺术"从中区别出来了。在这种以审美本身为目的的艺术中,自然美和艺术美之间绝对的界限消失了,这时,"自然是美的,如果它看上去同时像是艺术;而艺术只有当我们意识到它是艺术而在我们看来它却又像是自然时,才能被称为美的。"(159)正是在这种自然美和艺术美的统一中,在像似艺术的自然和表现为自然的艺术品概念中,提供了向自然目的论过渡的中介。

但康德在这里的任务是:为人的情感普遍传达的经验现实性找到主观先天可能的条件。人的情感要能普遍传达,除了每个人主观内心必须有一种普遍的共通感,以便能体验他人传来的情感之外,还要有一种现实的、经验的传达手段，这就是艺术。艺术促进着心灵的陶冶，以达到社会性的传达作用。没有艺术，即使有"共通感"，人们也不能在经验的交往（社交）中把自己的情感现实地传达给别人。但即使是人的情感的这种客观传达，也还是有它之所以可能的主观上的条件的，这就是"天才"。

艺术的客观普遍地传达情感的能力是由艺术的"法规"所决定的，按照这法规，人们才可以从同一个艺术品上感受到一致的情感。而艺术的法规是由天才制定的。天才的定义是："一个主体在自由运用其诸认识能力方面的禀赋的典范式的独创性。"（173）这种独创性是大自然在人类或人种的世代延续过程中偶然产生出来的，因此对于个人来说这是先天赋予的，对人类来说却是纯粹经验的事实。构成天才的心灵能力和鉴赏力一样，无非也是想象力和知性，但在这里，知性不光是一种能力，而且具有一个作为目的的概念（艺术品的主题）；想象力也不只是一种能力，而且表现为"审美理念"（ästhetische Ideen），这种审美理念所包含的不可名状的情感远远超出了知性概念可能规范的内容，它基于想象力自然天赋的质（情调）、量（比例）的特殊性之上。天才的独创性在艺术中首先在于想象力的特殊性。

康德从他的先验主义出发，认为特殊的、自然经验造成的天才并不是艺术里最重要的东西，最重要的是鉴赏力。经验的天才终归要以先验的鉴赏力为先天可能的条件，前者是经验人类学的内容，后者是先验人类学的内容。可见康德并不把天才和鉴赏力看作单纯的艺术问题，而是看作一般人类学的原则问题。不过，他把"先验"作为经验的对立物凌驾于经验之上，这种先验论和形式主义导致了他的自相矛盾。因为他既把天才看作"为艺术立法规"而使情感能普遍传达的现实手段，那么在艺术中便不能缺少天才，哪怕模仿也是对以往天才的模仿，否则人的鉴赏力引起的情感永远只是主观内省的，而无法通过现实的手段传达给别人，艺术也就根本不会存在了。

总之，审美判断力一方面使人类认识能力的运用摆脱纯粹的现象性而集中到对人的超验自由的感性启示，另方面使人类超验的道德本体在人的感性体验中找到象征；一方面使人在人与人的相互制约的普遍必然关系（情感关系）中感到自己仍然是自由的，并正因为如此才是自由的，另方面又通过自由自发的创造性的想象力去实现普遍必然的人与人的联结。正是在这里，康德对他全部哲学的总问题"人是什么？"作了一个回答，我们可以把这一回答表述为:人是通过审美经验意识到自己的普遍性自由的存在。

（三）

前面说过,审美判断力通过艺术给人提供了"客观合目的性的产品"的概念,这首先使人对那些无法用机械原理完全把握的自然产物(即有机体)有可能用目的论原理来把握,于是艺术品就成了由审美判断力向目的论判断力过渡的中介。如康德说的:"在对艺术美的评判中同时也必须把事物的完善性考虑在内,而这是对自然美(作为它本身)的评判所完全不予问津的。——虽然在这种评判中,尤其是在对有生命的自然对象如这个人或一匹马的评判中,通常也一起考虑到了客观的合目的性,以便对它们的美加以判断;但这样一来,就连这判断也不再是纯粹审美的、即单纯的鉴赏判断了。自然不再是如同它显得是艺术那样被评判,而是就它现实地是艺术(虽然是超人类的艺术)而言被评判了;而目的论的判断就充当了审美判断所不得不加以考虑的自身的基础和条件。"(165)这就是说,在艺术美和自然美的同一性的理解之下,通过一种类比于艺术、即设想一种"超人类艺术"的方式,可以从审美判断过渡到自然的客观目的论,它首先体现为生命、有机体。

康德认为,自然的客观目的性有外在的和内在的两种。外在的目的性把一个自然物看作另一个自然物的目的,这样只是"相对的"目的性,永远也追溯不到一个最终目的;反之,内在的目的性以自身为目的,并把所有一切自然物看作自己的手段,这才是"绝对的"自然目的论判断。所以康德说,合目的性"可能以两种方式发生:要么我们把这个结果直接看作艺术品,要么只是看作别的可能的自然存在者的艺术的材料,因而,要么看作目的,要么看作其他原因的合目的的运用的手段。后面这种合目的性(对人类而言)就叫作有用性,或者(对任何其他被造物而言)也叫作促成作用,只是相对的合目的性;而前一种合目的性则是自然存在物的内部的合目的性。"(228—229)但是康德又认为,仅仅是一个艺术品还不能看作是自然的内在目的。艺术作品只适合于自然目的论的第一个要求:"对一个作为自然目的之物首先要求的是,各部分(按其存有和形式)只有通过其与整体的关系才是可能的。"(235)但是艺术品的目的是由一个外在于自然物质材料的理智原因即艺术家来规定的,而不是内在于艺术品的自然物质的。因此康德认为,自然的内在目的论还需要第二个要求,即它的各部分还得是为了全体而互相产生出来的,而艺术品不具备这一点。由此康德断言,对于自然目的和有机体,"由于我们自己在最宽泛的理解中也是自然的一部分,所以就连通过与人类艺术的一种严格适合的类比也不能思考和解释它。"(238)这里看起来好像又否定了自然目的论原理来自与艺术品原理的类比的观点了。其实不然。因为在他看来,艺术品虽然实际上是由一个外来的理智把合目的性原理加到自然物中去的,但看起来却必须像似自然本身的合目的性的产品,而不露出一点人工的痕迹来。从后面这种意义来说,艺术品中已经启示了一种自然的"内在"合目的性原理,只是在此人们仍理智地意识到艺术品只是人工产品而已。可是当人们把自然物看作一种艺术作品时,这并不是在实际上,而只是在反思的意义上,把艺术品中启示的客观内在合目的性原理从形式推广应用到自然物的质料上去。而这就必然得出自然的内在合目的性原理,因为一个自然物像艺术品那样所具有的整体统一性在质料上只能理解为互相产生,而不能理解为别的。所以他说:自然目的(有机体)"它的各部分是由于相互交替地作为自己形式的原因和结果,而结合为一个整体的统一体的。因为只有以这种方式,整体的理念反过来(交互地)又规定一切部分的形式和关系才是可能的:不是作为原因——因为那将会是一个艺术品——,而是作为这个作评判的人对包含在给予质料中的一切杂多东西的形式和关系的系统统一进行认识的根据。"(236)所以在实际上,一个真的艺术品并非自然的内在目的,因为它把上述客观内在合目的性原理不是用于客观质料,而只用于外在于自然物的主观形式,因而不能把它看作各部分(质料)互相产生的,只能看作达到外部(艺术家)主观理念的手段和工具,各部分都分别依靠艺术家产生出来。所以在这个意义上它只适合于自然目的论的"第一个要求",而不适合于"第二个要求",不能像理性神学(如莱布尼茨)那把自然目的和艺术品作简单类比,而必须把艺术品的原理反思地引申到客观质料上去。康德在此并无自相矛盾。

不过,康德认为艺术品中所启发的客观内在合目的性原理从主观形式上引申到客观质料上,这并没有使它由反思的原理变成"规定性的原理",在这点上,目的论与鉴赏和艺术一样,仍然是一种"反思性的判断力"。如果说,在艺术品是是把客观内在合目的性原理作主观反思的运用的话,那么在自然目的论中,则是由于这客观内在合目的性原理本身的反思性质而成为一条反思原理的,它绝不是自然界的"构成性"原理,而只是人的理性用来帮助知性对自然界的统一性认识、即"只是要借此按照与我们在理性的技术运用中的原因性的类比来描绘一种自然的原因性"(247—248)的规则,它并不妨碍知性所规定的自然界机械因果性的原理,而是与之不相冲突地并存且与之协调,所是它是"理性能力与知性能力的协调"。

　　这种运用于自然科学中的目的论判断力原理,早在《纯粹理性批判》中就进行了初步的探讨。在那里,他认为可将理性调节性地运用于自然科学,对自然物进行种、类、属的划分,使之呈现为一个从低级到高级的巨大目的系统;他也提到了自然目的法则不可动摇的证据,即在解剖学、生理学中关于有机体的目的论的观点①。但当时康德还未找到这种目的论的先验基础,未发现反思性的判断力及其运用于自然科学的一整套原理体系,所以在自然科学的知性原理(机械论)与制约着自然科学但却属于道德领域的理性原理(目的论)之间,仍然存在着一道鸿沟。

　　另一方面,在《实践理性批判》中他也对这个问题有所说明,例如在谈到人类职责的根源时他认为"摆脱了整个自然的机械作用的自由和独立"的超验的"人格",是与全部感性世界的秩序和目的总体相联系的,在这里,"人们所想要的和能够支配的一切也都只能作为手段来运用;只有人们及连同人在内所有的有理性的造物才是自在的目的本身"②。但在这里也没有对这种既定结论予以具体分析和推导,只是实践理性从自身超验的立场上对世界的一种观点,因此在自然界和超验的"人格"之间也还缺乏一个过渡。

　　康德说过,在理论哲学、目的论、实践哲学三者之中,"目的论也许是最缺乏确定的先天根据的"③,然而他仍然努力要找到它的先天根据。因而,如何能把自然界看成具有自身内在目的的系统的问题,就成了"目的论判断力批判"所要解决的主要问题,它关系到《纯粹理性批判》与《实践理性批判》之间过渡的最后完成。

---

①　参见 A687 即 B715 以下。
②　《康德三大批判精粹》第 352 页。
③　康德 1787 年 12 月给赖因霍尔德的信,见前引。

1.自然目的论

康德认为,过去的唯理论的自然目的论都把自然目的看成在自然事物、以至在整个自然目的系统之外,直追溯到一个超感性、超自然的上帝,这并不是真正的自然目的论。真正的自然目的论必须是内在的,以自然物本身为目的的。

康德在杂多的自然事物中发现,有机体正是他所要寻找的那样一种"内在的自然目的"。有机体的各个部分不仅是互相依赖、不仅只有在与全体的关系之中才成为部分,而且是互为目的与手段、互相产生出来,因而是"有组织和自组织的";它并不以外在的东西为目的,只把那些东西当作维持自己生存和延续的手段。这样一来,整个无机自然界都可以作为产生有机体的手段而被联结在一个以自然物本身(有机体)为目的的大系统中,而机械作用就被从属于目的系统的观念之下了。康德的论述使人产生这样一个印象,好像他是纯粹"偶然地"在经验自然科学中找到了符合自然内在目的论的例证,即有机体。其实,他以有机体作为其自然目的论的支点,有其更为深刻的原因。他并非单纯以一个自然科学家的身份来解释经验中出现的事实,他同时还以一个哲学家的身份通过有机体原理而从自然科学向人类学(哲学人类学)过渡。

康德对于"人"的二重性观点使他认为,人的感性存在(躯体)是人的道德本体在感性世界中的"副本"(Gegenbild),因此,从有机体开始,就是从经验人类学开始,并由此向先验人类学前进。因为,不仅人在自然界中是有机体,而且这个有机体的原理正是一条反思性的原理,它不与自然界的机械性原理相冲突、相干扰,而只是为了适应知性要对一切对象都用普遍原理进行统摄的要求,而由理性"调节性"地设想出来,使机械性原理从属于其下的;这样,目的性原理就必然引导人们回到自己的主观中,在从知性到理性的追溯中寻找自然界的"终极目的"。如康德所说:"一旦想到某种知性必须被看作像在事物身上被现实地发现的这样一些形式的可能性的原因,那么也就必须在这个知性中询问其客观的根据了,这个根据能够规定这一生产性的知性去得出这种类型的结果,它才是这类事物之所以存有的终极目的。"(304)而知性本身的"客观的根据"(实际上仍然是主观的)就是实践理性的超验的人的本体。这就说明,人的理性存在(道德本体)是人的感性存在(有机体)之所以可能的先天条件;如果没有人的理性,人的机体与其他一切生物的机体并无根本区别,甚至也不高于无机物,只不过是一架"机器",因为有机体原理本身只是人的理性反思的结果;但一旦有了人的理性,整个自然界便显现为以有机物为目的,最终以人类的生存为目的(人可以把其他一切有机物用作手段),而这实际上是以人的理性存在为终极目的。

由此可见,有机体的原理是康德把经验自然科学引向超验世界的桥梁,也是从经验人类学向先验人类学的过渡;而有机体的目的正是"人是目的"这一道德命题在经验世界中的"副本"。不过,这里还有一个环节,不经过它,这个过渡便无法完成,这就是自然目的系统。

有机体的自然目的原理说明了第个有机体都以自身为目的而利用周围环境作为手段。但如果仅仅是这样,那么整个自然仍然是一大堆有机体杂乱无章、相互冲突地活动的世界,其中偶然性、机械作用(弱肉强食)原理仍然占统治地位,人们仍然不能用自然目的论原理把握和统一自然界整体,这与人的知性要把自然界统一于一个原理之下的要求仍然不相符合。但是,康德也指明,人们一旦承认了有机体的内在目的原理,那么他也就必然会导致把整个自然界也看作一个"自组织的有机体",即看作一个合乎目的地按等级次序组织起来的巨大系统。因为如果自然界不是合目的地为有机体提供存在的环境条件,单是有机体自身是无法生存下来的,也就不会有有机体存在了;但有机体确实已经存在着,这反过来就"使我们有理由提出自然的一个巨大目的系统的理念",所以内在目的性"这种超感性原则的统一性必须被看作不仅适用于自然物的某些物种,而且以同一种方式适用于作为系统的自然整体"(244)。自然目的系统是有机体内在目的之可能设想的先决条件。

可以看出,康德上述推论是利用了"外在目的性"原理。康德反对把外在目的性单独地用于自然目的和上帝的推论(如宇宙论证明),但并不反对在内在目的论的基础上运用外在目的性原理对自然的"终极目的"进行推导。恰恰相反,在第 82 节("在有机物的外在关系中的目的论体系")中,他以外在目的性原理为械杠杆进行了这种推导。他从无机界推到有机体,在有机体中,他从植物推到动物,最后推到人:"人就是这个地球上的创造的最后目的"(295)。有了这个最后目的,整个自然界就可以看作一个趋向于它的目的系统,这个系统为人类提供了"有用的东西"和"美和魅力",因而我们可以把它"看成自然界为了我们而拥有的一种恩惠"(244)。当然,这个目的系统的真正的终极目的还不是自然的人,而是道德的人,对自然目的系统的推导则是过渡到道德目的论的必要的中介。

自然目的论最终把人的视线引向了道德世界,但这与审美判断力启示出人自身的超验自由并不完全相同。因为在这里,人的本体在经验世界中的"副本"已不是享受自由创造的愉快情感的人,而是处于自然大系统中成为它的"一部分"和"最高点"的人,所以它所暗示出来的就不是人的自由,而是这种自由的自律,即道德律。这样,目的论判断力就补充了审美判断力的不足,使经验人类学不但从内心的心理经验方面,而且从外部的物理经验方面,都过渡到先验人类学,从而成为判断力联结认识和道德的一个不可缺少的环节。

2.道德目的论

康德认为,自然目的论本身既不是一种严格的自然科学,也不是一种严格的神学,但它的先天原理使理论自然科学成为了神学形而上学的入门。为了说明这一点,他首先把自然界的机械作用原理(理论自然科学的规定性原理)隶属于目的论原理(反思性原理)之下,并说明二者之间相辅相成、而目的论终归比机械论更高这样一种关系。其次,他把目的论原理中的"外在目的性"隶属于"内在目的性"之下,说明只有内在目的性才是自然目的论真正根据,它"不仅是一个目的,而且也是一个终极目的"(294),这个终极目的只能是人类,"因为他是地球上唯一能够给自己造成一个目的概念、并能从一大堆合乎目的地形成起来的东西中通过自己的理性造成一个目的系统的存在者"(295)。可以如果仅仅把人看作"自然界的一部分",即一种动物,这个"终极的"自然目的仍然是缺少根据的,因为大自然对于作为动物的人类并不特别优待,如果没有理性,人这种动物是要被大自然毫不留情地消灭掉的。所以康德认为只有到"自然的超感性原则"、即人的"理性运用的一个主观条件"(298)中,去寻找终极目的之根据。

他提出,在人里面这种理性原理有两种,一个是人的"幸福"的理念,人把它当作一个可望而不可及的终极目的,但这个目的并不能把自然界和人类社会的一切不幸都统一在一个目的系统中;于是"只剩下形式上的主观条件,即这种适应性的主观条件:一般来说能为自己建立目的并(在他规定目的时不依赖于自然)适合着他的一般自由目的的准则而把自然用作手段",这就是"文化","所以只有文化才可以是我们有理由考虑到人类而归之于自然的最后目的"（300）。康德由此从自然领域转入了人类文化的领域。

但并不是一切文化都可以看作最后目的。康德认为，在文化中，劳动不过是"熟巧"，它虽然是"对促进一般目的的适应性的最重要的主观条件，但却还不足以促进在规定和选择其目的时的意志"（301），它无法把意志从欲望的专制和兽性的冲动中解放出来，反而要以人类不平等为自身发展的前提。只有艺术和科学，虽然也有导致虚荣和奢侈的趋向，却对于人的更为低级的兽性部分起着抑制作用，使人的意向得到锻炼，使人变得更为文明，这就为我们感到自身隐藏着一种更高的目的而作了准备。这样，对自然最终目的的追寻就引导我们到达了"作为本体看的人"，"只有在人之中，但也是在这个仅仅作为道德主体的人之中，才能找到在目的上无条件的立法，因而只有这种立法才使人有能力成为终极目的，全部自然都是在目的论上从属于这个终极目的的"（305）。一切自然物在演变中趋向于人的文化和文明，而人的文化又在一个漫长的历史过程中趋向于道德的或理性的人，这样就完成了由经验的自然界向超验的道德世界的过渡，完成了由现象的人向作为本体的人的过渡。

整个从自然目的论向道德目的论的过渡实际上是从自然界踏入了社会历史领域，在这里康德以高度浓缩的形式表达了一些很深刻的思想，如劳动分工导致文化的进步和人的异化，导致阶级分化、阶级矛盾、市民社会及国家的产生，其中可以看出卢梭的影响。但从他把异化、恶、战争看作人类发展和道德进步的手段看他高于卢梭，并对黑格尔产生了巨大的影响。可惜的是，康德在人类现实社会历史领域的这次巡行只是急匆匆地一晃而过。在他看来，这种过渡仍然不过是一种主观的"信念"，是人为了和自己的内在本性相符合而不能不假定的一条超验原理，而并非从必然向自由的现实能动的飞跃，即真正的人类社会实践。康德一心一意研究"人类学"的问题，可是正当问题接近于有关人的学说的真正现实基础时，他又迅速地跳回到他那空洞抽象的神学形而上学思辨中去了。

于是康德又引入了一个从"自然神学"向"伦理学神学"的过渡。对于传统唯理论的自然神学（即对上帝存有的种种论证），康德像在《纯粹理性批判》中一样，再次在这里进行了批判的考察。他认为，自然神学以自然目的论为自己论证的依据，但实际上自然目的论不管推进到多么远，也永远不能为神学提供经验的证明。因为自然目的论的根基只能是内在目的论，其"终极目的"除了主观上必要的反思性规定外没有任何其他规定；但自然神学仍不失为一种必要的"尝试",它激发我们去追求一个最高原因和目的,而在这种追求中人们就会发现,"真正说来一个基于完全不同的理性运用(实践的运用)之上的最高存在者的理念先天地在我们里面有其根基,这个理念驱动着我们把一个自然目的论有关自然中诸目的的原始根据的有缺陷的表象补充为一个神的概念"(308)。自然神学除了作为神学(伦理神学)的准备或"入门"之外,没有别的用处。

伦理神学的原则存在于人心中,但它既不是人的认识能力,也不是人的幸福,因为这些都不足以使人看到自身的价值,从而也不足以使人看到自然界的终极目的和价值。只有一种东西才能达到这一点,即善良意志:"人唯一能够给予他自己的那种价值,并且是在他所做的事中,在他不是作为自然的成员、而是以自己的欲求能力的自由怎样及根据什么原则来行动中的那种价值,也就是善良意志,才是人的存有唯一能借以具有某种绝对价值、而世界的存有能据以拥有某种终极目的的欲求能力……人只有作为道德的存在者才可能是创造的一个终极目的"(313)。只是由于善良意志的原理即道德律,我们才必须把一个有理性的世界原因即上帝看作使整个自然界与人的道德世界统一在一个目的系统中的最高存在,于是"道德的目的论就补充了自然的目的论的不足并首次建立了一种神学"(315)。

自然目的论(自然神学)从时间(历史)上来说虽然发生在道德目的论(伦理学神学)之前,但从逻辑上来说,后者却被视为前者的先天原理和前提。道德目的论并非由自然目的论的论证而来,相反,正由于道德目的论的先天原理,才"促使人们注意到自然目的并去研究隐藏在自然目的形式后面的不可捉摸的伟大艺术,以便给纯粹实践理性所取得的那些理念在自然目的上提供附带的证实"(315)。一切自然目的论、自然神学的观念,都是由于背后有道德目的论在起作用的结果;不仅如此,而且当我们回顾作为自然目的论的基础和条件的审美判断力时,就会发现在道德目的论阶段上,目的论判断力反过来又成了审美判断力的基础,而对自然目的的研究同时又成为对自然美的感受了。因为"很有可能,首先激起对自然界的美和目的的注意的也是这种道德的兴趣,……因为甚至研究自然目的也只有在与终极目的的关系中才能获得这样一种直接的兴趣,它如此大规模地在对自然界的惊叹中表现出来,而不考虑从中可以获取的任何好处。"(331)这就证实了我们前面说的:目的论判断力在其终点上与审美判断力融合,并偕同一道过渡到超验的道德本体世界。

道德目的论作为自然目的论的先天原理从自身推出了自由的形式条件:道德律,以及保证这道德律可行的先天条件:上帝,因此道德目的论通过自然目的和美的启发,使在鉴赏中已意识到自己的自由的感性的人,进一步意识到这自由的道德必然性,从而成为了联结自然人和道德人的最后中介。这样,我们就可以把康德对"人是什么?"这一问题的第二个(补充的)回答表述为:人是(在自然目的中)意识到自己必然要以道德律为终极目的的存在。

如果我们把"目的论判断力批判"与"审美判断力批判"作一个比较,便会发现一个区别。在审美中,人意识到自己由于主体的内在可能性而与自由相关,在目的论里,通过对终极目的的追寻,人进一步意识到自己作为世界的终极目的只能是服从道德律的人,因而在本体上与道德律相关。康德认为,自由和道德律是互为前提的:只有出于自由的道德才是真正的道德,也只有服从道德律的自由才是真正的自由;道德律是我们之所以可能意识到自己的自由的先天条件,自由是道德律之所以可能存在于人自身之中的先天条件①。从人的普遍抽象理性来看,道德律比自由更高、更重要;反之,从个人的具体行动来看,自由却是一个更现实、更直接的基础。一般说这两者是分不出一个绝对的高下来的。

然而康德历来也认为,一切形而上学最终都是为了解决人的尘世生活的问题。作为现象的感性的人固然不能成为论证的可靠根据,但作为本体的超验的人也是抽象的、无从认识的,而只有介于两者之间并联系着它们的那个媒介,才真正是康德整个先验人类学研究的核心,这就是"自由"的理念。审美判断力批判解决了自由与认识的必然性的统一问题,目的论判断力批判解决了自由与道德的必然性的统一问题,因而这两种自由与必然的统一都在人的尘世生活中找到了经验的表现,而人的自由也就成为一种"事实"(Tatsache,拉丁文为 res facti),只有通过它,现象的人才显出背后有超验的人的本体,同时也为道德神学、上帝提供了唯一可能的"实践上的认其为真":"但非常奇怪的是,这样一来在事实中甚至就会有一个理性的理念……这就是自由的理

① 参见《康德三大批判精粹》,第274页注释1。

念",它的实在性作为一种特殊的原因性"是可以通过纯粹理性的实践法则、并按照这一法则在现实的行动中、因而在经验中加以阐明的。——这是在纯粹理性的一切理念中唯一的一个,其对象是事实并且必须被算到 scibilia(可认识的东西)之列的。"(342)

抽象的道德律给人提出的终极目的"就是通过自由而得以可能的、这个世界中最高的善"(321),正是为了调和"这个世界中"有限的人与无限的"最高的善"之间的矛盾,才有必要假设上帝和灵魂不朽而建立起宗教;因此这矛盾双方的中介"自由"便是宗教的基础:宗教信仰必须是自由的信仰,而不能是外部强加的信仰;信仰本身是人的"自由"这一事实所建立、所证明的;信仰只是一种"悬设",只有自由才是一个事实,是这个推论的可信赖的根据;只有"自由的概念(作为一切无条件的实践法则的基本概念)可以把理性扩展到超出那样一种边界,在这个边界之内每个自然概念(理论的概念)必定会总是毫无希望地被限制着的"(349),因此只有用自由这个理念来建立和联系其他两个理念(灵魂不朽和上帝),才能形成真正的宗教。康德批判理性神学对上帝存有的三种证明(本体论的、宇宙论的和目的论的),正是因为它们抛弃了人的自由这个事实,因而"永远也不可能超出学院范围之外而转入到日常生活中去,并对单纯的健全知性发生丝毫影响的"(351)。但"目的论的证明"有一点是"值得尊重的",就是它诉诸人的常识,并且所根据的实际上是道德的证据。道德目的论则揭发出了这一隐藏的根据,指出即使没有自然目的性,理性还是能从自身的自由概念和以之为基础的道德观念中找到终极目的的先天条件,这条件就是个人的价值。"因为理性预设了唯有人才能给予自己的人格价值,作为人及其存有唯一能够是终极目的的条件。当缺乏这一人格价值(唯有它才能有一个确定的概念)时,那些自然目的是不能满足终极目的的追问的"(352)。在另外的地方,康德也明确指出过,人的个人价值就在于他的自由:"只有通过他不考虑到享受而在完全的自由中、甚至不依赖于自然有可能带来让他领受的东西所做的事,他才能赋予他的存有作为一个人格的生存以某种绝对的价值"(45)。由此可见,整个《判断力批判》,乃至于作为先验人类学的整个康德哲学的最后归结点实际上在于:整个世界的最高目的是人或人的价值,人的价值首先是个人的价值(人格),个人的价值就在于自由。

责任编辑:张伟珍
封面设计:吴燕妮
责任校对:吕　飞

图书在版编目(CIP)数据

判断力批判/[德]康德 著;邓晓芒 译;杨祖陶 校. —3 版. —北京:
　人民出版社,2017.1(2024.3 重印)
ISBN 978－7－01－016728－2

I.①判… Ⅱ.①康… ②邓… ③杨… Ⅲ.①德国古典哲学 Ⅳ.①B516.31

中国版本图书馆 CIP 数据核字(2016)第 227559 号

判断力批判

PANDUANLI PIPAN

[德]康德 著　邓晓芒 译　杨祖陶 校

人民出版社 出版发行
(100706　北京市东城区隆福寺街 99 号)

北京中科印刷有限公司印刷　新华书店经销

2017 年 1 月第 3 版　2024 年 3 月北京第 10 次印刷
开本:710 毫米×1000 毫米 1/16　印张:20.5
字数:350 千字　印数:55,001-65,000 册

ISBN 978－7－01－016728－2　定价:45.00 元

邮购地址 100706　北京市东城区隆福寺街 99 号
人民东方图书销售中心　电话 (010)65250042　65289539